# English - Panjabi Topic Dictionary

ਇੰਗਲਿਸ਼ – ਪੰਜਾਬੀ ਵਿਸ਼ਾ ਕੋਸ਼

e<u>N</u>glish - pa<u>N</u>jaabee vishaa kosh

# English - Panjabi Topic Dictionary

ਇੰਗਲਿਸ਼ – ਪੰਜਾਬੀ ਵਿਸ਼ਾ ਕੋਸ਼

e<u>N</u>glish - pa<u>N</u>jaabee vishaa kosh

ਸੁਰਜੀਤ ਸਿੰਘ ਕਾਲੜਾ – ਜਗਦੀਸ਼ ਸਿੰਘ ਨਾਗੀ

**DTF Publishers & Distributors**
117 Soho Road, Handsworth,
Birmingham B21 9ST

# English - Panjabi Topic Dictionary

## © Authors

Surjit Singh Kalra
Panjabi Language Development Board
2 Saint Annes Close
Handsworth Wood
Birmingham B201BS

Jagdish Singh Nagi
Agni Publishers
28 Woodbank Drive
Wollaton
Nottingham NG8 2QU

ISBN    1-901363-68-6

First Edition 2009

*Publishers:*

DTF Publishers & Distributors
117 Soho Road, Handsworth, Birmingham B21 9ST
Tel: 0121 515 1183, 0121 551 7898  Fax: 0121 554 2676
email:info@dtfbooks.com    website:www.dtfbooks.com

| | | | | |
|---|---|---|---|---|
| ੳ | ਅ | ੲ | ਸ | ਹ |
| ਕ | ਖ | ਗ | ਘ | ਙ |
| ਚ | ਛ | ਜ | ਝ | ਞ |
| ਟ | ਠ | ਡ | ਢ | ਣ |
| ਤ | ਥ | ਦ | ਧ | ਨ |
| ਪ | ਫ | ਬ | ਭ | ਮ |
| ਯ | ਰ | ਲ | ਵ | ੜ |
| ਸ਼ | ਖ਼ | ਗ਼ | ਜ਼ | ਫ਼ |

## ਪੰਜਾਬੀ ਵਰਣਮਾਲਾ paNjaabee varanhmaalaa (Panjabi Alphabet)

ਗੁਰਮੁਖੀ ਤੇ ਰੋਮਨ ਲਿਪੀ gurmukhee te roman lipee (Gurmukhi and Roman Script)

| | | | | |
|---|---|---|---|---|
| ੳ – | ਅ a | ੲ – | ਸ s | ਹ h |
| ਕ k | ਖ kh | ਗ g | ਘ gh | ਙ ng |
| ਚ ch | ਛ ch | ਜ j | ਝ jh | ਞ nj |
| ਟ t | ਠ th | ਡ d | ਢ dh | ਣ nh |
| ਤ t | ਥ th | ਦ d | ਧ dh | ਨ n |
| ਪ p | ਫ ph | ਬ b | ਭ bh | ਮ m |
| ਯ y | ਰ r | ਲ l | ਵ v/w | ੜ rh |
| ਸ਼ sh | ਖ਼ kh | ਗ਼ gh | ਜ਼ z | ਫ਼ f |

### Panjabi Basic Vowel Bearers ੳ, ਅ, ੲ

| | | | |
|---|---|---|---|
| ਉ | ਉਸਤਾਦ | ustaad | teacher |
| ਊ | ਊਠ | ooth | camel |
| ਓ | ਓਵਰਆਲ | ovaraal | overall |
| ਅ | ਅੱਖ | akhkh | eye |
| ਆ | ਆਰੀ | aaree | saw |
| ਐ | ਐਨਕ | ainak | spectacles |
| ਔ | ਔਰਤ | aurat | woman |
| ਇ | ਇੱਟ | itt | brick |
| ਈ | ਈਸਾ | eesaa | jesus |
| ਏ | ਏਅਰਪੋਰਟ | earport | airport |

## ਪੈਰ ਵਿਚ ਅੱਖਰ pair vich akhkhar
### (Subjoined Consonant)

| | | | | | | |
|---|---|---|---|---|---|---|
| ਹ | ੍ਹ | haahaa | h | ਪੜ੍ਹ | parhh | read |
| ਰ | ੍ਰ | raaraa | r | ਪ੍ਰੇਮ | prem | love |
| ਵ | ੍ਵ | vavvaa | v | ਸ੍ਵੈਮਾਨ | svaimaan | selfrespect |

## ਸਹਾਇਕ ਲਗਾਂ sahaaik lagaan
### (Auxiliary Signs)

1. Double Sound ਅਧਕ adhak ( ੱ ) double consonant
   ਪੱਗ pagg - turban      ਪੱਤਾ pattaa - leaf

2. Nasal Sound ਬਿੰਦੀ biNdee ( ਂ ) n
   ਕੰਨੇ, ਲਾਂਵ, ਦੁਲੈਂਕੜੇ, ਬਿਹਾਰੀ, ਹੋੜੇ, ਕਨੌੜੇ ਅਤੇ ੳ ਨਾਲ ਲੱਗਦੀ ਹੈ।
   ਕਾਂ kaan - crow   ਗੇਂਦ gend - ball   ਕੈਂਚੀ kainchee - scissors
   ਮੀਂਹ meenh - rain   ਹੋਂਠ honth - lips   ਲੌਂਗ laung - clove
   ਉਂਗਲੀ unglee - finger   ਵਤਾਊਂ vataaoon - aubergine
   ਮਾਖਿਓਂ maakhion - honey

3. Nasal Sound ਟਿੱਪੀ tippee ( ੰ ) N
   ਮੁਕਤੇ, ਸਿਹਾਰੀ, ਔਂਕੜ ਅਤੇ ਦੁਲੈਂਕੜੇ ਨਾਲ ਲੱਗਦੀ ਹੈ।
   ਖੰਡ khaNd - sugar      ਸਿੰਗ siNg - horn
   ਸੁੰਡ suNd - trunk      ਮੂੰਹ mooNh - mouth

# ਸਵਰ savar (Vowels)

## ਲਗਾਂ ਮਾਤਰਾਂ lagaan maatraan

## Signs and Symbols

| | | | |
|---|---|---|---|
| ਮੁਕਤਾ | Invisible | a | muktaa |
| ਕੰਨਾ | ਾ | aa | kaNnaa |
| ਸਿਹਾਰੀ | ਿ | i | sihaaree |
| ਬਿਹਾਰੀ | ੀ | ee | bihaaree |
| ਔਂਕੜ | ੁ | u | aunkarh |
| ਦੁਲੈਂਕੜੇ | ੂ | oo | dulainkarhe |
| ਲਾਂਵ | ੇ | e | laanv |
| ਦੁਲਾਂਵਾਂ | ੈ | ai | dulaanvaan |
| ਹੋੜਾ | ੋ | o | horhaa |
| ਕਨੌੜਾ | ੌ | au | kanaurhaa |

| | | | | | |
|---|---|---|---|---|---|
| ੳ | + | ੁ | = | ਉ | u |
| ੳ | + | ੂ | = | ਊ | oo |
| ੳ | + | ੋ | = | ਓ | o |
| ਅ | + | ਮੁਕਤਾ | = | ਅ | a |
| ਅ | + | ਾ | = | ਆ | aa |
| ਅ | + | ੈ | = | ਐ | ai |
| ਅ | + | ੌ | = | ਔ | au |
| ੲ | + | ਿ | = | ਇ | i |
| ੲ | + | ੀ | = | ਈ | ee |
| ੲ | + | ੇ | = | ਏ | e |

| ਸ | ਸਾ | ਸਿ | ਸੀ | ਸੁ | ਸੂ | ਸੇ | ਸੈ | ਸੋ | ਸੌ |
|---|---|---|---|---|---|---|---|---|---|
| sa | saa | si | see | su | soo | se | sai | so | sau |

Dedicated to

gurtej, gursymrun, nuvpreet & eesher

Acknowledgements

The authors are thankful to  Dr. V.J.S Kalra - Manchester University,
Dr. G.S. Lehal - Punjab University
and Mrs Jaskanwal Kaur Kalra - Head Teacher
for their encouragement and guidance.
The authors are also very thankful to  Mr. H.S Sev and Miss J. Kaur
of DTF who are committed to the furtherance of Panjabi language
and Sikh religion.

# Preface

I am pleased to be associated with the Panjabi Language Development Board and Agni Publishers who are doing important work in promoting the language of Panjabi and the Sikh religion through a range of publications. For example, this English-Panjabi Topic Dictionary by Surjit S. Kalra and Jagdish S. Nagi, is an invaluable resource and tool for learning and teaching Panjabi. This is a pioneering attempt in the manner in which it uses the form of the dictionary in a topic-wise format. While Gurmukhi is the easiest and most accurate script to write Panjabi, the topic dictionary also uses a roman script as an initial means to achieve its aims. The present volume can be used in the classroom as a reference book to enhance the vocabulary of learners. an innovative teacher may also use it as a tool to develop various activities and language games across the curriculum to make the learning process interesting and effective.

To teach heritage language as a community language is a specialized field of study. Most children of the Panjabi diaspora learn Panjabi as a second language. Dual language dictionaries play an important part in motivating the younger generation to maintain their interest in learning their ancestral language. The various forms of exercises based on the dictionary, such as using words in sentences, fill in the blanks, crosswords, word search and puzzles, can be offered to children to encourage them to develop their interpretive and translation skills by consulting the dictionary as a 'search engine'. The home work based on the dictionary can be completed with the help of parents and siblings.

There are many factors which have seen the promotion of the Panjabi language, such as initiatives in Punjab, information technology, mainstream schools, public libraries, examination system, religious beliefs and cultural attachment, community leaders, media, role of parents, peer pressure, supplementary schools, publishers and universities. The Panjabi language's survival depends upon the support of these institutions. We as parents, teachers and literary persons have a responsibility to make a special effort to help the future generations to learn Panjabi. Communication is not the only purpose of learning a language. Language is a compound of culture, social norms and spiritual values. We must endeavour to save our rich culture, renowned history, valuable literature, strong traditions, heritage and spititual mileu through the sustenance of the language.

The authors do not claim that their attempt has achieved the status of an encyclopedia. It is not an end, but a beginning. Many topics have not been touched, and there is more scope for extra entries under the given headings. They are also aware that Panjabi spellings are yet to be standardized and translations to be updated. They look forward to having suggestions from readers to improve their efforts for future publishing projects. My best wishes to the authors and the publisher. I hope that readers, pupils and teachers will enjoy this book.

Dr. Navtej K. Purewal
University of Manchester
U.K.

ਸ਼ੁਭ ਇੱਛਾਵਾਂ

# ਗੁਰਪਾਲ ਸਿੰਘ ਨੂਰ
# ਪ੍ਰੋਫੈਸਰ ਮੋਤਾ ਸਿੰਘ ਸਰਾਏ

I am delighted to have been asked to write a few words of welcome to this English- Panjabi Topic Dictionary. The learners of Panjabi as a second language have a wide range of linguistic backgrounds and learning needs and most of them have knowledge of English as a vehicle to support them in their learning of Panjabi language.

As it covers a wide range of Topics and provides transliteration of Panjabi words in Roman script, it will be very helpful to students who are studying GCSE or A level in Panjabi. This bank of vocabulary is also extremely useful for those who are interested in learning Panjabi for social and economic objectives.

I would like to congratulate Mr Surjit Singh Kalra and Mr Jagdish Singh Nagi for their effort and significant contribution in the development of teaching and learning resources in Panjabi

*Naresh Chandla*

Equalities and Diversity Service
Wolverhampton Local Authority

# List of books written/edited by Surjit Singh Kalra

A   English:   Stories of Guru Nanak, Daughters of
Tradition,Curries and accompaniments,
Geography of Asia,Practical Geography,
Teach Yourself Panjabi - with two CD's,
Design & Print, Viasakhi and other aspects of
Sikhism.

B   Panjabi:   ਬਾਰਿ ਪਰਾਇਐ, ਹਮ ਸਫ਼ਰ, ਸ਼ਰਨ, ਹਉਕੇ, ਰੱਖੜੀ, ਦੋ
ਸੁਆਲ, ਦੇਸ ਪਰਾਇਆ – ਆਪਣੇ ਲੋਕ, ਧਾਰਮਿਕ ਲੇਖ,
ਪੰਜਾਬੀ ਪੜ੍ਹਨ ਲਈ – ਛੇ ਕਿਤਾਬਾਂ, ਕਾਰਜ ਪੁਸਤਕ, ਗੁਰੂ
ਅੰਗਦ ਕਾਇਦਾ–ਸੀ.ਡੀ. ਸਮੇਤ, ਪੰਜਾਬੀ ਸਚਿੱਤਰ ਕੋਸ਼,
ਧਰਮ ਪੋਥੀ, ਪਰਦੇਸੀ ਬਾਲਕ ਮਾਸਿਕ ਮੈਗਾਜ਼ੀਨ।

C   Dual Language:   Thirty dual language A3 size coloured
posters, English - Panjabi Topic Dictionary,
Dual language activity books - Crossword,
Word Search, Spot the Difference, Who am
I?, Matching, Find the odd one out, Panjabi
Pictorial Alphabet, Who will be a Sikh
Scholar, Dot to Dot, Where would you go?,
Panjabi Riddles, Panjabi Phrases.

# Nuts and dry fruit

| | Nuts and dry fruit | gireeaan te meve | ਗਿਰੀਆਂ ਤੇ ਮੇਵੇ |
|---|---|---|---|
| 1 | Almond | baadaam | ਬਾਦਾਮ |
| 2 | Betel nut | supaaree | ਸੁਪਾਰੀ |
| 3 | Brazil nut | tinukaraa akhrot | ਤਿਨੁਕਰਾ ਅਖਰੋਟ |
| 4 | Cashewnut | khaajaa, kaajoo | ਖਾਜਾ, ਕਾਜੂ |
| 5 | Chestnut | chaistnat | ਚੈਸਟਨਟ |
| 6 | Coconut | garee, khopaa, naareeal, jut | ਗਰੀ, ਖੋਪਾ, ਨਾਰੀਅਲ, ਜੁਟ |
| 7 | Currants, Sultana,Raisins | saugee, daakhaan, kishmish, manakkaa | ਸੌਗੀ, ਦਾਖਾਂ, ਕਿਸ਼ਮਿਸ਼, ਮਨੱਕਾ |
| 8 | Dates | khajoor | ਖਜੂਰ |
| 9 | Dried mango powder | aNb chooran | ਅੰਬ ਚੂਰਨ |
| 10 | Dried mango wafer | aNb paaparh | ਅੰਬ ਪਾਪੜ |
| 11 | Dry dates | chuaaraa | ਛੁਆਰਾ |
| 12 | Fig | aNjeer | ਅੰਜੀਰ |
| 13 | Four kernals | chaar magaz | ਚਾਰ ਮਗਜ਼ |
| 14 | Hazelnut | phiNdak | ਫਿੰਦਕ |
| 15 | Horse chestnut | bankhorh | ਬਨਖੋੜ |
| 16 | Peanut, Monkey nut, Groundnut | mooNgphalee | ਮੂੰਗਫਲੀ |
| 17 | Pecan | peekain | ਪੀਕੈਨ |
| 18 | Pinenut, Pinus gerardiana | neze, chalgoze | ਨੇਜ਼ੇ, ਚਲਗੋਜ਼ੇ |
| 19 | Pistachio | pistaa | ਪਿਸਤਾ |
| 20 | Prunes | sukke alooche | ਸੁੱਕੇ ਅਲੂਚੇ |
| 21 | Sunflower seeds | sooraj mukhee beej | ਸੂਰਜ ਮੁਖੀ ਬੀਜ |
| 22 | Walnut | akhrot | ਅਖ਼ਰੋਟ |
| 23 | Water chestnut | saNgherhaa | ਸੰਘੇੜਾ |

# Vegetables

| | **Vegetables** | **sabzeeaan** | ਸਬਜ਼ੀਆਂ |
|---|---|---|---|
| 1 | Amaranthus | chilaaee | ਚਿਲਾਈ |
| 2 | Arum | arbee | ਅਰਬੀ |
| 3 | Beans | phaleeaan | ਫਲੀਆਂ |
| 4 | Bitter Gourd | karelaa | ਕਰੇਲਾ |
| 5 | Brassica-campestice | pataurh | ਪਤੌੜ |
| 6 | Brinjal, Eggplant, Aubergine | bainganh, vataaoon | ਬੈਂਗਣ, ਵਤਾਊਂ |
| 7 | Brocoli | barokalee | ਬਰੋਕਲੀ |
| 8 | Cabbage | band gobhee | ਬੰਦ ਗੋਭੀ |
| 9 | Carrot | gaajar | ਗਾਜਰ |
| 10 | Cauliflower | phul gobhee | ਫੁਲ ਗੋਭੀ |
| 11 | Courgette | raam toree, gheeaa toree | ਰਾਮ ਤੋਰੀ , ਘੀਆ ਤੋਰੀ |
| 12 | Drumstick | suhaanjnhaa | ਸੁਹਾਂਜਣਾ |
| 13 | Elephant's foot | ziNmee kaNd | ਜ਼ਿੰਮੀ ਕੰਦ |
| 14 | Esculent root | kachaaloo | ਕਚਾਲੂ |
| 15 | Fenugreek | methee | ਮੇਥੀ |
| 16 | French Beans | fraans beenz | ਫਰਾਂਸ ਬੀਨਜ਼ |
| 17 | Garlic | thom, lasnh | ਥੋਮ, ਲਸਣ |
| 18 | Ginger | adhrak | ਅਧਰਕ |
| 19 | Gourd, Marrow, Luff, Quash | laukee, bad, kaddoo,<br>chapan kaddoo,<br>tende, gheeaa kaddoo | ਲੌਕੀ, ਬਡ, ਕੱਦੂ,<br>ਚਪਨਕੱਦੂ,<br>ਟੀਂਡੇ, ਘੀਆ ਕੱਦੂ |
| 20 | Green gram | choleeaa | ਛੋਲੀਆ |
| 21 | Jack fruit | kathal | ਕਠਲ |
| 22 | Knol khol | gaNd gobhee | ਗੰਡ ਗੋਭੀ |
| 23 | Ladies finger, Okra | bhiNdee toree | ਭਿੰਡੀ ਤੋਰੀ |
| 24 | Lettuce | salaad pattaa | ਸਲਾਦ ਪੱਤਾ |
| 25 | Lotus root | bhen | ਭੇਂ |

| | Vegetables | sabzeeaan | ਸਬਜ਼ੀਆਂ |
|---|---|---|---|
| 26 | Mushrooms | khuNbhaan | ਖੁੰਭਾਂ |
| 27 | Peas | matar | ਮਟਰ |
| 28 | Pepper | shimlaa mirach | ਸ਼ਿਮਲਾ ਮਿਰਚ |
| 29 | Potatoes | aaloo | ਆਲੂ |
| 30 | Pumpkin | halvaa, kaanshee phal, pethaa | ਹਲਵਾ, ਕਾਂਸ਼ੀ ਫਲ, ਪੇਠਾ |
| 31 | Radish | moolee | ਮੂਲੀ |
| 32 | Roasted green gram | holaan | ਹੋਲਾਂ |
| 33 | Spinach | paalak | ਪਾਲਕ |
| 34 | Sprouts | sapraautas | ਸਪਾਰਾਤੁਟਸ |
| 35 | Sweet potato | shakar kaNdee | ਸ਼ਕਰਕੰਦੀ |
| 36 | Trichosanthesdioica | parbal | ਪਰਬਲ |
| 37 | Turnip, Sweede | Shalgam, gongloo, shaljam | ਸ਼ਲਗਮ, ਗੋਂਗਲੂ, ਸ਼ਲਜਮ |
| 38 | Yam | rataaloo | ਰਤਾਲੂ |

# Fruit

| | **Fruit** | **phal** | **ਫਲ** |
|---|---|---|---|
| 1 | Apple | seb, siu | ਸੇਬ, ਸਿਉ |
| 2 | Apricot | khurmaanee | ਖੁਰਮਾਨੀ |
| 3 | Avacado | avaakaado | ਐਵਾਕਾਡੋ |
| 4 | Banana | kelaa | ਕੇਲਾ |
| 5 | Berry | ber | ਬੇਰ |
| 6 | Black berry | jaamnoo | ਜਾਮਨੂ |
| 7 | Caper fruit | dele | ਡੇਲੇ |
| 8 | Cherry | glaas | ਗਲਾਸ |
| 9 | Citron | galgal | ਗਲਗਲ |
| 10 | Coconut | naareeal | ਨਾਰੀਅਲ |
| 11 | Cucumber | tar, kheeraa | ਤਰ, ਖੀਰਾ |
| 12 | Custard apple | shareephaa | ਸ਼ਰੀਫਾ |
| 13 | Date | khajoor | ਖਜੂਰ |
| 14 | Eriboyrya Japonica (yellow plum like fruit) | lukaath | ਲੁਕਾਠ |
| 15 | Glutinous fruit | lasoorhaa | ਲਸੂੜਾ |
| 16 | Gooseberry | goozbaree | ਗੂਜ਼ਬਰੀ |
| 17 | Grapefruit | chakodra | ਚਕੋਦਰਾ |
| 18 | Grapes | aNgoor | ਅੰਗੂਰ |
| 19 | Grawia asiatica | phaalsaa | ਫਾਲਸਾ |
| 20 | Green Orange, Sweet Orange | musamee | ਮੁਸੱਮੀ |
| 21 | Guava | amrood | ਅਮਰੂਦ |
| 22 | Kiwi | keevee | ਕੀਵੀ |
| 23 | Lemon | niNboo | ਨਿੰਬੂ |
| 24 | Litchi | leechee | ਲੀਚੀ |
| 25 | Mango | aNb | ਅੰਬ |
| 26 | Mint | pudeenaa | ਪੁਦੀਨਾ |
| 27 | Mulberry | shatoot | ਸ਼ਤੂਤ |

| | Fruit | phal | ਫਲ |
|---|---|---|---|
| 28 | Musk melon | kharboozaa, sar<u>d</u>aa, garmaa | ਖਰਬੂਜ਼ਾ, ਸਰਦਾ, ਗਰਮਾ |
| 29 | Olive | zai<u>t</u>oon | ਜ਼ੈਤੂਨ |
| 30 | Onion | piaaz, gathe, ga<u>N</u>de | ਪਿਆਜ਼, ਗਠੇ, ਗੰਡੇ |
| 31 | Orange | maaltaa, keenoo | ਮਾਲਟਾ, ਕੀਨੂ |
| 32 | Papaya | papee<u>t</u>aa | ਪਪੀਤਾ |
| 33 | Parsnip | chittee gaajar | ਚਿੱਟੀ ਗਾਜਰ |
| 34 | Passion fruit | paishan faroot | ਪੈਸ਼ਨ ਫਰੂਟ |
| 35 | Peach | <u>aa</u>rhoo | ਆੜੂ |
| 36 | Pear | naakh, naashpaa<u>t</u>ee, bagoogosha | ਨਾਖ, ਨਾਸ਼ਪਾਤੀ, ਬਗੂਗੋਸ਼ਾ |
| 37 | Pineapple | <u>a</u>naanaas | ਅਨਾਨਾਸ |
| 38 | Plum | aloochaa, <u>aa</u>loobukhaaraa | ਅਲੂਚਾ, ਆਲੂਬੁਖਾਰਾ |
| 39 | Pomegranate | <u>a</u>naar | ਅਨਾਰ |
| 40 | Raspberry | rasbhree | ਰਸਭਰੀ |
| 41 | Sapota | cheekoo | ਚੀਕੂ |
| 42 | Strawberry | as<u>t</u>arbaree | ਅਸਤਰਬਰੀ |
| 43 | Sugar beet | chaka<u>Nd</u>ar | ਚਕੰਦਰ |
| 44 | Sweet Lime | mi<u>thth</u>aa | ਮਿੱਠਾ |
| 45 | Tamrind | <u>i</u>mlee | ਇਮਲੀ |
| 46 | Tangerine | sa<u>N</u>g<u>t</u>araa | ਸੰਗਤਰਾ |
| 47 | Tomatoes | tamaatar | ਟਮਾਟਰ |
| 48 | Water melon | ma<u>t</u>eeraa, ha<u>d</u>vaanhaa, <u>t</u>arbooz | ਮਤੀਰਾ, ਹਦਵਾਣਾ, ਤਰਬੂਜ਼ |
| 49 | Yellow small berry | peeloo | ਪੀਲੂ |

# Spices and Herbs

| | Spices and Herbs | masaale te jarhee booteeaan | ਮਸਾਲੇ ਤੇ ਜੜੀ ਬੂਟੀਆਂ |
|---|---|---|---|
| 1 | Aloe Vera | kaNvaar gaNdal | ਕੰਵਾਰ ਗੰਦਲ |
| 2 | Aloes agar | agar | ਅਗਰ |
| 3 | Aniseed seeds | saunf | ਸੌਂਫ |
| 4 | Arrowroot | aaroot | ਆਰੂਤ |
| 5 | Asafoetida | hiNg | ਹਿੰਗ |
| 6 | Bamboo Camphor | tavaaseer | ਤਵਾਸੀਰ |
| 7 | Basil | tulsee | ਤੁਲਸੀ |
| 8 | Bay leaf | tejpattar | ਤੇਜ ਪੱਤਰ |
| 9 | Black/big cardamon | vaddee kaalee ilaachee | ਵੱਡੀ ਕਾਲੀ ਇਲਾਚੀ |
| 10 | Borax | suhaagaa | ਸੁਹਾਗਾ |
| 11 | Carom seeds | javaain | ਜਵਾਇਨ |
| | Omum seeds, Lovage | ajvain, javainh | ਅਜਵੈਨ, ਜਵੈਣ |
| 12 | Castor Seed | araNdee daa beej | ਅਰੰਡੀ ਦਾ ਬੀਜ |
| 13 | Calhartocarpus Fistula | amaltaas | ਅਮਲਤਾਸ |
| 14 | Cayenne pepper | degee mirach | ਦੇਗੀ ਮਿਰਚ |
| 15 | Chervil | charvil | ਚਰਵਿਲ |
| 16 | Chives | piaazdee kisam | ਪਿਆਜ਼ ਦੀ ਕਿਸਮ |
| 17 | Cinamon | daalcheenee | ਦਾਲਚੀਨੀ |
| | (whole, ground) | ( saabat, peesee hoee) | (ਸਾਬਤ, ਪੀਸੀ ਹੋਈ) |
| 18 | Citric acid | niNboo sat | ਨਿੰਬੂ ਸਤ |
| 19 | Cloves | launng | ਲੌਂਗ |
| 20 | Coriander | dhaneeaan | ਧਨੀਆਂ |
| | (fresh, dry | (taaza, sukkaa | ਤਾਜ਼ਾ, ਸੁੱਕਾ |
| | ground, whole) | peesaa hoiaa, saabat) | ਪੀਸਾ ਹੋਇਆ, ਸਾਬਤ |
| 21 | Cress | jalbootee | ਜਲਬੂਟੀ |

| Spices and Herbs | masaale <u>t</u>e jarhee boot<u>eeaan</u> | ਮਸਾਲੇ ਤੇ ਜੜੀ ਬੂਟੀਆਂ |
|---|---|---|
| 22 Cumin (caraway seeds) | jeeraa | ਜੀਰਾ |
| (black/white | (kaalaa/chitta | ਕਾਲਾ/ਚਿੱਟਾ |
| whole/ground) | saaba<u>t</u>, peesaa ho<u>iaa</u>) | ਸਾਬਤ/ਪੀਸਾ ਹੋਇਆ |
| 23 Dill | so<u>e</u> | ਸੋਏ |
| 24 Dry ginger | su<u>N</u>dh | ਸੁੰਢ |
| 25 Fenugreek | me<u>th</u>re, me<u>th</u>ee | ਮੇਥਰੇ, ਮੇਥੀ |
| (fresh/dry) | (<u>t</u>aazee/ sukkee) | (ਤਾਜ਼ੀ/ਸੁੱਕੀ) |
| 26 Flea seed | <u>i</u>sabgol | ਇਸਬਗੋਲ |
| 27 Gallnut | majoo phal | ਮਾਜੂਫਲ |
| 28 Green chilly | haree mirach | ਹਰੀ ਮਿਰਚ |
| 29 Green/small cardamon | <u>ch</u>otee haree <u>i</u>laachee | ਛੋਟੀ ਹਰੀ ਇਲਾਚੀ |
| 30 Indian muddar | majeeb | ਮਜੀਬ |
| 31 Linseed | <u>a</u>lsee | ਅਲਸੀ |
| 32 Liquorice | mula<u>th</u>thee | ਮੁਲੱਠੀ |
| 33 Long pepper | magha<u>n</u> | ਮਘਾਂ |
| 34 Mace | jaavi<u>t</u>aree | ਜਾਵਿਤਰੀ |
| 35 Marjoram | niaazbo (maroo<u>aa</u>) | ਨਿਆਜ਼ਬੋ (ਮਰੂਆ) |
| 36 Musk | kas<u>t</u>ooree | ਕਸਤੂਰੀ |
| 37 Mustard | saronh, raa<u>ee</u> | ਸਰ੍ਹੋਂ, ਰਾਈ |
| 38 Myrobalan | har-rh | ਹਰੜ |
| 39 Nigella, Onion seeds | kalaun<u>j</u>ee | ਕਲੌਂਜੀ |
| 40 Nutmeg | jayphal | ਜਯਫਲ |
| 41 Nuxvomica | kuchlaa | ਕੁਚਲਾ |
| 42 Paprika | tamaatar chooranh | ਟਮਾਟਰ ਚੂਰਣ |
| 43 Parsley | <u>a</u>jmaud | ਅਜਮੋਦ |
| 44 Pepper | mirach | ਮਿਰਚ |
| (black/white | (kaalaa/chitta | ਕਾਲਾ/ਚਿੱਟਾ |
| whole/ground) | saaba<u>t</u>, peesaa ho<u>iaa</u>) | ਸਾਬਤ/ਪੀਸਾ ਹੋਇਆ |

| | **Spices and Herbs** | **masaale te jarhee booteeaan** | **ਮਸਾਲੇ ਤੇ ਜੜੀ ਬੂਟੀਆਂ** |
|---|---|---|---|
| 45 | Phyllanthus emblica | aule, aavle | ਔਲੇ, ਆਵਲੇ |
| 46 | Poppy seeds | khaskhas | ਖਸਖਸ |
| 47 | Red chillies (ground/whole) | laal mirach (saabat, peesee hoee) | ਲਾਲ ਮਿਰਚ (ਸਾਬਤ, ਪੀਸੀ ਹੋਈ) |
| 48 | Reedle | geroo mittee | ਗੇਰੂ ਮਿੱਟੀ |
| 49 | Rosemary | jhaarhee dee kisam | ਝਾੜੀ ਦੀ ਕਿਸਮ |
| 50 | Saffron | kesar | ਕੇਸਰ |
| 51 | Sandlewood | chaNdan | ਚੰਦਨ |
| 52 | Senna leaf | sanay | ਸਨਯ |
| 53 | Sesame seeds (black/white) | till (kale, chitte) | ਤਿੱਲ (ਕਾਲੇ, ਚਿੱਟੇ) |
| 54 | Sweet fennel seeds | miththee saunf | ਮਿੱਠੀ ਸੌਂਫ |
| 55 | Terminalia balerica | baherhaa | ਬਹੇੜਾ |
| 56 | Tumeric | haldee | ਹਲਦੀ |
| 57 | Tyme | taaim | ਟਾਇਮ |
| 58 | Viola odorata | banfashaa | ਬਨਫ਼ਸ਼ਾ |

# Means of Transport

| | Means of Transport | aavaa jaaee de saadhan | ਆਵਾ ਜਾਈ ਦੇ ਸਾਧਣ |
|---|---|---|---|
| 1 | Aeroplane | havaaee jahaaz | ਹਵਾਈ ਜਹਾਜ਼ |
| 2 | Ambulance | haspataalee gaddee | ਹਸਪਤਾਲੀ ਗੱਡੀ |
| 3 | Boat | berhee, kishtee, naukaa | ਬੇੜੀ , ਕਿਸ਼ਤੀ, ਨੌਕਾ |
| 4 | Bullock-Cart | gaddaa | ਗੱਡਾ |
| 5 | Bus | bas | ਬਸ |
| 6 | Cablel Car | kebal gaddee | ਕੇਬਲ ਗੱਡੀ |
| 7 | Camel-Cart | ooth baghghee | ਊਠ ਬੱਘੀ |
| 8 | Car | kaar (gaddee) | ਕਾਰ (ਗੱਡੀ) |
| 9 | Chariot | raththh | ਰੱਥ |
| 10 | Cycle | saaeekal | ਸਾਈਕਲ |
| 11 | Helicopter | haileekauptar | ਹੈਲੀਕੌਪਟਰ |
| 12 | Horse driven carriages | baghghee, taangaa, yakkaa, tamtam | ਬੱਘੀ, ਟਾਂਗਾ, ਯੱਕਾ, ਟਮਟਮ |
| 13 | Hot air balloon | garam vaayoo ghubaaraa | ਗਰਮ ਵਾਯੂ ਗ਼ੁਬਾਰਾ |
| 14 | Hovercraft | hovar karaaft | ਹੋਵਰ ਕਰਾਫਟ |
| 15 | Jeep | jeep | ਜੀਪ |
| 16 | Lorry | laaree | ਲਾਰੀ |
| 17 | Milk float | dudhdh dee rerh-h-ee | ਦੁੱਧ ਦੀ ਰੇੜ੍ਹੀ |
| 18 | Mini bus | minnee bas | ਮਿੱਨੀ ਬਸ |
| 19 | Motor Cycle | motar saaeekal | ਮੋਟਰ ਸਾਈਕਲ |
| 20 | Oil tanker | tel dhonh vaalaa samuNdaree berhaa | ਤੇਲ ਢੋਣ ਵਾਲਾ ਸਮੁੰਦਰੀ ਬੇੜਾ |
| 21 | Palanquin | paalkee | ਪਾਲਕੀ |
| 22 | Parachute | pairaashoot | ਪੈਰਾਸ਼ੂਟ |
| 23 | Petrol tanker | paitrol dhonh vaalee gaddee | ਪੈਟਰੋਲ ਢੋਣ ਵਾਲੀ ਗੱਡੀ |
| 24 | Pram | baal baghghee | ਬਾਲ-ਬੱਘੀ |

| Means of Transport | aavaa jaaee de saadhan | ਆਵਾ ਜਾਈ ਦੇ ਸਾਧਣ |
|---|---|---|
| 25 Rickshaw | rikshaa | ਰਿਕਸ਼ਾ |
| 26 Scooter | sakootar | ਸਕੂਟਰ |
| 27 Ship | samuNdaree jahaaz | ਸਮੁੰਦਰੀ ਜਹਾਜ਼ |
| 28 Sledge | baraf rerh-h-ee | ਬਰਫ ਰੇੜ੍ਹੀ |
| 29 Space Rocket | pulaarh raakat | ਪੁਲਾੜ ਰਾਕਟ |
| 30 Space Shuttle | pulaarh shatal | ਪੁਲਾੜ ਸ਼ਟਲ |
| 31 Steam and diesel engine | bhaaf te deezal eNjhanh | ਭਾਫ਼ ਤੇ ਡੀਜ਼ਲ ਇੰਞਣ |
| 32 Submarine | paanhee heth chalanh vaalee kishtee | ਪਾਣੀ ਹੇਠ ਚਲਣ ਵਾਲੀ ਕਿਸ਼ਤੀ |
| 33 Taxi | taiksee | ਟੈਕਸੀ |
| 34 Tempoo | tainpoo | ਟੈਂਪੂ |
| 35 Tractor | taraiktar | ਟਰੈਕਟਰ |
| 36 Train | gaddee | ਗੱਡੀ |
| 37 Tram | taraim | ਟਰੈਮ |
| 38 Trolley | taraalee | ਟਰਾਲੀ |
| 39 Truck | tarrak | ਟੱਰਕ |
| 40 Tug-boat | khichch berhee | ਖਿੱਚ-ਬੇੜੀ |
| 41 Underground railway | zameen doz gaddee | ਜ਼ਮੀਨ ਦੋਜ਼ ਗੱਡੀ |
| 42 Van | vain | ਵੈਨ |
| 43 Wheel Barrow | thelaa, rerh-h-aa, rerh-h-ee | ਠੇਲਾ, ਰੇੜ੍ਹਾ, ਰੇੜ੍ਹੀ |

# Flowers

| | Flowers | phull | ਫੁੱਲ |
|---|---|---|---|
| 1 | Aster | taaraa phull | ਤਾਰਾ ਫੁੱਲ |
| 2 | Balsam | gulmaindee | ਗੁਲਮੈਂਦੀ |
| 3 | Blue lotus | neelofar | ਨੀਲੋਫ਼ਰ |
| 4 | Cana | devkalee | ਦੇਵਕਲੀ |
| 5 | Chrysanthemum | guldaaoodee, chaNdar malikaa | ਗੁਲਦਾਊਦੀ, ਚੰਦਰ ਮਲਿਕਾ |
| 6 | Cobra flower | naag phull | ਨਾਗ ਫੁੱਲ |
| 7 | Daffodil | peelee nargas | ਪੀਲੀ ਨਰਗਸ |
| 8 | Dahlia | deleeaa | ਡੇਲੀਆ |
| 9 | Daisy | gulbahaar | ਗੁਲਬਹਾਰ |
| 10 | Gentian | neel kaNth | ਨੀਲ ਕੰਠ |
| 11 | Hibiscus | Kusam | ਕੁਸਮ |
| 12 | Iris | mardmak akhkh | ਮਰਦਮਕ ਅੱਖ |
| 13 | Jasmine | chaNbelee | ਚੰਬੇਲੀ |
| 14 | Lily | somanphull, kaamnee | ਸੋਮਨ ਫੁੱਲ, ਕਾਮਨੀ |
| 15 | Lotus | kaNwal | ਕੰਵਲ |
| 16 | Magnolia | chaNbaa | ਚੰਬਾ |
| 17 | Marigold | gendaa | ਗੇਂਦਾ |
| 18 | Narcissus | nargas | ਨਰਗਸ |
| 19 | Nasturtium | jalkuNbee | ਜਲ ਕੁੰਬੀ |
| 20 | Pansy | banafashaa | ਬਨਫਸ਼ਾ |
| 21 | Poppy | posat | ਪੋਸਤ |
| 22 | Rose | gulaab | ਗੁਲਾਬ |
| 23 | Sunflower | sooraj mukhkhee | ਸੂਰਜ ਮੁੱਖੀ |
| 24 | Tulip | gul-laalaa, banhak daa phull | ਗੁਲ ਲਾਲਾ, ਬਣਕ ਦਾ ਫੁੱਲ |

# Jewellery

| | | | |
|---|---|---|---|
| | **Jewellery** | **tooNbaan, gahinhe, zevar** | **ਟੂੰਬਾਂ, ਗਹਿਣੇ, ਜ਼ੇਵਰ** |
| 1 | Anklet | paNjebaa | ਪੰਜੇਬਾਂ |
| | | patrheeaan | ਪਟੜੀਆਂ |
| | | paail | ਪਾਇਲ |
| | | jhaanjraan | ਝਾਂਜਰਾਂ |
| | | shakuNtalaa chen | ਸ਼ਕੁੰਤਲਾ ਚੇਨ |
| 2 | Armlet | korhoo | ਕੋੜੂ |
| | | baazoobaNd | ਬਾਜ਼ੂ ਬੰਦ |
| 3 | Bangles | vaNgaan | ਵੰਗਾਂ |
| | | lachchee | ਲੱਛੀ |
| | | gajre | ਗਜਰੇ |
| | | karhaa | ਕੜਾ |
| | | kaNganh | ਕੰਗਣ |
| | | gokhrhoo | ਗੋਖੜੂ |
| | | gharhee choorhee | ਘੜੀ-ਚੂੜੀ |
| | | paunchee | ਪੌਂਚੀ |
| | | choorheeaan | ਚੂੜੀਆਂ |
| | | torhaan | ਤੋੜਾਂ |
| 4 | Belt | petee | ਪੇਟੀ |
| 5 | Crown | mukat, taaj | ਮੁਕਟ, ਤਾਜ |
| 6 | Cuff links | satudd | ਸਟਡ |
| 7 | Ear-rings | buNde | ਬੁੰਦੇ |
| | | kaante | ਕਾਂਟੇ |
| | | jhumar | ਝੁਮਰ |
| | | jhumke | ਝੁਮਕੇ |
| | | maghar | ਮਘਰ |
| | | vaaleeaan | ਵਾਲੀਆਂ |
| | | jhumkeeaan | ਝੁਮਕੀਆਂ |

| | | | |
|---|---|---|---|
| | **Jewellery** | **tooNbaan, gahinhe, zevar** | **ਟੂੰਬਾਂ, ਗਹਿਣੇ, ਜ਼ੇਵਰ** |
| 8 | Ear-tops | tetke | ਟੇਟਕੇ |
| | | tops | ਟੋਪਸ |
| | | karnhphul | ਕਰਣਫੁਲ |
| 9 | Gent's Ear-rings | naateeaan | ਨਾਤੀਆਂ |
| | | murkeeaan | ਮੁਰਕੀਆਂ |
| | | muNdraan | ਮੁੰਦਰਾਂ |
| 10 | Gent's necklace | kainthaa | ਕੈਂਠਾ |
| | | siNgee | ਸਿੰਗੀ |
| | | taveet | ਤਵੀਤ |
| 11 | Golden buttons | sone de beerhe, batan | ਸੋਨੇ ਦੇ ਬੀੜੇ, ਬਟਨ |
| 12 | Head Ornaments | tikkaa | ਟਿੱਕਾ |
| | | shiNgaar pattee | ਸ਼ਿੰਗਾਰ ਪੱਟੀ |
| | | chimtee | ਚਿਮਟੀ |
| | | paasaa | ਪਾਸਾ |
| | | thootheephull | ਠੂਠੀਫੁੱਲ |
| | | jhoomar sooeeaan | ਝੂਮਰ ਸੂਈਆਂ |
| 13 | Necklace, Locket | maalaa | ਮਾਲਾ |
| | | gaanee | ਗਾਨੀ |
| | | guloobaNd | ਗੁਲੂਬੰਦ |
| | | maNgl sootar | ਮੰਗਲਸੂਤਰ |
| | | karhee | ਕੜੀ |
| | | matarmaalaa | ਮਟਰਮਾਲਾ |
| | | paindal | ਪੈਂਡਲ |
| | | raanhee haar | ਰਾਣੀਹਾਰ |
| | | machchee kaantaa | ਮੱਛੀਕਾਂਟਾ |
| | | zaNjeeree | ਜ਼ੰਜੀਰੀ |

| | | | |
|---|---|---|---|
| **Jewellery** | | **tooNbaan, gahinhe, zevar** | **ਟੂੰਬਾਂ, ਗਹਿਣੇ, ਜ਼ੇਵਰ** |
| 13 | Necklace, Locket (cont'd) | chen | ਚੇਨ |
| | | chainee | ਚੈਨੀ |
| | | haar | ਹਾਰ |
| 14 | Nose-ring | nathth | ਨੱਥ |
| 15 | Nose-pin | laung | ਲੌਂਗ |
| | | teelee | ਤੀਲੀ |
| | | kokaa | ਕੋਕਾ |
| | | nolak | ਨੋਲਕ |
| | | kil | ਕਿਲ |
| 16 | Plume | kalgee | ਕਲਗੀ |
| 17 | Ring | muNdee | ਮੁੰਦੀ |
| | | muNdree | ਮੁੰਦਰੀ |
| | | paNjaa | ਪੰਜਾਂ |
| | | challaa | ਛੱਲਾ |
| | | aNgoothee | ਅੰਗੂਠੀ |
| | | kaleecharhee | ਕਲੀਚੜੀ |
| | | aarsee | ਆਰਸੀ |
| 18 | Set of bangles of ivory | choorhaa | ਚੂੜਾ |
| 19 | Toe-rings | bichooaa | ਬਿਛੂਆ |
| 20 | Waist band | kaNdog | ਕੰਡੋਗ |
| | | tarhaagee | ਤੜਾਗੀ |

# Professions, Occupations, Vocations, Jobs
# ka<u>N</u>m, ki<u>tt</u>e, peshe, <u>ud</u>yog, kaarobaar, ruzgaar
# ਕੰਮ, ਕਿੱਤੇ, ਪੇਸ਼ੇ, ਉਦਯੋਗ, ਕਾਰੋਬਾਰ, ਰੁਜ਼ਗਾਰ

| | **Professions, Occupations** | **ka<u>N</u>m, ki<u>tt</u>e, peshe** | **ਕੰਮ, ਕਿੱਤੇ, ਪੇਸ਼ੇ** |
|---|---|---|---|
| 1 | Actor, actress | abhine<u>t</u>aa, abhine<u>t</u>ree | ਅਭਿਨੇਤਾ, ਅਭਿਨੇਤਰੀ |
| 2 | Advocate, solicitor, barrister, pleader | vakeel | ਵਕੀਲ |
| 3 | Agent | <u>d</u>alaal | ਦਲਾਲ |
| 4 | Air hostess | havaa<u>ee</u> su<u>Nd</u>aree | ਹਵਾਈ ਸੁੰਦਰੀ |
| 5 | Ambassedor | raaj <u>d</u>oo<u>t</u> | ਰਾਜ ਦੂਤ |
| 6 | Announcer | ghoshak | ਘੋਸ਼ਕ |
| 7 | Arbitrator | saalas | ਸਾਲਸ |
| 8 | Archaeologist | puraa<u>t</u>a<u>tt</u>v vigi<u>aa</u>nee | ਪੁਰਾਤੱਤਵ ਵਿਗਿਆਨੀ |
| 9 | Architect | bhavan nirmaa<u>t</u>aa | ਭਵਨ ਨਿਰਮਾਤਾ |
| 10 | Archivist | puraa lekhak | ਪੁਰਾ ਲੇਖਕ |
| 11 | Artist | kalaakaar | ਕਲਾਕਾਰ |
| 12 | Astrologer | jo<u>t</u>shee | ਜੋਤਸ਼ੀ |
| 13 | Auctioneer | nilaamee karan vaalaa | ਨਿਲਾਮੀ ਕਰਨ ਵਾਲਾ |
| 14 | Author | lekhak | ਲੇਖਕ |
| 15 | Barber | raajaa, naa<u>ee</u> | ਰਾਜਾ, ਨਾਈ |
| 16 | Barman, barmaid | saakee | ਸਾਕੀ |
| 17 | Beggar | ma<u>N</u>g<u>t</u>aa, bhikhaaree, fakeer | ਮੰਗਤਾ, ਭਿਖਾਰੀ, ਫ਼ਕੀਰ |
| 18 | Binder | jila<u>d</u>saaz | ਜਿਲਦ ਸਾਜ਼ |
| 19 | Biologist | jeev vigi<u>aa</u>nee | ਜੀਵ ਵਿਗਿਆਨੀ |
| 20 | Blacksmith | luhaar | ਲੁਹਾਰ |
| 21 | Board of Directors | preesha<u>d</u> nir<u>d</u>eshak | ਪ੍ਰੀਸ਼ਦ-ਨਿਰਦੇਸ਼ਕ |
| 22 | Boatman | malaah | ਮਲਾਹ |
| 23 | Bodyguard | a<u>N</u>g rakhi<u>a</u>k | ਅੰਗ ਰਖਿਅਕ |
| 24 | Booking Clerk | tikat baaboo | ਟਿਕਟ ਬਾਬੂ |

| Professions, Occupations | kaNm, kitte, peshe | ਕੰਮ, ਕਿੱਤੇ, ਪੇਸ਼ੇ |
|---|---|---|
| 25 Brazier | thathiaar, kaseraa | ਠਠਿਆਰ, ਕਸੇਰਾ |
| 26 Broadcaster | prsaarak, prstut kartaa | ਪ੍ਰਸਾਰਕ, ਪ੍ਰਸਤੁਤ ਕਰਤਾ |
| 27 Bus conductor | bas dee tikat denh vaalaa | ਬਸ ਦੀ ਟਿਕਟ ਦੇਣ ਵਾਲਾ |
| 28 Bus driver | bas chaalak | ਬਸ ਚਾਲਕ |
| 29 Businessman | viupaaree | ਵਿਉਪਾਰੀ |
| 30 Butcher | kasaaee, jhatkee | ਕਸਾਈ, ਝਟਕਈ |
| 31 Caligraphist | kaatab | ਕਾਤਬ |
| 32 Captain | kaptaan | ਕਪਤਾਨ |
| 33 Carpenter | tarkhaanh | ਤਰਖਾਣ |
| 34 Cartographer | nakshaa navees | ਨਕਸ਼ਾ ਨਵੀਸ |
| 35 Census officer | mardam shumaaree adhikaaree | ਮਰਦਮ ਸ਼ੁਮਾਰੀ ਅਧਿਕਾਰੀ |
| 36 Chairman | sabhaapatee | ਸਭਾਪਤੀ |
| 37 Chauffeur | kaar chalak | ਕਾਰ-ਚਾਲਕ |
| 38 Chemist | davaaee pharosh | ਦਵਾਈ ਫਰੋਸ਼ |
| 39 Chief Minister | mukh maNtree | ਮੁਖ ਮੰਤਰੀ |
| 40 Chief of Army staff | thal sainaa adhikaaree | ਥਲ ਸੈਨਾ ਅਧਿਕਾਰੀ |
| 41 Clerk | munshee, baaboo | ਮੁਨਸ਼ੀ, ਬਾਬੂ |
| 42 Coachman | khed adhiaapak | ਖੇਡ ਅਧਿਆਪਕ |
| 43 Coalman | koilaa vechanh vaalaa | ਕੋਇਲਾ ਵੇਚਣ ਵਾਲਾ |
| 44 Cobbler | mochee | ਮੋਚੀ |
| 45 Colonel | karnal | ਕਰਨਲ |
| 46 Comedian | haaskalaakaar, maskharaa | ਹਾਸਕਲਾਕਾਰ, ਮਸਖਰਾ |
| 47 Commander | kamaandar | ਕਮਾਂਡਰ |
| 48 Commission agent | aarhtee | ਆੜਤੀ |
| 49 Confectioner | halvaaee | ਹਲਵਾਈ |
| 50 Contractor | thekedaar | ਠੇਕੇਦਾਰ |

| | **Professions, Occupations** | **kaNm, kitte, peshe** | **ਕੰਮ, ਕਿੱਤੇ, ਪੇਸ਼ੇ** |
|---|---|---|---|
| 51 | Cook, Chef | rasoeeaa, laangaree | ਰਸੋਈਆ, ਲਾਂਗਰੀ |
| 52 | Coroner | shakkee maut parhtaaleeaa | ਸ਼ੱਕੀ ਮੌਤ ਪੜਤਾਲੀਆ |
| 53 | Cotton Carder | penjaa | ਪੇਂਜਾ |
| 54 | Dancer | naachee, nachaar | ਨਾਚੀ, ਨਚਾਰ |
| 55 | Dentist | daNdaan daa daaktar | ਦੰਦਾ ਦਾ ਡਾਕਟਰ |
| 56 | Detective | sooheeaa | ਸੂਹੀਆ |
| 57 | Dietition | khuraak vigiaanee | ਖ਼ੁਰਾਕ ਵਿਗਿਆਨੀ |
| 58 | Director | nirdeshak | ਨਿਰਦੇਸ਼ਕ |
| 59 | Doctor, Physician | daaktar, hakeem, vaid | ਡਾਕਟਰ, ਹਕੀਮ, ਵੈਦ |
| 60 | Draper | bajaaj | ਬਜਾਜ |
| 61 | Dustman, Sweeper | bhaNgee, jhaaroo denh vaalaa, sfaaee sevak, koorhaa karkat chukkanh vaalaa, jamaan daar | ਭੰਗੀ, ਝਾੜੂ ਦੇਣਵਾਲਾ, ਸਫ਼ਾਈ ਸੇਵਕ, ਕੂੜਾ ਕਰਕਟ ਚੁੱਕਣ ਵਾਲਾ, ਜਮਾਂ ਦਾਰ |
| 62 | Dyer | raNgvaeeaa, lalaaree | ਰੰਗਵਈਆ, ਲਲਾਰੀ |
| 63 | Economist | arth vigiaanee | ਅਰਥ ਵਿਗਿਆਨੀ |
| 64 | Editor | saNpaadak | ਸੰਪਾਦਕ |
| 65 | Electrician | bijlee daa kaamaa | ਬਿਜਲੀ ਦਾ ਕਾਮਾ |
| 66 | Elephant Driver | mahaavat | ਮਹਾਵਤ |
| 67 | Examiner | prikhiak | ਪ੍ਰਿਖਿਅਕ |
| 68 | Farmer | kisaan | ਕਿਸਾਨ |
| 69 | Firefighter | agg bujhaaunh vaalaa | ਅੱਗ ਬੁਝਾਉਣ ਵਾਲਾ |
| 70 | Fisherman | maachee, macheraa | ਮਾਛੀ, ਮਛੇਰਾ |
| 71 | Fishmonger | machchee vechanh vaalaa | ਮੱਛੀ ਵੇਚਣ ਵਾਲਾ |
| 72 | Gambler | juaaree | ਜੁਆਰੀ |
| 73 | Gardener | maalee | ਮਾਲੀ |
| 74 | Gatekeeper | darvaan | ਦਰਵਾਨ |

| Professions, Occupations | kaNm, kitte, peshe | ਕੰਮ, ਕਿੱਤੇ, ਪੇਸ਼ੇ |
|---|---|---|
| 75 Goldsmith | suniaaraa, saraaf | ਸੁਨਿਆਰਾ, ਸਰਾਫ਼ |
| 76 Grocer | paNsaaree | ਪੰਸਾਰੀ |
| 77 Groom | saaees | ਸਾਈਸ |
| 78 Guard (Train) | gaddee daa gaard | ਗੱਡੀ ਦਾ ਗਾਰਡ |
| 79 Gunner | topchee | ਤੋਪਚੀ |
| 80 Hawker | feree vaalaa | ਫੇਰੀ ਵਾਲਾ |
| 81 Head of the department | vibhaag daa mukhee | ਵਿਭਾਗ ਦਾ ਮੁਖੀ |
| 82 Headmaster | mukh adhiaapak | ਮੁਖ-ਅਧਿਆਪਕ |
| 83 Inquiry Officer | puchch gichch adhikaaree | ਪੁੱਛ-ਗਿਛ ਅਧਿਕਾਰੀ |
| 84 Inspector | nireekhak | ਨਿਰੀਖਕ |
| 85 Jeweller | jauhree | ਜੌਹਰੀ |
| 86 Joker | makhauleeaa | ਮਖੌਲੀਆ |
| 87 Journalist | pattarkaar | ਪਤੱਰਕਾਰ |
| 88 Judge | niaankaaree | ਨਿਆਂਕਾਰੀ |
| 89 Labourer | mazdoor | ਮਜ਼ਦੂਰ |
| 90 Landlord | zimeedaar, maalak | ਜ਼ਿਮੀਦਾਰ, ਮਾਲਕ |
| 91 Librarian | pustkaaliaa adhikaaree | ਪੁਸਤਕਾਲਿਆ ਅਧਿਕਾਰੀ |
| 92 Machine Operator | masheen chaalak | ਮਸ਼ੀਨ ਚਾਲਕ |
| 93 Magician | jaadoogar | ਜਾਦੂਗਰ |
| 94 Manager | prbaNdhak | ਪ੍ਰਬੰਧਕ |
| 95 Mason | raaj | ਰਾਜ |
| 96 Matchmaker | vicholaa | ਵਿਚੋਲਾ |
| 97 Mathematician | hisaabdaan | ਹਿਸਾਬਦਾਨ |
| 98 Mechanic | mistaree | ਮਿਸਤਰੀ |
| 99 Member | sadass | ਸਦੱਸ |
| 100 Merchant | saudaagar | ਸੌਦਾਗਰ |
| 101 Messenger | doot | ਦੂਤ |

| Professions, Occupations | kaNm, kitte, peshe | ਕੰਮ, ਕਿੱਤੇ, ਪੇਸ਼ੇ |
|---|---|---|
| 102 Milkman, milkmaid | dodhee, dodhanh | ਦੋਧੀ, ਦੋਧਣ |
| 103 Miner | khaan mazdoor | ਖਾਣ-ਮਜ਼ਦੂਰ |
| 104 Minister | vazeer | ਵਜ਼ੀਰ |
| 105 Money Lender | shaahookaar, shaah, seth | ਸ਼ਾਹੂਕਾਰ, ਸ਼ਾਹ, ਸੇਠ |
| 106 Musician | saNgeetkaar | ਸੰਗੀਤਕਾਰ |
| 107 Navigator | jal prsthaan chaalak | ਜਲ-ਪ੍ਰਸਥਾਨ ਚਾਲਕ |
| 108 Novelist | naavalkaar | ਨਾਵਲਕਾਰ |
| 109 Nun | saNtnhee | ਸੰਤਣੀ |
| 110 Nurse, midwife | naras, daaee | ਨਰਸ, ਦਾਈ |
| 111 Officer | adhikaaree | ਅਧਿਕਾਰੀ |
| 112 Oilman | telee | ਤੇਲੀ |
| 113 Optician | ainkaan daa daaktar | ਐਨਕਾਂ ਦਾ ਡਾਕਟਰ |
| 114 Passenger | yaatree, musaafar | ਯਾਤਰੀ, ਮੁਸਾਫ਼ਰ |
| 115 Pharmacist | aushadh vigiaanee | ਔਸ਼ਧ-ਵਿਗਿਆਨੀ |
| 116 Photographer | photo khichanh vaalaa | ਫੋਟੋ ਖਿਚਣ ਵਾਲਾ |
| 117 Pilot | havaabaaz | ਹਵਾਬਾਜ਼ |
| 118 Plumber | nalsaaz | ਨਲਸਾਜ਼ |
| 119 Poet | kavee | ਕਵੀ |
| 120 Policeman, constable | pulaseeaa, sipaahee | ਪੁਲਸੀਆ, ਸਿਪਾਹੀ |
| 121 Politician | siaastdaan | ਸਿਆਸਤਦਾਨ |
| 122 Postman | daakeeaa | ਡਾਕੀਆ |
| 123 Postmaster | daakpaal | ਡਾਕਪਾਲ |
| 124 Potter | ghumiaar | ਘੁਮਿਆਰ |
| 125 President | raashtarpatee, pardhaan | ਰਾਸ਼ਟਰਪਤੀ, ਪਰਧਾਨ |
| 126 Priest | pujaaree, paadree, bhaaee, paathee amaam, maulvee | ਪੁਜਾਰੀ, ਪਾਦਰੀ, ਭਾਈ, ਪਾਠੀ ਅਮਾਮ, ਮੌਲਵੀ |

| **Professions, Occupations** | **kaNm, kitte, peshe** | **ਕੰਮ, ਕਿੱਤੇ, ਪੇਸ਼ੇ** |
|---|---|---|
| 127 Prime Minister | prdhaan maNtree | ਪ੍ਰਧਾਨ ਮੰਤਰੀ |
| 128 Printer | chaapak | ਛਾਪਕ |
| 129 Proprieter | maalak | ਮਾਲਕ |
| 130 Prostitute | vesvaa, kaNjree | ਵੇਸਵਾ, ਕੰਜਰੀ |
| 131 Publisher | prkaashak | ਪ੍ਰਕਾਸ਼ਕ |
| 132 Railway porter | kulee | ਕੁਲੀ |
| 133 Refree | nirnaaik | ਨਿਰਨਾਇਕ |
| 134 Registrar | paNjeekaar | ਪੰਜੀਕਾਰ |
| 135 Religious teacher | guroo | ਗੁਰੂ |
| 136 Reporter | naamaanigaar | ਨਾਮਾਨਿਗਾਰ |
| 137 Retailer | parchoon farosh | ਪਰਚੂਨ ਫ਼ਰੋਸ਼ |
| 138 Robber | daakoo | ਡਾਕੂ |
| 139 Sailor | jahaazraan, mallaah | ਜਹਾਜ਼ਰਾਨ, ਮੱਲਾਹ |
| 140 Salesman | vikretaa | ਵਿਕਰੇਤਾ |
| 141 Scientist | vigiaanee | ਵਿਗਿਆਨੀ |
| 142 Sculptor | moorteekaar | ਮੂਰਤੀਕਾਰ |
| 143 Secretary | sakkatar | ਸੱਕਤਰ |
| 144 Servant | naukar | ਨੌਕਰ |
| 145 Shepherd | aajrhee | ਆਜੜੀ |
| 146 Shopkeeper | dukaandaar | ਦੁਕਾਨਦਾਰ |
| 147 Singer | gaveeaa, raagee, gaaik | ਗਵੀਆ, ਰਾਗੀ, ਗਾਇਕ |
| 148 Soldier | sipaahee, faujee, sainak | ਸਿਪਾਹੀ, ਫੌਜੀ, ਸੈਨਿਕ |
| 149 Sportsman, player | khidaaree | ਖਿਡਾਰੀ |
| 150 Spy | jasoos | ਜਾਸੂਸ |
| 151 Statistician | aNkrhaa vigiaanee | ਅੰਕੜਾ ਵਿਗਿਆਨੀ |

| Professions, Occupations | kaNm, kitte, peshe | ਕੰਮ, ਕਿੱਤੇ, ਪੇਸ਼ੇ |
|---|---|---|
| 152 Storekeeper | bhaNdaaree | ਭੰਡਾਰੀ |
| 153 Student,pupil | vidiaarathee, shish, shaagird | ਵਿਦਿਆਰਥੀ, ਸ਼ਿਸ਼, ਸ਼ਾਗਿਰਦ |
| 154 Tailor | darzee | ਦਰਜ਼ੀ |
| 155 Teacher | ustaad, adhaapak, adhaapakaa | ਉਸਤਾਦ, ਅਧਿਆਪਕ, ਅਧਿਆਪਕਾ |
| 156 Thief | chor | ਚੋਰ |
| 157 Tinker | bhaande kalee karn vaalaa | ਭਾਂਡੇ ਕਲੀ ਕਰਨ ਵਾਲਾ |
| 158 Town and Village planner | shahiree te pendoo yojnaakaar | ਸ਼ਹਿਰੀ ਤੇ ਪੇਂਡੂ ਯੋਜਨਾਕਾਰ |
| 159 Translator | ulthaakaar | ਉਲਥਾਕਾਰ |
| 160 Treasurer, Cashier | khazaanchee | ਖਜਾਨਚੀ |
| 161 Turner | kharaadeeaa | ਖਰਾਦੀਆ |
| 162 Typist | akharjarhat kaar | ਅਖਰਜੜਤ ਕਾਰ |
| 163 Umpire | nirnhaayak | ਨਿਰਣਾਯਕ |
| 164 Vice Chanceller | up kulpatee | ਉਪ-ਕੁਲਪਤੀ |
| 165 Waiter | bhojan sewak | ਭੋਜਨ ਸੇਵਕ |
| 166 Warden | nigraan | ਨਿਗਗਨ |
| 167 Washerman, Washerwoman, Launderer | dhobee, dhobanh | ਧੋਬੀ, ਧੋਬਣ |
| 168 Watch repairer | gharheesaaz | ਘੜੀਸਾਜ਼ |
| 169 Watchman | pahiredaar | ਪਹਿਰੇਦਾਰ |
| 170 Water-carrier | jhiur, mahiraa | ਝਿਉਰ, ਮਹਿਰਾ |
| 171 Weaver | julaahaa, bunhkar | ਜੁਲਾਹਾ, ਬੁਣਕਰ |
| 172 Wholesaler | thok farosh | ਥੋਕ ਫਰੋਸ਼ |
| 173 Window Cleaner | baareeaan saaf karan vaalaa | ਬਾਰੀਆਂ ਸਾਫ਼ ਕਰਨ ਵਾਲਾ |
| 174 Wrestler | ghulan vaalaa | ਘੁਲਨ ਵਾਲਾ |
| 175 Writer | lekhak | ਲੇਖਕ |

# Oils

| | Oils | tel | ਤੇਲ |
|---|---|---|---|
| 1 | Almond oil | baadaam rogan | ਬਾਦਾਮ ਰੋਗਨ |
| 2 | Butter | makhkhanh | ਮੱਖਣ |
| 3 | Castor oil | ariNd daa tel | ਅਰਿੰਡ ਦਾ ਤੇਲ |
| 4 | Clarified butter, butter oil | ghee, ghio | ਘੀ, ਘਿਓ |
| 5 | Clove oil | laung daa tel | ਲੌਂਗ ਦਾ ਤੇਲ |
| 6 | Coconut oil | garee daa tel | ਗਰੀ ਦਾ ਤੇਲ |
| 7 | Cod liver oil | machchee daa tel | ਮੱਛੀ ਦਾ ਤੇਲ |
| 8 | Cooking oil | pakaaunhvaalaa tel | ਪਕਾਉਣ ਵਾਲਾ ਤੇਲ |
| 9 | Corn oil | makkee daa tel | ਮੱਕੀ ਦਾ ਤੇਲ |
| 10 | Engine oil | iNjanh tel | ਇੰਜਣ ਤੇਲ |
| 11 | Groundnut oil | mooNgphalee daa tel | ਮੂੰਗਫਲੀ ਦਾ ਤੇਲ |
| 12 | Kerosene oil | mittee daa tel | ਮਿੱਟੀ ਦਾ ਤੇਲ |
| 13 | Lard | charbee | ਚਰਬੀ |
| 14 | Linseed oil | alsee daa tel | ਅਲਸੀ ਦਾ ਤੇਲ |
| 15 | Mustard oil | sarohn daa tel | ਸਰ੍ਹੋਂ ਦਾ ਤੇਲ |
| 16 | Olive oil | zaitoon daa tel | ਜ਼ੈਤੂਨ ਦਾ ਤੇਲ |
| 17 | Rape seed oil | toreeaa daa tel | ਤੋਰੀਆ ਦਾ ਤੇਲ |
| 18 | Scented oil | khushboodaar tel | ਖ਼ੁਸ਼ਬੂਦਾਰ ਤੇਲ |
| 19 | Sesame seed oil | tilaan daa tel | ਤਿਲਾਂ ਦਾ ਤੇਲ |
| 20 | Sunflower oil | sooraj mukhee daa tel | ਸੂਰਜ ਮੁਖੀ ਦਾ ਤੇਲ |
| 21 | Three-in-one | masheenee tel | ਮਸ਼ੀਨੀ ਤੇਲ |
| 22 | Turpentine oil | taarpeen daa tel | ਤਾਰਪੀਨ ਦਾ ਤੇਲ |
| 23 | Vegetable oil | banaaspatee tel | ਬਨਾਸਪਤੀ ਤੇਲ |
| 24 | Walnut oil | akhrot daa tel | ਅਖਰੋਟ ਦਾ ਤੇਲ |

# Diseases and Physical condition related vocabulary

## beemaareeaan ate sareerak avasthaa sabaNdhee shabdaavlee

## ਬੀਮਾਰੀਆਂ ਅਤੇ ਸਰੀਰਕ ਅਵਸਥਾ ਸਬੰਧੀ ਸ਼ਬਦਾਵਲੀ

| | **Conditions** | **avasthaa** | **ਅਵਸਥਾ** |
|---|---|---|---|
| 1 | Abortion | garabhpaat | ਗਰਭਪਾਤ |
| 2 | Acidity | tezaabee maadaa | ਤੇਜ਼ਾਬੀ ਮਾਦਾ |
| 3 | Anemia | khoon dee kamee | ਖ਼ੂਨ ਦੀ ਕਮੀ |
| 4 | Anguish | kaanbe daa bukhaar | ਕਾਂਬੇ ਦਾ ਬੁਖਾਰ |
| 5 | Asthma | damaan | ਦਮਾਂ |
| 6 | Attack | dauraa | ਦੌਰਾ |
| 7 | Back Pain | pithth darad | ਪਿੱਠ ਦਰਦ |
| 8 | Baldness | gaNjaapanh | ਗੰਜਾਪਣ |
| 9 | Bandage | pattee | ਪੱਟੀ |
| 10 | Belch | dakaar | ਡਕਾਰ |
| 11 | Bleeding | khoon vagnhaa | ਖ਼ੂਨ ਵਗਣਾ |
| 12 | Blindness | aNnaapanh | ਅੰਨਾਪਣ |
| 13 | Blisters | chaalaa | ਛਾਲਾ |
| 14 | Blood | khoon, ratt | ਖ਼ੂਨ, ਰੱਤ |
| 15 | Blood Pressure | khoon daa dabaa | ਖ਼ੂਨ ਦਾ ਦਬਾ |
| 16 | Boil, Ulcer | phorhaa, phinsee | ਫੋੜਾ, ਫਿਨਸੀ |
| 17 | Breaking Wind | pad | ਪਦ |
| 18 | Cancer | sartaan | ਸਰਤਾਨ |
| 19 | Cataract | moteeaa baNd | ਮੋਤੀਆ ਬੰਦ |
| 20 | Chicken pox | laakrhaa, kaakrhaa | ਲਾਕੜਾ, ਕਾਕੜਾ |
| 21 | Cholera | haizaa | ਹੈਜ਼ਾ |
| 22 | Cold, Catarrh | zukaam | ਜ਼ੁਕਾਮ |
| 23 | Colic pain | pet darad | ਪੇਟ ਦਰਦ |
| 24 | Constipation | kabaz | ਕਬਜ਼ |
| 25 | Cough | khaansee, khaNgh | ਖਾਂਸੀ, ਖੰਘ |
| 26 | Cramp | kurhall painhe | ਕੁੜੱਲ ਪੈਣੇ |
| 27 | Cripple, Handicapped | apaahaj, apaNg | ਅਪਾਹਜ, ਅਪੰਗ |
| 28 | Dandruff | sikree | ਸਿਕਰੀ |

| | Conditions | avasthaa | ਅਵਸਥਾ |
|---|---|---|---|
| 29 | Deafness | bolaapanh | ਬੋਲਾਪਣ |
| 30 | Depression | udaasee | ਉਦਾਸੀ |
| 31 | Diabetes | shakkar dee beemaaree | ਸ਼ੱਕਰ ਦੀ ਬੀਮਾਰੀ |
| 32 | Diseases of Ovaries | aNdaa daanee de rog | ਅੰਡਾ ਦਾਨੀ ਦੇ ਰੋਗ |
| 33 | Dizziness | chakkar | ਚੱਕਰ |
| 34 | Dose | khuraak | ਖੁਰਾਕ |
| 35 | Dropsy | jalodhar | ਜਲੋਧਰ |
| 36 | Dumbness | gooNgaa panh | ਗੂੰਗਾ ਪਣ |
| 37 | Earache | kaNn dard | ਕੰਨ ਦਰਦ |
| 38 | Earwax | kaNn dee mail | ਕੰਨ ਦੀ ਮੈਲ |
| 39 | Eczema | chaNbal | ਚੰਬਲ |
| 40 | Emergency | haNgaamee | ਹੰਗਾਮੀ |
| 41 | Epilepsy | mirgee | ਮਿਰਗੀ |
| 42 | Excrement, stool | tattee, pakhaana | ਟੱਟੀ, ਪਖਾਨਾ |
| 43 | Exercise | kasrat | ਕਸਰਤ |
| 44 | Fever | bukhaar, taap | ਬੁਖਾਰ, ਤਾਪ |
| 45 | Flatulence | aphaaraa | ਅਫਾਰਾ |
| 46 | Freckles | chaaeeaan | ਛਾਈਆਂ |
| 47 | Gall-bladder stone | pitte vich paththar | ਪਿੱਤੇ ਵਿਚ ਪੱਥਰ |
| 48 | Gastric | pet vich havaa bharnaa | ਪੇਟ ਵਿਚ ਹਵਾ ਭਰਨਾ |
| 49 | Gonorrhoea | suzaak | ਸੁਜ਼ਾਕ |
| 50 | Gout | gaNtheeaa | ਗੰਠੀਆ |
| 51 | Hair falling | vaal jharhne | ਵਾਲ ਝੜਨੇ |
| 52 | Headache | sir peerh | ਸਿਰ ਪੀੜ |
| 53 | Hiccup | hichkee | ਹਿਚਕੀ |
| 54 | Hoarsness | svar bhaNg | ਸੂਰ ਭੰਗ |
| 55 | Hysteria | behoshee de daure | ਬੇਹੋਸ਼ੀ ਦੇ ਦੌਰੇ |
| 56 | Indigestion | badhazmee | ਬਦ ਹਜ਼ਮੀ |

| Conditions | <u>a</u>vas<u>th</u>aa | ਅਵਸਥਾ |
|---|---|---|
| 57 Infection | vigaarh | ਵਿਗਾੜ |
| 58 Infectious disease | <u>ch</u>oot <u>d</u>ee bimaaree | ਛੂਤ ਦੀ ਬੀਮਾਰੀ |
| 59 Inflamation | jalan, sojash | ਜਲਨ, ਸੋਜਸ਼ |
| 60 Injection | teekaa | ਟੀਕਾ |
| 61 Intensive care | teebar <u>d</u>ekh bhaal | ਤੀਬਰ ਦੇਖ ਭਾਲ |
| 62 Itching, scabies | khaarash, khurak, | ਖਾਰਸ਼, ਖੁਰਕ, |
| | khaaj, khujlee | ਖਾਜ, ਖੁਜਲੀ |
| 63 Jaundice | yarkaan, peelee<u>aa</u> | ਯਰਕਾਨ, ਪੀਲੀਆ |
| 64 Lame | la<u>N</u>grhaa | ਲੰਗੜਾ |
| 65 Leprosy | korh-h | ਕੋੜ੍ਹ |
| 66 Lifestyle | jeevan dha<u>N</u>g | ਜੀਵਨ ਢੰਗ |
| 67 Lock Jaw | lakvaa | ਲਕਵਾ |
| 68 Lose Motions, | pechish, <u>d</u>asat, | ਪੇਚਿਸ਼, ਦਸਤ, |
| Diarrhoea, Dysentry | marorh | ਮਰੋੜ |
| 69 Madness | paagal panh, janoon | ਪਾਗਲਪਣ, ਜਨੂਨ |
| 70 Malaria | maleree<u>aa</u> | ਮਲੇਰੀਆ |
| 71 Mark | <u>d</u>aag | ਦਾਗ |
| 72 Marrow | mijhjh | ਮਿੱਝ |
| 73 Measles | khasraa | ਖਸਰਾ |
| 74 Medicine | <u>d</u>avaa<u>ee</u> | ਦਵਾਈ |
| 75 Migrane | sir <u>d</u>ara<u>d</u> | ਸਿਰ ਦਰਦ |
| 76 Miscarriage | garabhpaa<u>t</u> honhaa | ਗਰਭਪਾਤ ਹੋਣਾ |
| 77 Monthly menses | maahvaaree | ਮਾਹਵਾਰੀ |
| 78 Mumps | ka<u>N</u>n perhe | ਕੰਨ ਪੇੜੇ |
| 79 Obesity | mutaapaa | ਮੁਟਾਪਾ |
| 80 Orgasm | sa<u>N</u>bhog sikhar | ਸੰਭੋਗ ਸਿਖਰ |
| 81 Palpitation | <u>d</u>il <u>d</u>ee <u>dh</u>arhkan | ਦਿਲ ਦੀ ਧੜਕਨ |
| 82 Paralysis | a<u>dh</u>ra<u>N</u>g | ਅਧਰੰਗ |
| 83 Patient | mareez | ਮਰੀਜ਼ |

| | Conditions | avasthaa | ਅਵਸਥਾ |
|---|---|---|---|
| 84 | Phlegm | balgam | ਬਲਗਮ |
| 85 | Piles | bavaaseer | ਬਵਾਸੀਰ |
| 86 | Pimples | kil, daane | ਕਿਲ, ਦਾਨੇ |
| 87 | Plague | paleg | ਪਲੇਗ |
| 88 | Pleurisy | phephrhiaan de soz | ਫੇਫੜਿਆਂ ਦੀ ਸੋਜ਼ |
| 89 | Pneumonia | namooneeaa | ਨਮੂਨੀਆ |
| 90 | Pregnancy | garabh | ਗਰਭ |
| 91 | Prescription | parchee | ਪਰਚੀ |
| 92 | Prevention | parhez | ਪਰਹੇਜ਼ |
| 93 | Purgative | julaab | ਜੁਲਾਬ |
| 94 | Pus | peep, paak | ਪੀਪ, ਪਾਕ |
| 95 | Rest | aaraam | ਆਰਾਮ |
| 96 | Rheumatism, Arthritis | jorhaan dee darad | ਜੋੜਾਂ ਦੀ ਦਰਦ |
| 97 | Rickets | haddee rog | ਹੱਡੀ ਰੋਗ |
| 98 | Ringworm | dhaddar | ਧੱਦਰ |
| 99 | Semen | veeraj | ਵੀਰਜ |
| 100 | Sex | saNbhog | ਸੰਭੋਗ |
| 101 | Sickness, Vomiting | ulteeaan aaunheeaan | ਉਲਟੀਆਂ ਆਉਣੀਆਂ |
| 102 | Smallpox | cheechak, maataa | ਚੀਚਕ, ਮਾਤਾ |
| 103 | Sneezing | chikaan yaa nichchaan | ਛਿਕਾਂ ਯਾ ਨਿੱਛਾਂ |
| 104 | Sore eyes | akhkhaan daa dukhkhnaa | ਅੱਖਾਂ ਦਾ ਦੁੱਖਣਾ |
| 105 | Sore Throat | gale painhaa | ਗਲੇ ਪੈਣਾ |
| 106 | Spitting | thukk | ਥੁੱਕ |
| 107 | Sprain | moch | ਮੋਚ |
| 108 | Stammering | tatlaaunhaa | ਤਤਲਾਉਣਾ |
| 109 | Sterility | baanjhpanh | ਬਾਂਝਪਣ |
| 110 | Stomachache | dhidd (pet) darad | ਢਿੱਡ (ਪੇਟ) ਦਰਦ |
| 111 | Stone | paththree | ਪੱਥਰੀ |
| 112 | Swelling | soz | ਸੋਜ਼ |

| Conditions | <u>a</u>vas<u>th</u>aa | ਅਵਸਥਾ |
|---|---|---|
| 113 Syphillis | <u>aa</u>tshak | ਆਤਸ਼ਕ |
| 114 Temperature | <u>t</u>aapmaan | ਤਾਪਮਾਨ |
| 115 Tinnitis | ka<u>N</u>naa  vich <u>aa</u>vaazaa<u>n</u> | ਕੰਨਾ ਵਿਚ ਆਵਾਜ਼ਾਂ |
| 116 Trachoma | kukre | ਕੁਕਰੇ |
| 117 Treatment | <u>i</u>laaj | ਇਲਾਜ |
| 118 Tropical disease | garam <u>d</u>esh <u>d</u>ee beemaaree | ਗਰਮ ਦੇਸ਼ ਦੀ ਬੀਮਾਰੀ |
| 119 Tuberculosis | <u>t</u>ap<u>d</u>ik | ਤਪਦਿਕ |
| 120 Tumour | rasaulee | ਰਸੌਲੀ |
| 121 Typhoid | mi<u>aa</u>dee yaa muhrke <u>d</u>aa bukhaar | ਮਿਆਦੀ ਯਾ ਮੁਹਰਕੇ ਦਾ ਬੁਖਾਰ |
| 122 Urine | pishaab | ਪਿਸ਼ਾਬ |
| 123 Vaginitis | yonee <u>d</u>ee soz | ਯੋਨੀ ਦੀ ਸੋਜ਼ |
| 124 Wheezing problem | saah <u>d</u>ee beemaaree | ਸਾਹ ਦੀ ਬੀਮਾਰੀ |

# Animals, Insects , Worms and Birds etc.
## jaanvar, keet pataNg, keerhe makaurhe ate paNchee aadik
## ਜਾਨਵਰ, ਕੀਟ ਪਤੰਗ, ਕੀੜੇ ਮਕੌੜੇ ਅਤੇ ਪੰਛੀ ਆਦਿਕ

| | Animal Kingdom | jaanvar, keet, paNchee | ਜਾਨਵਰ, ਕੀਟ, ਪੰਛੀ |
|---|---|---|---|
| 1 | Alligator | saNsaar, gharhiaal | ਸੰਸਾਰ , ਘੜਿਆਲ |
| 2 | Ant | keerhee | ਕੀੜੀ |
| 3 | Ape | laNgoor | ਲੰਗੂਰ |
| 4 | Bat | chaamchrh-hik | ਚਾਮਚੜ੍ਹਿਕ |
| 5 | Bear | richch | ਰਿੱਛ |
| 6 | Beaver | dariaaee kutta | ਦਰਿਆਈ ਕੁੱਤਾ |
| 7 | Bedbug | khatmal | ਖਟਮਲ |
| 8 | Bee | madhoo makhkhee | ਮਧੂ ਮੱਖੀ |
| 9 | Beetle | beendaa | ਬੀਂਡਾ |
| 10 | Bitch | kuttee | ਕੁੱਤੀ |
| 11 | Blackbird | koel | ਕੋਇਲ |
| 12 | Budgies | kainree | ਕੈਨਰੀ |
| 13 | Buffalo | majhjh | ਮੱਝ |
| 14 | Bull | saan-h | ਸਾਨ੍ਹ |
| 15 | Butterfly | titlee | ਤਿਤਲੀ |
| 16 | Calf | vachchaa , vachchee | ਵੱਛਾ, ਵੱਛੀ |
| 17 | Camel | ooth | ਊਠ |
| 18 | Cat | billee | ਬਿੱਲੀ |
| 19 | Chick | choochaa | ਚੂਚਾ |
| 20 | Cockeral | kukkarh | ਕੁਕੜ |
| 21 | Cockroach | tilchataa | ਤਿਲਚਟਾ |
| 22 | Cow | gaoo, gaan | ਗਊ , ਗਾਂ |
| 23 | Crab | kekrhaa | ਕੇਕੜਾ |
| 24 | Crocodile | magarmachch | ਮਗਰਮੱਛ |
| 25 | Crow | kaan | ਕਾਂ |
| 26 | Cub | sher da bachchaa | ਸ਼ੇਰ ਦਾ ਬੱਚਾ |
| 27 | Cuckoo | babeehaa | ਬਬੀਹਾ |
| 28 | Deer | hiran | ਹਿਰਨ |

| Animal Kingdom | jaanvar, keet, paNchee | ਜਾਨਵਰ, ਕੀਟ, ਪੰਛੀ |
|---|---|---|
| 29 Dog | kuttaa | ਕੁੱਤਾ |
| 30 Dolphin | bulhnh | ਬੁਲ੍ਹਣ |
| 31 Donkey | khotaa | ਖੋਤਾ |
| 32 Dor | beendaa | ਬੀਂਡਾ |
| 33 Dove | ghuggee | ਘੁੱਗੀ |
| 34 Dragonfly | bhaNbeeree | ਭੰਬੀਰੀ |
| 35 Duck | murgaabee | ਮੁਰਗਾਬੀ |
| 36 Eagle | ukaab | ਉਕਾਬ |
| 37 Eaglet | ukaab daa bachchaa | ਉਕਾਬ ਦਾ ਬੱਚਾ |
| 38 Earthworm, snail | gaNdoaa | ਗੰਡੋਆ |
| 39 Elephant | haathee | ਹਾਥੀ |
| 40 Female Buffalo Calf | kattee | ਕੱਟੀ |
| 41 Fish | machchee | ਮੱਛੀ |
| 42 Flamingo | bagg | ਬੱਗ |
| 43 Flea | pissoo | ਪਿੱਸੂ |
| 44 Fly | makhkhee | ਮੱਖੀ |
| 45 Foal | ghorhe jaan khote daa vacheraa/vacheree | ਘੋੜੇ ਜਾਂ ਖੋਤੇ ਦਾ ਵਛੇਰਾ/ਵਛੇਰੀ |
| 46 Fox | looNbrh | ਲੂੰਬੜ |
| 47 Frog | daddoo | ਡੱਡੂ |
| 48 Giraffe | jeeraaf | ਜੀਰਾਫ਼ |
| 49 Glow worm | tathinhaa, jugnooN | ਟਟਹਿਣਾ, ਜੁਗਨੂੰ |
| 50 Goat | bakkree | ਬੱਕਰੀ |
| 51 Goose | batakhkh | ਬਤੱਖ |
| 52 Gorilla | banmaanas | ਬਨਮਾਨਸ |
| 53 Grasshopper | akk tiddaa | ਅੱਕ ਟਿੱਡਾ |

## Animal Kingdom

**jaanvar, keet, paNchee** ਜਾਨਵਰ, ਕੀਟ, ਪੰਛੀ

| | | | |
|---|---|---|---|
| 54 | Hawk | baaz | ਬਾਜ਼ |
| 55 | Hedgehog | kaNdernaa, seh | ਕੰਡੇਰਨਾ ,ਸੇਹ |
| 56 | Hen | kukkrhee | ਕੁਕੜੀ |
| 57 | Heron | baglaa | ਬਗਲਾ |
| 58 | Hippopotamus | dariaaee ghorhaa | ਦਰਿਆਈ ਘੋੜਾ |
| 59 | Hoopoe | hudhud | ਹੁਦਹੁਦ |
| 60 | Horse | ghorhaa | ਘੋੜਾ |
| 61 | Hound | shikaaree kuttaa | ਸ਼ਿਕਾਰੀ ਕੁੱਤਾ |
| 62 | Humming Bird | bhauraa | ਭੌਰਾ |
| 63 | Jackal | giddarh | ਗਿੱਦੜ |
| 64 | Jellyfish | jailee machchee | ਜੈਲੀ ਮੱਛੀ |
| 65 | Kangaroo | kaingroo | ਕੈਂਗਰੂ |
| 66 | Kingfisher | bahiree | ਬਹਿਰੀ |
| 67 | Kite | ill | ਇੱਲ |
| 68 | Kitten | balooNgrhaa | ਬਲੂੰਗੜਾ |
| 69 | Ladybird | surkhee | ਸੁਰਖੀ |
| 70 | Lamb | lelaa | ਲੇਲਾ |
| 71 | Leaf Insect | pattkeerhaa | ਪੱਤ ਕੀੜਾ |
| 72 | Leopard | cheetaa | ਚੀਤਾ |
| 73 | Lion | babbar sher | ਬੱਬਰ ਸ਼ੇਰ |
| 74 | Lioness | shernee | ਸ਼ੇਰਨੀ |
| 75 | Lizard | kirlee | ਕਿਰਲੀ |
| 76 | Lobster | samuNdaree jheengaa | ਸਮੁੰਦਰੀ ਝੀਂਗਾ |
| 77 | Locust | makkrhee, tiddee | ਮੱਕੜੀ, ਟਿੱਡੀ |
| 78 | Louse | jooN | ਜੂੰ |
| 79 | Magpie | neelkaNth | ਨੀਲਕੰਠ |

| Animal Kingdom | jaanvar, keet, paNchee | ਜਾਨਵਰ, ਕੀਟ, ਪੰਛੀ |
|---|---|---|
| 80 Male Buffalo Calf | kattaa | ਕੱਟਾ |
| 81 Mare | ghorhee | ਘੋੜੀ |
| 82 Mongoose | niulaa | ਨਿਉਲਾ |
| 83 Monkey | baandar | ਬਾਂਦਰ |
| 84 Mosquito | machchar | ਮੱਛਰ |
| 85 Moth | bhaNbat | ਭੰਬਟ |
| 86 Mouse | choohaa | ਚੂਹਾ |
| 87 Nithingale | bulbul | ਬੁਲਬੁਲ |
| 88 Octopus | taNdooaa | ਤੰਦੂਆ |
| 89 Ostrich | shutarmurg | ਸ਼ੁਤਰਮੁਰਗ |
| 90 Owl | ulloo | ਉੱਲੂ |
| 91 Ox | balld | ਬੱਲਦ |
| 92 Panda | pandaa | ਪਾਂਡਾ |
| 93 Parrot | totaa | ਤੋਤਾ |
| 94 Partridge | tittar | ਤਿੱਤਰ |
| 95 Peacock | mor | ਮੋਰ |
| 96 Pelican | havaasil | ਹਵਾਸਿਲ |
| 97 Penguin | painngvin | ਪੈਂਙਵਿਨ |
| 98 Pig | soor | ਸੂਰ |
| 99 Pigeon | kabootar | ਕਬੂਤਰ |
| 100 Pony | khachchar | ਖੱਚਰ |
| 101 Puppy | katooraa | ਕਤੂਰਾ |
| 102 Quail | bateraa | ਬਟੇਰਾ |
| 103 Rabbit | khargosh | ਖ਼ਰਗੋਸ਼ |
| 104 Reindeer | barfaanee baaraan siNgaa | ਬਰਫ਼ਾਨੀ ਬਾਰਾਂ ਸਿੰਗਾ |
| 105 Rhinoceros | gaindaa | ਗੈਂਡਾ |

| Animal Kingdom | jaanvar, keet, paNchee | ਜਾਨਵਰ, ਕੀਟ, ਪੰਛੀ |
|---|---|---|
| 106 Robin | raubin | ਰੌਬਿਨ |
| 107 Scorpion | thooNhaan, bichoo | ਠੂੰਹਾਂ , ਬਿਛੂ |
| 108 Seagull | samuNdaree murgaabee | ਸਮੁੰਦਰੀ ਮੁਰਗਾਬੀ |
| 109 Seal | seel | ਸੀਲ |
| 110 Shark | shaarak | ਸ਼ਾਰਕ |
| 111 Sheep | bhed | ਭੇਡ |
| 112 Snail | ghogaa | ਘੋਗਾ |
| 113 Snake | sapp | ਸੱਪ |
| 114 Sparrow | chirhee | ਚਿੜੀ |
| 115 Spider | makrhee | ਮਕੜੀ |
| 116 Squirrel | gaalhrh, kaato, gulahiree | ਗਾਲ੍ਹੜ, ਕਾਟੋ, ਗੁਲਹਿਰੀ |
| 117 Stag | baaraan siNgaa | ਬਾਰਾਂ ਸਿੰਗਾ |
| 118 Starfish | taaraa machchee | ਤਾਰਾ ਮੱਛੀ |
| 119 Starling | mainnaa | ਮੈਨਾ |
| 120 Swallow | abaabeel | ਅਬਾਬੀਲ |
| 121 Swan | haNs | ਹੰਸ |
| 122 Termite | sionk | ਸਿਉਂਕ |
| 123 Tiger | sher | ਸ਼ੇਰ |
| 124 Tortoise | kachchoo kauNmaa | ਕੱਛੂ ਕੁੰਮਾ |
| 125 Tunny | samuNdaree machchee | ਸਮੁੰਦਰੀ ਮੱਛੀ |
| 126 Tup | chatraa, bhedoo | ਛੱਤਰਾ, ਭੇਡੂ |
| 127 Turbit | paaltoo kabootar | ਪਾਲਤੂ ਕਬੂਤਰ |
| 128 Turbot | chaptee machchee | ਚਪਟੀ ਮੱਛੀ |
| 129 Turkey | tarkee | ਟਰਕੀ |
| 130 Vixen | looNbarhee | ਲੂੰਬੜੀ |
| 131 Vulture | girajh | ਗਿਰਝ |

| Animal Kingdom | jaanvar, keet, paNchee | ਜਾਨਵਰ, ਕੀਟ, ਪੰਛੀ |
|---|---|---|
| 132 Walrus | vaalrus | ਵਾਲਰਸ |
| 133 Wasp | bhooNd, bhariNd, dhamorhee, demooN | ਭੂੰਡ, ਭਰਿੰਡ, ਧਮੋੜੀ, ਡੇਮੂੰ |
| 134 Weaverbird | bayaa | ਬਯਾ |
| 135 Weevil | ghunh | ਘੁਣ |
| 136 Whale | velh machchee | ਵੇਲ੍ਹ ਮੱਛੀ |
| 137 Wolf | baghiaarh, bhedeeaa | ਬਘਿਆੜ, ਭੇਡੀਆ |
| 138 Wolf dog | raakhaa kuttaa | ਰਾਖਾ ਕੁੱਤਾ |
| 139 Woodpecker | chakkeeraahaa | ਚੱਕੀਰਾਹਾ |
| 140 Yak | yaak | ਯਾਕ |
| 141 Zebra | zaebraa | ਜ਼ੈਬਰਾ |

# Sounds of Animals

| | Sounds of Animals | JaNtooaan deeaan aavaazaan | ਜੰਤੂਆਂ ਦੀਆਂ ਆਵਾਜ਼ਾਂ |
|---|---|---|---|
| 1 | Asses bray | khote hinhkde han | ਖੋਤੇ ਹਿਣਕਦੇ ਹਨ |
| 2 | Bees hum | makhkheeaan bhiNn bhiNnaaundeeaan han | ਮੱਖੀਆਂ ਭਿੰਨ ਭਿੰਨਾਉਂਦੀਆਂ ਹਨ |
| 3 | Birds sing | pariNde chahikade han | ਪਰਿੰਦੇ ਚਹਿਕਦੇ ਹਨ |
| 4 | Cats mew | billeeaan miaaun miaaun kardeeaan han | ਬਿੱਲੀਆਂ ਮਿਅਉਂ ਮਿਆਉਂ ਕਰਦੀਆਂ ਹਨ |
| 5 | Cattle cow | pashoo arhaaunde han | ਪਸ਼ੂ ਅੜਾਉਂਦੇ ਹਨ |
| 6 | Crows Crow | kaan kaaun kaaun karde han | ਕਾਂ ਕਾਉਂ ਕਾਉਂ ਕਰਦੇ ਹਨ |
| 7 | Dogs bark | kutte bhaunkde han | ਕੁੱਤੇ ਭੌਂਕਦੇ ਹਨ |
| 8 | Doves coo | ghuggeeaan ghooN ghooN kardeeaan han | ਘੁੱਗੀਆਂ ਘੂੰ ਘੂੰ ਕਰਦੀਆਂ ਹਨ |
| 9 | Ducks quack | batkaan kain kain kardeeaan han | ਬਤਕਾਂ ਕੈਂ ਕੈਂ ਕਰਦੀਆਂ ਹਨ |
| 10 | Elephants trumpet | haathee chiNghaarhde han | ਹਾਥੀ ਚਿੰਘਾੜਦੇ ਹਨ |
| 11 | Frogs croak | daddo garhain garhain karde han | ਡੱਡੂ ਗੜੈਂ ਗੜੈਂ ਕਰਦੇ ਹਨ |
| 12 | Hawks scream | baaz cheekde han | ਬਾਜ਼ ਚੀਕਦੇ ਹਨ |
| 13 | Hens cackle | kukrheeaan kurh kurh kardeeaan han | ਕੁਕੜੀਆਂ ਕੁੜ ਕੁੜ ਕਰਦੀਆਂ |
| 14 | Horses neigh | ghorhe hinhkde han | ਘੋੜੇ ਹਿਣਕਦੇ ਹਨ |
| 15 | Lambs bleat | memenhe baan baan karde han | ਮੇਮਣੇ ਬਾਂ ਬਾਂ ਕਰਦੇ ਹਨ |
| 16 | Lions roar | sher dahaarhde han | ਸ਼ੇਰ ਦਹਾੜਦੇ ਹਨ |
| 17 | Owls hoot | ulloo hoohoo karde han | ਉੱਲੂ ਹੂ ਹੂ ਕਰਦੇ ਹਨ |
| 18 | Parrots talk | tote gallaan karde han | ਤੋਤੇ ਗੱਲਾਂ ਕਰਦੇ ਹਨ |
| 19 | Puppies yelp | katoore chaun chaun karde han | ਕਤੂਰੇ ਚਉਂ ਚਉਂ ਕਰਦੇ ਹਨ |
| 20 | Snakes hiss | sapp phukaanrde han | ਸੱਪ ਫੁਕਾਂਰਦੇ ਹਨ |
| 21 | Swans cry | battkaan kookdeeaan han | ਬੱਤਕਾਂ ਕੂਕਦੀਆਂ ਹਨ |
| 22 | Wolves yell | baghiaarh cheek de han | ਬਘਿਆੜ ਚੀਕਦੇ ਹਨ |

# Tools

| | Tools | auzaar | ਔਜ਼ਾਰ |
|---|---|---|---|
| 1 | Adze | tesaa | ਤੇਸਾ |
| 2 | Anvil | ahiranh | ਅਹਿਰਣ |
| 3 | Awl | takooaa | ਟਕੂਆ |
| 4 | Axe, Hatchet | kuhaarhee, kuhaarhaa | ਕੁਹਾੜੀ, ਕੁਹਾੜਾ |
| 5 | Bar-shear | phaalee | ਫਾਲੀ |
| 6 | Bellows | dhaunknhee | ਧੌਂਕਣੀ |
| 7 | Blade | phall | ਫਲ |
| 8 | Blowpipe | dhooknhee | ਧੂਕਣੀ |
| 9 | Bolt | kabjaa | ਕਬਜਾ |
| 10 | Brace & Bit | hathth varmaa te anhee | ਹੱਥ ਵਰਮਾ ਤੇ ਅਣੀ |
| 11 | Broom | jhaarhoo | ਝਾੜੂ |
| 12 | Chisel | chainhee | ਛੈਣੀ |
| 13 | Chopper | tokaa | ਟੋਕਾ |
| 14 | Corkscrew | kaak kash | ਕਾਕ ਕਸ਼ |
| 15 | Dagger | churaa | ਛੁਰਾ |
| 16 | Dibble | raNbhaa, khurpaa | ਰੰਭਾ, ਖੁਰਪਾ |
| 17 | Drill | varmaa | ਵਰਮਾ |
| 18 | Dust bin | koorhaa daan | ਕੂੜਾ ਦਾਨ |
| 19 | File | retee | ਰੇਤੀ |
| 20 | Fork | taNgal | ਤੰਗਲ |
| 21 | Furnace | bhaththee | ਭੱਠੀ |
| 22 | Gimlet | barmee | ਬਰਮੀ |
| 23 | Hacksaw | lohaa katt aaree | ਲੋਹਾ ਕੱਟ ਆਰੀ |
| 24 | Hammer | hathaurhaa, hathaurhee | ਹਥੌੜਾ, ਹਥੌੜੀ |
| 25 | Handle | dastaa | ਦਸਤਾ |
| 26 | Hoe | phaahurhaa | ਫਾਹੁੜਾ |

| | Tools | auzaar | ਔਜ਼ਾਰ |
|---|---|---|---|
| 27 | Hosepipe | rabarh dee nal | ਰਬੜ ਦੀ ਨਲ |
| 28 | Knife | chaakoo, karad,<br>kaachoo, churee | ਚਾਕੂ, ਕਰਦ,<br>ਕਾਚੂ, ਛੁਰੀ |
| 29 | Mallet | muNglee | ਮੁੰਗਲੀ |
| 30 | Micrometre | sookham maapee yaNtar | ਸੂਖਮ ਮਾਪੀ ਯੰਤਰ |
| 31 | Nail | mekh, kill | ਮੇਖ, ਕਿੱਲ |
| 32 | Nut | dhibree | ਢਿਬਰੀ |
| 33 | Pick Axe | gaintee | ਗੈਂਤੀ |
| 34 | Pincers | saNnhee | ਸੰਨ੍ਹੀ |
| 35 | Plane | raNdaa | ਰੰਦਾ |
| 36 | Pliers | jamoor | ਜਮੂਰ |
| 37 | Pruning Shear | dastee kainchee | ਦਸਤੀ ਕੈਂਚੀ |
| 38 | Rake | dandaalee, karaah | ਦੰਦਾਲੀ, ਕਰਾਹ |
| 39 | Razor | ustraa | ਉਸਤਰਾ |
| 40 | Rivet | ribat | ਰਿਬਟ |
| 41 | Ruler | phuttaa | ਫੁੱਟਾ |
| 42 | Sandpaper | regmaar | ਰੇਗਮਾਰ |
| 43 | Saw | aaree, aaraa | ਆਰੀ, ਆਰਾ |
| 44 | Scissors | kainchee | ਕੈਂਚੀ |
| 45 | Screw | pech | ਪੇਚ |
| 46 | Screwdriver | pechkas | ਪੇਚਕਸ |
| 47 | Scythe | daasaa | ਦਾਸਾ |
| 48 | Shears | kainch, kaat | ਕੈਂਚ, ਕਾਤ |
| 49 | Sickle | daatree | ਦਾਤਰੀ |
| 50 | Spade, Shovel | belchaa | ਬੇਲਚਾ |
| 51 | Spanner | chaabee | ਚਾਬੀ |

| | Tools | auzaar | ਔਜ਼ਾਰ |
|---|---|---|---|
| 53 | Spirit Level | padhdhar jaanch saNd | ਪੱਧਰ ਜਾਂਚ ਸੰਦ |
| 54 | Stamper | vadaanh | ਵਦਾਣ |
| 56 | Syringe | pichkaaree | ਪਿਚਕਾਰੀ |
| 57 | Teeth of saw | aaree de daNde | ਆਰੀ ਦੇ ਦੰਦੇ |
| 58 | Thread of Screw | pech dee choorhee | ਪੇਚ ਦੀ ਚੂੜੀ |
| 59 | Tin Opener | teen katt | ਟੀਨ ਕੱਟ |
| 60 | Tongs | chimtaa | ਚਿਮਟਾ |
| 61 | Tool box | saNdaan daa baksaa | ਸੰਦਾਂ ਦਾ ਬਕਸਾ |
| 62 | Trowel | khurpaa | ਖੁਰਪਾ |
| 63 | Vice | shikaNjaa | ਸ਼ਿਕੰਜਾ |
| 64 | Washer | vaashar | ਵਾਸ਼ਰ |
| 65 | Watering Can | phuhaaraa | ਫੁਹਾਰਾ |
| 66 | Wedge | faanaa, chainhee | ਫ਼ਾਨਾ, ਛੈਣੀ |
| 67 | Wheel barrow | thelaa | ਠੇਲਾ |
| 68 | Work bench | kaNm karan vaalaa mez | ਕੰਮ ਕਰਨ ਵਾਲਾ ਮੇਜ਼ |
| 69 | Wrench | paanaa | ਪਾਨਾ |

# Relations

| Relations | rishte | ਰਿਸ਼ਤੇ |
|---|---|---|
| 1 Adopted daughter | mutbaNnee dhee | ਮੁਤਬੰਨੀ ਧੀ |
| 2 Adopted son | mutbaNnaa puttar | ਮੁਤਬੰਨਾ ਪੁੱਤਰ |
| 3 Bachelor | kaNvaaraa | ਕੰਵਾਰਾ |
| 4 Beloved | premakaa | ਪ੍ਰੇਮਕਾ |
| 5 Boy friend | mittar muNdaa | ਮਿੱਤਰ ਮੁੰਡਾ |
| 6 Brother | bharaa, bhaaee, veer | ਭਰਾ, ਭਾਈ, ਵੀਰ |
| 7 Brother's daughter (niece) | bhateejee | ਭਤੀਜੀ |
| 8 Brother's son (nephew) | bhateejaa | ਭਤੀਜਾ |
| 9 Brother's wife (sister in law) | bhaabee, bharjaaee | ਭਾਬੀ , ਭਰਜਾਈ |
| 10 Daughter | puttree, larhkee, dhee | ਪੁੱਤਰੀ, ਲੜਕੀ, ਧੀ |
| 11 Daughter in law | nooNh | ਨੂੰਹ |
| 12 Daughter's daughter (grand daughter) | dohtee | ਦੋਹਤੀ |
| 13 Daughter's husband (son in law) | juaaee, daamaad | ਜੁਆਈ, ਦਮਾਦ |
| 14 Daughter's husband's father | kurham | ਕੁੜਮ |
| 15 Daughter's husband's mother | kurhmanhee | ਕੁੜਮਣੀ |
| 16 Daughter's son (grandson) | dohtaa | ਦੋਹਤਾ |
| 17 Divorced | talaak shudaa | ਤਲਾਕ ਸ਼ੁਦਾ |
| 18 Elder brother | vaddaa bharaa | ਵੱਡਾ ਭਰਾ |
| 19 Father | pitaa, bhaa-ee-aa, laalaa, baapoo, pio vaalad, abbaa, baabal | ਪਿਤਾ, ਭਾਈਆ, ਲਾਲਾ, ਬਾਪੂ, ਪਿਉ ਵਾਲਦ, ਅੱਬਾ, ਬਾਬਲ |
| 20 Father's elder brother (uncle) | taa-i-aa | ਤਾਇਆ |
| 21 Father's elder brother's daughter (cousin) | taae dee kurhee | ਤਾਏ ਦੀ ਕੁੜੀ |
| 22 Father's elder brother's son (cousin) | taae daa muNdaa | ਤਾਏ ਦਾ ਮੁੰਡਾ |
| 23 Father's elder brother's wife (aunt) | taa-ee | ਤਾਈ |

38

| Relations | rishte | ਰਿਸ਼ਤੇ |
|---|---|---|
| 24 Father's father (grand dad) | daadaa | ਦਾਦਾ |
| 25 Father's mother (grand mum) | daadee | ਦਾਦੀ |
| 26 Father's sister (aunt) | bhooaa | ਭੂਆ |
| 27 Father's sister's daughter (cousin) | phupheree bhainh | ਫੁਫੇਰੀ ਭੈਣ |
| 28 Father's sister's husband (uncle) | phupharh | ਫੁਫੜ |
| 29 Father's sister's son (cousin) | phupheraa bhraa | ਫੁਫੇਰਾ ਭਰਾ |
| 30 Father's younger brother (uncle) | chaachaa | ਚਾਚਾ |
| 31 Father's younger brother's daughter (cousin) | chaache dee kurhee, chacheree bhainh | ਚਾਚੇ ਦੀ ਕੁੜੀ , ਚਚੇਰੀ ਭੈਣ |
| 32 Father's younger brother's son (cousin) | chaache daa muNdaa, chacheraa bhaaee | ਚਾਚੇ ਦਾ ਮੁੰਡਾ, ਚਚੇਰਾ ਭਾਈ |
| 33 Father's younger brother's wife (aunt) | chaachee | ਚਾਚੀ |
| 34 Fiancé | maNgtar muNdaa | ਮੰਗੇਤਰ ਮੁੰਡਾ |
| 35 Fiancee | maNgtar kurhee | ਮੰਗੇਤਰ ਕੁੜੀ |
| 36 Foster Parents | paalanhhaar maape | ਪਾਲਣ ਹਾਰ ਮਾਪੇ |
| 37 Friend (female) | sahelee | ਸਹੇਲੀ |
| 38 Friend (male) | yaar, dosat, mittar, belee, saNgee, saathee | ਯਾਰ, ਦੋਸਤ, ਮਿੱਤਰ, ਬੇਲੀ, ਸੰਗੀ, ਸਾਥੀ |
| 39 Girl friend | mittar kurhee | ਮਿੱਤਰ ਕੁੜੀ |
| 40 Great grand father | parhdaadaa, parhnaanaa | ਪੜਦਾਦਾ, ਪੜਨਾਨਾ |
| 41 Great grand mother | parhdaadee, parhnaanee | ਪੜਦਾਦੀ, ਪੜਨਾਨੀ |
| 42 Husband | sartaaj, patee, khaavaNd, gharvaalaa, suaamee, shuhar, maalak | ਸਰਤਾਜ, ਪਤੀ, ਖਾਵੰਦ, ਘਰਵਾਲਾ, ਸੁਆਮੀ, ਸ਼ੁਹਰ, ਮਾਲਕ |
| 43 Husband's elder brother (brother in law) | jeth | ਜੇਠ |

| Relations | rishṯe | ਰਿਸ਼ਤੇ |
|---|---|---|
| 44 Husband's elder brother's wife (sister in law) | jiṯhaanhee | ਜਿਠਾਣੀ |
| 45 Husband's father | sahuraa | ਸਹੁਰਾ |
| 46 Husband's father's brother | paṯiauraa | ਪਤਿਔਰਾ |
| 47 Husband's father's brother's wife (mother in law) | paṯees | ਪਤੀਸ |
| 48 Husband's mother | sass | ਸੱਸ |
| 49 Husband's sister (sister in law) | nanaanh | ਨਨਾਣ |
| 50 Husband's sister's husband (brother in law) | nanhḏoeeaa | ਨਣਦੋਈਆ |
| 51 Husband's younger brother (brother in law) | ḏior, ḏer | ਦਿਓਰ, ਦੇਰ |
| 52 Husband's younger brother's wife (sister in law) | ḏiraanhee | ਦਿਰਾਣੀ |
| 53 Lover | premee | ਪ੍ਰੇਮੀ |
| 54 Mother, mum | maaṉ, maaṯaa, beebee, mammee, jhaaee aNmaaṉ, vaalḏaa, bejee, bhaabee | ਮਾਂ, ਮਾਤਾ, ਬੀਬੀ, ਮੱਮੀ, ਝਾਈ, ਅੰਮਾਂ, ਵਾਲਦਾ, ਬੇਜੀ, ਭਾਬੀ |
| 55 Mother's brother (uncle) | maamaa | ਮਾਮਾ |
| 56 Mother's brother's daughter (cousin) | maame ḏee kurhee (mameree bhainh) | ਮਾਮੇ ਦੀ ਕੁੜੀ, ਮਮੇਰੀ ਭੈਣ |
| 57 Mother's brother's son (cousin) | maame ḏaa muNdaa (mameraa bhaaee) | ਮਾਮੇ ਦਾ ਮੁੰਡਾ, ਮਮੇਰਾ ਭਾਈ |
| 58 Mother's brother's wife (aunt) | maamee | ਮਾਮੀ |
| 59 Mother's father | naanaa | ਨਾਨਾ |
| 60 Mother's mother | naanee | ਨਾਨੀ |
| 61 Mother's sister | maasee | ਮਾਸੀ |

| | Relations | rishte | ਰਿਸ਼ਤੇ |
|---|---|---|---|
| 62 | Mother's sister's daughter (cousin) | maasee dee kurhee (maseree bhainh) | ਮਾਸੀ ਦੀ ਕੁੜੀ , ਮਸੇਰੀ ਭੈਣ |
| 63 | Mother's sister's husband | maasarh | ਮਾਸੜ |
| 64 | Mother's sister's son (cousin) | Maasee daa muNdaa (maseraa bhaaee) | ਮਾਸੀ ਦਾ ਮੁੰਡਾ, ਮਸੇਰਾ ਭਾਈ |
| 65 | Sister | bhainh | ਭੈਣ |
| 66 | Sister's daughter (niece) | bhaanhjee, bhanhevee | ਭਾਣਜੀ, ਭਣੇਵੀ |
| 67 | Sister's husband (brother in law) | bhanhoeeaa, jeejaa | ਭਣੋਈਆ , ਜੀਜਾ |
| 68 | Sister's son (nephew) | bhaanhjaa, bhanhevaa | ਭਾਣਜਾ, ਭਣੇਵਾ |
| 69 | Son | putt, puttar, saputtar, larhkaa, betaa | ਪੁੱਤ, ਪੁੱਤਰ, ਸਪੁੱਤਰ, ਲੱੜਕਾ, ਬੇਟਾ |
| 70 | Son's daughter (grand daughter) | potee | ਪੋਤੀ |
| 71 | Son's son (grandson) | potaa | ਪੋਤਾ |
| 72 | Son's wife (daughter in law) | bahoo, nooNh | ਬਹੂ, ਨੂੰਹ |
| 73 | Son's wife's father | kurham | ਕੁੜਮ |
| 74 | Son's wife's mother | kurhmanhee | ਕੁੜਮਣੀ |
| 75 | Spinster | charhee, budhdh kuaaree | ਛੜੀ, ਬੁੱਢ ਕੁਆਰੀ |
| 76 | Step brother | matre-aa bharaa | ਮਤਰੇਆ ਭਰਾ |
| 77 | Step daughter | matre-ee dhee | ਮਤਰੇਈ ਧੀ |
| 78 | Step father | matre-aa piu | ਮਤਰੇਆ ਪਿਉ |
| 79 | Step mother | matre-ee maan | ਮਤਰੇਈ ਮਾਂ |
| 80 | Step sister | matre-ee bhainh | ਮਤਰੇਈ ਭੈਣ |
| 81 | Step son | matre-aa puttar | ਮਤਰੇਆ ਪੁੱਤਰ |
| 82 | Widow | raNdee, vidhvaa | ਰੰਡੀ, ਵਿਧਵਾ |
| 83 | Widower | raNdaa | ਰੰਡਾ |
| 84 | Wife | patnee, gharwaalee, istaree | ਪਤਨੀ, ਘਰਵਾਲੀ, ਇਸਤਰੀ |

| Relations | rishṯe | ਰਿਸ਼ਤੇ |
|---|---|---|
| 85 Wife's brother (brother in law) | saalaa | ਸਾਲਾ |
| 86 Wife's brother's wife (sister in law) | saalehaar | ਸਾਲੇਹਾਰ |
| 87 Wife's father (father in law) | sahuraa | ਸਹੁਰਾ |
| 88 Wife's mother (mother in law) | sass | ਸੱਸ |
| 89 Wife's sister (sister in law) | saalee | ਸਾਲੀ |
| 90 Wife's sister's husband (brother in law) | saanḏhoo | ਸਾਂਢੂ |
| 91 Younger brother | chotaa bharaa | ਛੋਟਾ ਭਰਾ |

# Parts of the body

| | Parts of the body | sareer de aNg | ਸਰੀਰ ਦੇ ਅੰਗ |
|---|---|---|---|
| 1 | Abdomen, Belly | pet, dhidd | ਪੇਟ, ਢਿੱਡ |
| 2 | Ankle | gittaa | ਗਿੱਟਾ |
| 3 | Anus | gudaa | ਗੁਦਾ |
| 4 | Arm | baanh | ਬਾਂਹ |
| 5 | Armpit | kachch, bagal | ਕੱਛ, ਬਗਲ |
| 6 | Artery | dhamnee, lahoo naarhee | ਧਮਨੀ, ਲਹੂ ਨਾੜੀ |
| 7 | Back | piththh | ਪਿੱਠ |
| 8 | Backbone, Spine | reerh dee haddee | ਰੀੜ ਦੀ ਹੱਡੀ |
| 9 | Beard | daarh-hee | ਦਾੜ੍ਹੀ |
| 10 | Bladder | masaanaa | ਮਸਾਨਾ |
| 11 | Blood | khoon, rat | ਖੂਨ, ਰੱਤ |
| 12 | Body | tan, jisam, sareer | ਤਨ, ਜਿਸਮ, ਸਰੀਰ |
| 13 | Bone | haddee | ਹੱਡੀ |
| 14 | Braid, Plait | gutt | ਗੁੱਤ |
| 15 | Brain | dimaag, magaz | ਦਿਮਾਗ, ਮਗਜ਼ |
| 16 | Breast | chaatee, thanh, dudhdhee | ਛਾਤੀ, ਥਣ, ਦੁੱਧੀ |
| 17 | Buttock | chittarh | ਚਿੱਤੜ |
| 18 | Calf | piNdlee, piNnee | ਪਿੰਡਲੀ, ਪਿੰਨੀ |
| 19 | Cheek | gall-h | ਗੱਲ੍ਹ |
| 20 | Chest | seenaa, chaatee, hik | ਸੀਨਾ, ਛਾਤੀ, ਹਿਕ |
| 21 | Chin | thodee | ਠੋਡੀ |
| 22 | Collar bone | haslee | ਹਸਲੀ |
| 23 | Ear | kaNn | ਕੰਨ |
| 24 | Elbow | arak, koohnhee | ਅਰਕ, ਕੂਹਣੀ |
| 25 | Eye brow | bharvatte, bhavaan | ਭਰਵੱਟੇ, ਭਵਾਂ |
| 26 | Eye lash | jhiNmnhee | ਝਿੰਮਣੀ |
| 27 | Eye lid | palak, papotaa | ਪਲਕ, ਪਪੋਟਾ |

| | Parts of the body | sareer de aNg | ਸਰੀਰ ਦੇ ਅੰਗ |
|---|---|---|---|
| 28 | Eyeball | delaa, akhkh dee putlee | ਡੇਲਾ, ਅੱਖ ਦੀ ਪੁਤਲੀ |
| 29 | Eyes | akhkhaan | ਅੱਖਾਂ |
| 30 | Face | mukhrhaa, mooNh, mukh, chihraa | ਮੁਖੜਾ, ਮੂੰਹ, ਮੁਖ, ਚਿਹਰਾ |
| 31 | Finger | ungal, unglee | ਉਂਗਲ, ਉਂਗਲੀ |
| 32 | Finger (index) | pahilee ungal | ਪਹਿਲੀ ਉਂਗਲ |
| 33 | Finger (little) | cheechee, chotee ungal | ਚੀਚੀ, ਛੋਟੀ ਉਂਗਲ |
| 34 | Finger (middle) | vichkaarlee ungal | ਵਿਚਕਾਰਲੀ ਉਂਗਲ |
| 35 | Fist | muththee | ਮੁੱਠੀ |
| 36 | Flesh | maas | ਮਾਸ |
| 37 | Foot | charan, pair, pag | ਚਰਨ, ਪੈਰ, ਪਗ |
| 38 | Foot sole | talaa, pair daa hethlaa hissaa | ਤਲਾ, ਪੈਰ ਦਾ ਹੇਠਲਾ ਹਿੱਸਾ |
| 39 | Forehead | maththaa, peshaanee | ਮੱਥਾ, ਪੇਸ਼ਾਨੀ |
| 40 | Gullet, Throat | saNgh, galaa | ਸੰਘ, ਗਲਾ |
| 41 | Gums | masoorhe | ਮਸੂੜੇ |
| 42 | Hair | vaal, kes | ਵਾਲ, ਕੇਸ |
| 43 | Hair lock | lit, guchchaan vaalaaN daa | ਲਿਟ, ਗੁੱਛਾ ਵਾਲਾਂ ਦਾ |
| 44 | Hand | hathth | ਹੱਥ |
| 45 | Hand span | giththh | ਗਿੱਠ |
| 46 | Head | sir | ਸਿਰ |
| 47 | Heart | dill | ਦਿੱਲ |
| 48 | Heel | addee | ਅੱਡੀ |
| 49 | Intestines | aandraan | ਆਂਦਰਾਂ |
| 50 | Jaw | jabaarhaa | ਜਬਾੜਾ |
| 51 | Joint | jorh | ਜੋੜ |
| 52 | Kidney | gurdaa | ਗੁਰਦਾ |

| | Parts of the body | sareer de aNg | ਸਰੀਰ ਦੇ ਅੰਗ |
|---|---|---|---|
| 53 | Knee | godaa | ਗੋਡਾ |
| 54 | Lap | god, godee | ਗੋਦ, ਗੋਦੀ |
| 55 | Leg | latt | ਲੱਤ |
| 56 | Lips | bulh, honth | ਬੁਲ੍ਹ, ਹੋਂਠ |
| 57 | Liver | jigar, kalejaa | ਜਿਗਰ, ਕਲੇਜਾ |
| 58 | Lungs | phephrhe | ਫੇਫੜੇ |
| 59 | Moustache | muchchaan | ਮੁੱਛਾਂ |
| 60 | Mouth | mooNh | ਮੂੰਹ |
| 61 | Muscle | paththaa | ਪੱਠਾ |
| 62 | Nail | naNhu, naakhun | ਨੰਹੁ, ਨਾਖੁਨ |
| 63 | Naval | dhunee | ਧੁਨੀ |
| 64 | Neck | gichchee, dhaunh, gardan | ਗਿੱਚੀ, ਧੌਣ, ਗਰਦਨ |
| 65 | Nerve | nas | ਨਸ |
| 66 | Nipple, teats | chooskee, choochak, choopnhee | ਚੂਸਕੀ, ਚੂਚਕ, ਚੂਪਣੀ |
| 67 | Nose | nakk | ਨੱਕ |
| 68 | Nostril | naasaan | ਨਾਸਾਂ |
| 69 | Palate | taaloo | ਤਾਲੂ |
| 70 | Palm | hathelee | ਹਥੇਲੀ |
| 71 | Penis | iNdree, shishan, liNg | ਇੰਦਰੀ, ਸ਼ਿਸ਼ਨ, ਲਿੰਗ |
| 72 | Pulse | nabaz | ਨਬਜ਼ |
| 73 | Rib | paslee | ਪਸਲੀ |
| 74 | Shoulder | modhaa | ਮੋਢਾ |
| 75 | Skin | chamrhee | ਚਮੜੀ |
| 76 | Skull | khopree | ਖੋਪਰੀ |
| 77 | Soul | rooh | ਰੂਹ |
| 78 | Stomach | mihdaa | ਮਿਹਦਾ |

| | Parts of the body | sareer de aNg | ਸਰੀਰ ਦੇ ਅੰਗ |
|---|---|---|---|
| 79 | Sweat | murhkaa, paseenaa | ਮੁੜਕਾ, ਪਸੀਨਾ |
| 80 | Tears | athroo | ਅਥਰੂ |
| 81 | Temple | purhparhee | ਪੁੜਪੜੀ |
| 82 | Testicles | pataaloo | ਪਤਾਲੂ |
| 83 | Thigh | patt | ਪੱਟ |
| 84 | Thumb | aNgoothaa | ਅੰਗੂਠਾ |
| 85 | Toes | pab | ਪਬ |
| 86 | Tooth | daNd | ਦੰਦ |
| 87 | Toungue | jeebh, zabaan, rasnaa | ਜੀਭ, ਜ਼ਬਾਨ, ਰਸਨਾ |
| 88 | Trachea | saah dee nalee | ਸਾਹ ਦੀ ਨਲੀ |
| 89 | Trunk | dharh | ਧੜ |
| 90 | Urine | pishaab | ਪਿਸ਼ਾਬ |
| 91 | Uterus | dharan | ਧਰਨ |
| 92 | Vagina | yonee | ਯੋਨੀ |
| 93 | Vein | lahoo naalee | ਲਹੂ ਨਾਲੀ |
| 94 | Waist | kamar, lak | ਕਮਰ, ਲਕ |
| 95 | Womb | kukhkh, bachedaanee | ਕੁੱਖ, ਬੱਚੇ ਦਾਨੀ |
| 96 | Wrist | veenhee, gutt | ਵੀਣੀ, ਗੁੱਟ |

# Colours

| | Colours | raNg | ਰੰਗ |
|---|---|---|---|
| 1 | Beige | bhooraa | ਭੂਰਾ |
| 2 | Black | kaalaa | ਕਾਲਾ |
| 3 | Blackish | pakkaa raNg | ਪੱਕਾ ਰੰਗ |
| 4 | Blue (dark), Navy blue | goorhaa neelaa | ਗੂੜਾ ਨੀਲਾ |
| 5 | Blue (light) | asmaanee, halkaa neelaa,<br>balauree, phikkaa neelaa | ਅਸਮਾਨੀ, ਹਲਕਾ ਨੀਲਾ,<br>ਬਲੌਰੀ, ਫਿੱਕਾ ਨੀਲਾ |
| 6 | Blue, Indigo | neelaa | ਨੀਲਾ |
| 7 | Bottle Green | mooNgeeaa | ਮੂੰਗੀਆ |
| 8 | Brown | badaamee | ਬਦਾਮੀ |
| 9 | Brown (dark) | daakhee, kalejee | ਦਾਖੀ, ਕਲੇਜੀ |
| 10 | Brown (light) | sharbatee | ਸ਼ਰਬਤੀ |
| 11 | Carrot | gaajree, biskutee | ਗਾਜਰੀ, ਬਿਸਕੁਟੀ |
| 12 | Cinnamon | daalcheenee | ਦਾਲਚੀਨੀ |
| 13 | Crimson | kirmichee | ਕਿਰਮਿਚੀ |
| 14 | Fair colour | saaf raNg | ਸਾਫ਼ ਰੰਗ |
| 15 | Fawn | halka biskutee | ਹਲਕਾ ਬਿਸਕੁਟੀ |
| 16 | Gold | sunahiree | ਸੁਨਹਿਰੀ |
| 17 | Green | haraa, saavaa | ਹਰਾ, ਸਾਵਾ |
| 18 | Green (dark) | saavaa kachooch,<br>zahir mohraa,<br>goorhaa haraa | ਸਾਵਾ ਕਚੂਚ,<br>ਜ਼ਹਿਰ ਮੋਹਰਾ,<br>ਗੂੜਾ ਹਰਾ |
| 19 | Green (light) | gheeaa | ਘੀਆ |
| 20 | Green (light) | toteeaa | ਤੋਤੀਆ |
| 21 | Grey | saletee | ਸਲੇਟੀ |
| 22 | Grey (dark) | surmaee | ਸੁਰਮਈ |
| 23 | Khaki | khaakee | ਖਾਕੀ |
| 24 | Kingfisher | pharozee | ਫਰੋਜ਼ੀ |
| 25 | Lilac | halka jaamnhee | ਹਲਕਾ ਜਾਮਣੀ |

| | Colours | raNg | ਰੰਗ |
|---|---|---|---|
| 26 | Maroon | laakhaa | ਲਾਖਾ |
| 27 | Mixture of red and blue | balNbaree | ਬਲੰਬਰੀ |
| 28 | Orange | saNtree, saNgtaree | ਸੰਤਰੀ, ਸੰਗਤਰੀ |
| 29 | Peach | jogeeaa | ਜੋਗੀਆ |
| 30 | Peacock | mor paNkhee | ਮੋਰ ਪੰਖੀ |
| 31 | Permanent colour | pakkaa raNg | ਪੱਕਾ ਰੰਗ |
| 32 | Pink | piaazee | ਪਿਆਜ਼ੀ |
| 33 | Pinkish | gulaabee | ਗੁਲਾਬੀ |
| 34 | Purple | jaamnhee | ਜਾਮਣੀ |
| 35 | Red | lal, sooaa | ਲਾਲ, ਸੂਆ |
| 36 | Red (dark) | naabhee, unaabee | ਨਾਭੀ, ਉਨਾਬੀ |
| 37 | Red (light) | halkaa laal | ਹਲਕਾ ਲਾਲ |
| 38 | Rose | gulaabee | ਗੁਲਾਬੀ |
| 39 | Rosepink | moteeaa | ਮੋਤੀਆ |
| 40 | Saffron | kesree | ਕੇਸਰੀ |
| 41 | Scarlet | gulnaaree | ਗੁਲਨਾਰੀ |
| 42 | Shade | raNg dee gahiraaee | ਰੰਗ ਦੀ ਗਹਿਰਾਈ |
| 43 | Silver | chaandee raNgaa | ਚਾਂਦੀ ਰੰਗਾ |
| 44 | Vermillion | saNdhooree | ਸੰਧੂਰੀ |
| 45 | Violet | bainganhee | ਬੈਂਗਣੀ |
| 46 | Water Melon | tarboozee | ਤਰਬੂਜ਼ੀ |
| 47 | Wheatish | kanhkvaNnaa | ਕਣਕਵੰਨਾ |
| 48 | White | chittaa, saphed | ਚਿੱਟਾ, ਸਫੇਦ |
| 49 | Yellow | peelaa, basNtee, khattaa | ਪੀਲਾ, ਬਸੰਤੀ, ਖੱਟਾ |
| 50 | Yellow light, pale | halkaa peelaa, moteeaa | ਹਲਕਾ ਪੀਲਾ, ਮੋਤੀਆ |

# Cereals - grain

| | **Cereals - grain** | **anaaj** | **ਅਨਾਜ** |
|---|---|---|---|
| 1 | Barley | jon | ਜੌਂ |
| 2 | Bran | booraa, chaanh | ਬੂਰਾ, ਛਾਣ |
| 3 | Coarse | motaa | ਮੋਟਾ |
| 4 | Corn flour | nishaastaa | ਨਿਸ਼ਾਸਤਾ |
| 5 | Corn, maize | makkee | ਮੱਕੀ |
| 6 | Cornmeal, maize flour | makkee daa aataa | ਮੱਕੀ ਦਾ ਆਟਾ |
| 7 | Corn-on-the-cob | challee | ਛੱਲੀ |
| 8 | Fine | baareek | ਬਾਰੀਕ |
| 9 | Gram | chole, chaNne | ਛੋਲੇ, ਚੰਨੇ |
| 10 | Gram flour | vesanh | ਵੇਸਣ |
| 11 | Linseed | alsee | ਅਲਸੀ |
| 12 | Oats | jaee | ਜਈ |
| 13 | Pasta | itlee dee khuraak | ਇਟਲੀ ਦੀ ਖੁਰਾਕ |
| 14 | Penicum Spicatums (millet) | baajraa | ਬਾਜਰਾ |
| 15 | Plain Flour | mahidaa | ਮਹਿਦਾ |
| 16 | Porridge | daleeaa | ਦਲੀਆ |
| 17 | Rice | jhonhaa, chawal | ਝੋਨਾ, ਚਾਵਲ |
| 18 | Sago | saagoodaanaa | ਸਾਗੂਦਾਨਾ |
| 19 | Self-raising flour | phulanh vaalaa mahidaa | ਫੁਲਣ ਵਾਲਾ ਮਹਿਦਾ |
| 20 | Semolina | soojee,ravaa | ਸੂਜੀ, ਰਵਾ |
| 21 | Sorghum Vulgare (millet) | javaar | ਜਵਾਰ |
| 22 | Wheat | kanhak | ਕਣਕ |
| 23 | Wheat Flour | aataa | ਆਟਾ |
| 24 | Wholemeal flour | pooran aataa | ਪੂਰਨ ਆਟਾ |

# Trees, plants, shrubs, climbers
## darakhat, paude, jhaarheeaan, velaan
## ਦਰਖ਼ਤ, ਪੌਦੇ, ਝਾੜੀਆਂ, ਵੇਲਾਂ

| | Trees etc. | rukhkh vagairaa | ਰੁੱਖ ਵਗੈਰਾ |
|---|---|---|---|
| 1 | Acacia | kikkar , babool | ਕਿਕਰ, ਬਬੂਲ |
| 2 | Azedarach | dhrek | ਧ੍ਰੇਕ |
| 3 | Bamboo | baans | ਬਾਂਸ |
| 4 | Banyan | boharh | ਬੋਹੜ |
| 5 | Bark | sakk | ਸੱਕ |
| 6 | Berry | beree | ਬੇਰੀ |
| 7 | Betel nut | paan | ਪਾਨ |
| 8 | Birch | bhoj, tejpattar | ਭੋਜ, ਤੇਜਪੱਤਰ |
| 9 | Branch | tahinhee | ਟਹਿਣੀ |
| 10 | Bud | kalee | ਕਲੀ |
| 11 | Bulb | gaththaa, kaNd | ਗੱਠਾ, ਕੰਦ |
| 12 | Bush | jhaarhee | ਝਾੜੀ |
| 13 | Cactus | thohar | ਥੋਹਰ |
| 14 | Calotropis Procera | akk daa bootaa | ਅੱਕ ਦਾ ਬੂਟਾ |
| 15 | Castor | ariNd | ਅਰਿੰਡ |
| 16 | Coconut | naareeal | ਨਾਰੀਅਲ |
| 17 | Crops | phaslaan | ਫਸਲਾਂ |
| 18 | Cypress | saroo | ਸਰੂ |
| 19 | Date | khajoor | ਖਜੂਰ |
| 20 | Deodar | diudaar | ਦਿਉਦਾਰ |
| 21 | Ear of wheat | kanhk daa sittaa | ਕਣਕ ਦਾ ਸਿੱਟਾ |
| 22 | Eucalyptus | saphaidaa | ਮਫੈਦਾ |
| 23 | Fir with fircone | kelon | ਕੇਲੋਂ |
| 24 | Flower trees | phull daar darakhat | ਫੁੱਲ ਦਾਰ ਦਰਖ਼ਤ |
| 25 | Fruit trees | phal daar darakhat | ਫਲ ਦਾਰ ਦਰਖ਼ਤ |
| 26 | Germ | aNkur | ਅੰਕੁਰ |
| 27 | Gram | daanhe | ਦਾਣੇ |

| | Trees etc. | rukhkh vagairaa | ਰੁੱਖ ਵਗੈਰਾ |
|---|---|---|---|
| 28 | Grass | ghaah | ਘਾਹ |
| 29 | Husk | chill, chokar | ਛਿੱਲ ਚੋਕਰ |
| 30 | Indian Rosewood | taahlee | ਟਾਹਲੀ |
| 31 | Kernal | giree | ਗਿਰੀ |
| 32 | Leaf | pattaa | ਪੱਤਾ |
| 33 | Mahogany | mahaaganee | ਮਹਾਗਨੀ |
| 34 | Mangrove | kadol | ਕਡੋਲ |
| 35 | Manure | khaad | ਖਾਦ |
| 36 | Mulberry | shahitoot | ਸ਼ਹਿਤੂਤ |
| 37 | Neem | nim | ਨਿਮ |
| 38 | Palm | taarh | ਤਾੜ |
| 39 | Peel | chilak | ਛਿਲਕ |
| 40 | Petal | pattee | ਪੱਤੀ |
| 41 | Pine | cheerh | ਚੀੜ |
| 42 | Pipul | pipal | ਪਿਪਲ |
| 43 | Pod | phalee | ਫਲੀ |
| 44 | Prosopis Specigera | jaNd | ਜੰਡ |
| 45 | Pulp | gudaa | ਗੁਦਾ |
| 46 | Root | jarhh | ਜੜ੍ਹ |
| 47 | Sandal | chaNdan | ਚੰਦਨ |
| 48 | Seed | beej | ਬੀਜ |
| 49 | Shell | khol | ਖੋਲ |
| 50 | Shoot | phut | ਫੁਟ |
| 51 | Stamen | boor | ਬੂਰ |
| 52 | Stem | taandaa, narh | ਟਾਂਡਾ, ਨੜ |
| 53 | Stone | gitak | ਗਿਟਕ |
| 54 | Straw | toorhee | ਤੂੜੀ |
| 55 | Sugarcane | gaNnaa | ਗੰਨਾ |

| | Trees etc. | rukhkh vagairaa | ਰੁੱਖ ਵਗੈਰਾ |
|---|---|---|---|
| 56 | Tamrind | imlee | ਇਮਲੀ |
| 57 | Teak | saagvaan | ਸਾਗਵਾਨ |
| 58 | Thorn | kaNdaa | ਕੰਡਾ |
| 59 | Trees | rukhkh, darakhat<br>perh, banh | ਰੁੱਖ, ਦਰਖਤ,<br>ਪੇੜ, ਬਣ |
| 60 | Trunk | tanhaa | ਤਣਾ |
| 61 | Twig | chamak | ਛਮਕ |
| 62 | Wood | lakrhee | ਲਕੜੀ |

# Weather

| | **Weather** | **mausam** | **ਮੌਸਮ** |
|---|---|---|---|
| 1 | Anemometer | paunh veg maapak | ਪੌਣ ਵੇਗ ਮਾਪਕ |
| 2 | Autumn | patt jharh-h | ਪੱਤ ਝੜ੍ਹ |
| 3 | Barometer | dabaa maapak | ਦਬਾ ਮਾਪਕ |
| 4 | Climate | paunh paanhee | ਪੌਣ ਪਾਣੀ |
| 5 | Cloud | baddal, baddlee | ਬੱਦਲ, ਬੱਦਲੀ |
| 6 | Cloudy | baddalvaaee | ਬੱਦਲਵਾਈ |
| 7 | Cold | sardee, thaNd, paalaa | ਸਰਦੀ, ਠੰਡ, ਪਾਲਾ |
| 8 | Cyclone | vaavarolaa | ਵਾਵਰੋਲਾ |
| 9 | Damp | namee, sillaa | ਨਮੀ, ਸਿੱਲਾ |
| 10 | Degree | darjaa | ਦਰਜਾ |
| 11 | Depression | ghatt dabaa | ਘੱਟ ਦਬਾ |
| 12 | Dew | trel | ਤ੍ਰੇਲ |
| 13 | Drizling | kinhminh, booNdaa baandee | ਕਿਣਮਿਣ, ਬੂੰਦਾ ਬਾਂਦੀ |
| 14 | Dry | khushak | ਖੁਸ਼ਕ |
| 15 | Dry weather | aurh | ਔੜ |
| 16 | Dust | dhoorh | ਧੂੜ |
| 17 | Equatorial | bhoomadh rekhaa khaNd | ਭੂਮਧ ਰੇਖਾ ਖੰਡ |
| 18 | Flood | harh-h | ਹੜ੍ਹ |
| 19 | Fog, mist | dhuNd | ਧੁੰਦ |
| 20 | Freezing | bahut thaNd | ਬਹੁਤ ਠੰਡ |
| 21 | Frost | koraa | ਕੋਰਾ |
| 22 | Hailstorm | aule, garhe | ਔਲੇ, ਗੜੇ |
| 23 | Heat | garmee | ਗਰਮੀ |
| 24 | Heatwave | looh | ਲੂਹ |
| 25 | Hot | garam | ਗਰਮ |
| 26 | Hurricane | bvahut tez havaa | ਬਹੁਤ ਤੇਜ਼ ਹਵਾ |

| | Weather | mausam | ਮੌਸਮ |
|---|---|---|---|
| 27 | Iceberg | baraf daa todaa | ਬਰਫ ਦਾ ਤੋਦਾ |
| 28 | Isobar | sam dabaa rekhaa | ਸਮ ਦਬਾ ਰੇਖਾ |
| 29 | Lightning | bijlee | ਬਿਜਲੀ |
| 30 | Pressure | dabaao | ਦਬਾਓ |
| 31 | Rain | meenh, varkhaa, baarish | ਮੀਂਹ, ਵਰਖਾ, ਬਾਰਿਸ਼ |
| 32 | Rain (continuous) | lagaataar meenh | ਲਗਾਤਾਰ ਮੀਂਹ |
| 33 | Rain (heavy) | ziaadaa, bhaaraa meenh | ਜ਼ਿਆਦਾ, ਭਾਰਾ ਮੀਂਹ |
| 34 | Rain drops | kanheeaan, tupke | ਕਣੀਆਂ, ਤੁਪਕੇ |
| 35 | Rainbow | sat raNgee peengh | ਸਤਰੰਗੀ ਪੀਂਘ |
| 36 | Raining Cats & Dogs | moosledhaar meenh | ਮੂਸਲੇਧਾਰ ਮੀਂਹ |
| 37 | Rainy season | barsaat, jharhee | ਬਰਸਾਤ, ਝੜੀ |
| 38 | Season | rutt | ਰੁੱਤ |
| 39 | Shower | chitte, vaacharh | ਛਿੱਟੇ, ਵਾਛੜ |
| 40 | Sky | asmaan, gaggan,<br>aNbar, arash | ਅਸਮਾਨ, ਗੱਗਨ,<br>ਅੰਬਰ, ਅਰਸ਼ |
| 41 | Sleat | ainh | ਐਣ |
| 42 | Snow | baraf | ਬਰਫ਼ |
| 43 | Snow ball | baraf daa golaa | ਬਰਫ਼ ਦਾ ਗੋਲਾ |
| 44 | Snowman | baraf daa aadmee | ਬਰਫ਼ ਦਾ ਆਦਮੀ |
| 45 | Spring | basaNt bahaar | ਬਸੰਤ ਬਹਾਰ |
| 46 | Storm | haneree | ਹਨੇਰੀ |
| 47 | Summer | garmee aan | ਗਰਮੀਆਂ |
| 48 | Sun | sooraj | ਸੂਰਜ |
| 49 | Sunny | dhupp vaalaa | ਧੁੱਪ ਵਾਲਾ |
| 50 | Sunshine | dhupp | ਧੁੱਪ |
| 51 | Temperate | saNjmee khaNd | ਸੰਜਮੀ ਖੰਡ |

| **Weather** | **mausam** | **ਮੌਸਮ** |
|---|---|---|
| 52 Temperature | ṯaap maanh | ਤਾਪ ਮਾਣ |
| 53 Thunder | garaj | ਗਰਜ |
| 54 Tornado | taaṉde bhaNn | ਟਾਂਡੇ ਭੰਨ |
| 55 Tropical | ṯapaṯ khaṈdee | ਤਪਤ ਖੰਡੀ |
| 56 Weather forecast | mausam aṉumaan | ਮੌਸਮ ਅਨੁਮਾਨ |
| 57 Wind | havaa | ਹਵਾ |
| 58 Windy | havaa chal rahee hai | ਹਵਾ ਚਲ ਰਹੀ ਹੈ |
| 59 Winter | sarḏee aan | ਸਰਦੀਆਂ |

# Sports

| | Sports | khedaan | ਖੇਡਾਂ |
|---|---|---|---|
| 1 | Archery | teer aNdaazee | ਤੀਰ ਅੰਦਾਜ਼ੀ |
| 2 | Badminton | chirhee chikkaa | ਚਿੜੀ ਛਿੱਕਾ |
| 3 | Ball | gend, khiddo | ਗੇਂਦ, ਖਿੱਦੋ |
| 4 | Baseball | besbaal | ਬੇਸ ਬਾਲ |
| 5 | Basket Ball | baaskat baal | ਬਾਸਕਟ ਬਾਲ |
| 6 | Bat | ballaa | ਬੱਲਾ |
| 7 | Bingo | biNgo | ਬਿੰਗੋ |
| 8 | Boating | kishtee chalaanhee | ਕਿਸ਼ਤੀ ਚਲਾਣੀ |
| 9 | Bowling | gend baazee | ਗੇਂਦ ਬਾਜ਼ੀ |
| 10 | Boxing | mukke baazee | ਮੁੱਕੇ ਬਾਜ਼ੀ |
| 11 | Cards | taash | ਤਾਸ਼ |
| 12 | Chess | shatraNj | ਸ਼ਤਰੰਜ |
| 13 | Cricket | krikat, gend ballaa | ਕ੍ਰਿਕਟ, ਗੇਂਦ ਬੱਲਾ |
| 14 | Cycling | saaeekal chalaanhaa | ਸਾਈਕਲ ਚਲਾਣਾ |
| 15 | Darts | daats | ਡਾਟਸ |
| 16 | Dice | paasaa | ਪਾਸਾ |
| 17 | Diving suit | tubhee jorhaa | ਟੁਭੀ ਜੋੜਾ |
| 18 | Fencing | talvaar baazee | ਤਲਵਾਰ ਬਾਜ਼ੀ |
| 19 | Fishing | machcheeaan pharhnaa | ਮੱਛੀਆਂ ਫੜਨਾ |
| 20 | Football | futbaal | ਫੁਟਬਾਲ |
| 21 | Gatkaa | gatkaa | ਗਤਕਾ |
| 22 | Golf | golf | ਗੋਲਫ |
| 23 | Hide and Seek | lukanh meetee | ਲੁਕਣ-ਮੀਟੀ |
| 24 | High Jump | uchchee chaal | ਉੱਚੀ ਛਾਲ |
| 25 | Hockey | haakee | ਹਾਕੀ |
| 26 | Horse racing | ghorh daurh | ਘੋੜ ਦੌੜ |

| | Sports | khedaan | ਖੇਡਾਂ |
|---|---|---|---|
| 27 | Hunting | shikaar khednhaa | ਸ਼ਿਕਾਰ ਖੇਡਣਾ |
| 28 | Ice Hockey | baraf haakee | ਬਰਫ਼ ਹਾਕੀ |
| 29 | Ice Skating | baraf te rirhnaa | ਬਰਫ ਤੇ ਰਿੜਨਾ |
| 30 | Jockey | ghorh savaar | ਘੋੜ ਸਵਾਰ |
| 31 | Jogging | tez turnaa | ਤੇਜ਼ ਤੁਰਨਾ |
| 32 | Kabaddi | kabaddee | ਕਬੱਡੀ |
| 33 | Karate | karaatee | ਕਰਾਟੀ |
| 34 | KhoKho | kho kho | ਖੋ ਖੋ |
| 35 | Kite Flying | pataNg baazee | ਪਤੰਗ ਬਾਜ਼ੀ |
| 36 | Long Jump | laNbee chaal | ਲੰਬੀ ਛਾਲ |
| 37 | Ludo | ludo | ਲੁਡੋ |
| 38 | Motor racing | motor daurh | ਮੋਟਰ ਦੌੜ |
| 39 | Net | jaal | ਜਾਲ |
| 40 | Painting | chitar | ਚਿਤਰ |
| 41 | Pettet-bow | gulel | ਗੁਲੇਲ |
| 42 | Polo | polo | ਪੋਲੋ |
| 43 | Portrait | moorat | ਮੂਰਤ |
| 44 | Race | daurh | ਦੌੜ |
| 45 | Reins | lagaam | ਲਗਾਮ |
| 46 | Rock climbing | parbat charh-h-aaee | ਪਰਬਤ ਚੜ੍ਹਾਈ |
| 47 | Rodeo | jaanvar naal khed | ਜਾਨਵਰ ਨਾਲ ਖੇਡ |
| 48 | Rugby | ragbee | ਰਗਬੀ |
| 49 | Shuttle cock | chirhee | ਚਿੜੀ |
| 50 | Skipping | rassee tappnhaa | ਰੱਸੀ ਟੱਪਣਾ |
| 51 | Sledge | baraf gaddee | ਬਰਫ ਗੱਡੀ |
| 52 | Snooker | sanookar | ਸਨੂਕਰ |

| | **Sports** | **khedaan** | **ਖੇਡਾਂ** |
|---|---|---|---|
| 53 | Squash | sukaash | ਸੁਕਾਸ਼ |
| 54 | Surfing | sarfiNg | ਸਰਫਿੰਗ |
| 55 | Swimming | tairnhaa, taraakee | ਤੈਰਣਾ, ਤਰਾਕੀ |
| 56 | Swimming Pool | taaree sarovar | ਤਾਰੀ ਸਰੋਵਰ |
| 57 | Swimming suit | tairaakee bastar | ਤੈਰਾਕੀ ਬਸਤਰ |
| 58 | Table Tennis | tebal tainas | ਟੇਬਲ ਟੈਨਸ |
| 59 | Tennis | tainis | ਟੈਨਿਸ |
| 60 | Tip Cat | gullee daNdaa | ਗੁੱਲੀ ਡੰਡਾ |
| 61 | Track suit | daurh bastar | ਦੌੜ ਬਸਤਰ |
| 62 | Tug-of war | rassa kashee | ਰੱਸਾ ਕਸ਼ੀ |
| 63 | Volleyball | vaulee baal | ਵੌਲੀਬਾਲ |
| 64 | Weight lifting | bhaar chukknhaa | ਭਾਰ ਚੁੱਕਣਾ |
| | | baalaa kadhdhnhaa | ਬਾਲਾ ਕੱਢਣਾ |
| 65 | Wrestling | kushtee, ghol | ਕੁਸ਼ਤੀ, ਘੋਲ |

# Indian Sweets, Breads and Snacks
## mithaaeeaan, roteeaan, namkeen
### ਮਿਠਆਈਆਂ, ਰੋਟੀਆਂ, ਨਮਕੀਨ

| **Indian Sweets** | **mithaaeeaan** | **ਮਿਠਆਈਆਂ** |
|---|---|---|
| 1 | khajoor | ਖਜੂਰ |
| 2 | mesoo | ਮੇਸੂ |
| 3 | golaa | ਗੋਲਾ |
| 4 | kalaakaNd | ਕਲਾ ਕੰਦ |
| 5 | palaNgh torh | ਪਲੰਘ ਤੋੜ |
| 6 | habshee halvaa | ਹਬਸ਼ੀ ਹਲਵਾ |
| 7 | halvaa | ਹਲਵਾ |
| 8 | sohan halvaa | ਸੋਹਨ ਹਲਵਾ |
| 9 | karaachee halvaa | ਕਰਾਚੀ ਹਲਵਾ |
| 10 | baaloo shaahee | ਬਾਲੂ ਸ਼ਾਹੀ |
| 11 | besanh ( vesanh) | ਬੇਸਣ (ਵੇਸਣ) |
| 12 | baadaanaa | ਬਾਦਾਨਾ |
| 13 | barfee | ਬਰਫੀ |
| 14 | gulaab jaamanh | ਗੁਲਾਬ ਜਾਮਣ |
| 15 | rasgulle | ਰਸਗੁੱਲੇ |
| 16 | rasmalaaee | ਰਸਮਲਾਈ |
| 17 | rabrhee | ਰਬੜੀ |
| 18 | chamcham | ਚਮਚਮ |
| 19 | booNdee | ਬੂੰਦੀ |
| 20 | laddoo | ਲੱਡੂ |
| 21 | jalebee | ਜਲੇਬੀ |
| 22 | aNmritee | ਅੰਮ੍ਰਿਤੀ |
| 23 | pheneeaan | ਫੇਨੀਆਂ |
| 24 | misree (koojaa, kaablee) | ਮਿਸਰੀ (ਕੂਜਾ, ਕਾਬਲੀ) |
| 25 | marooNdaa | ਮਰੂੰਡਾ |
| 26 | gachchak | ਗੱਚਕ |

| Indian Sweets | mithaaeeaan | ਮਿਠਆਈਆਂ |
|---|---|---|
| 27 | gattaa | ਗੱਟਾ |
| 28 | riurheeaan | ਰਿਉੜੀਆਂ |
| 29 | pethaa | ਪੇਠਾ |
| 30 | gulgale, gogle | ਗੁਲਗਲੇ, ਗੋਗਲੇ |
| 31 | seveeaan | ਸੇਵੀਆਂ |
| 32 | poorhe | ਪੂੜੇ |
| 33 | karhaah prshaad | ਕੜਾਹ ਪ੍ਰਸ਼ਾਦ |
| 34 | khurme | ਖੁਰਮੇ |
| 35 | shakarpaare | ਸ਼ਕਰਪਾਰੇ |
| 36 | piNneeaan | ਪਿੰਨੀਆਂ |
| 37 | paNjeeree | ਪੰਜੀਰੀ |
| 38 | pataase | ਪਤਾਸੇ |
| 39 | pateesaa | ਪਤੀਸਾ |
| 40 | gajrelaa, gajarpaa | ਗਜਰੇਲਾ, ਗਾਜਰਪਾ |
| 41 | chainhaa murgee | ਛੈਣਾ ਮੁਰਗੀ |
| 42 | chooree | ਚੂਰੀ |
| 43 | perhe | ਪੇੜੇ |
| 44 | seernee | ਸੀਰਨੀ |
| 45 | khoiaa | ਖੋਇਆ |
| 46 | kheer | ਖੀਰ |
| 47 | khataaee | ਖ਼ਤਾਈ |
| 48 | phirnee | ਫਿਰਨੀ |
| 49 | daabrhaa | ਦਾਬੜਾ |
| 50 | zardaa | ਜ਼ਰਦਾ |
| 51 | aNdhrase | ਅੰਧਰਸੇ |
| 52 | kulphee | ਕੁਲਫੀ |
| 53 | miththe saunf | ਮਿੱਠੀ ਸੌਂਫ |

| **Breads** | **roteeaan** | **ਰੋਟੀਆਂ** |
|---|---|---|
| 1 | dosaa | ਡੋਸਾ |
| 2 | naan | ਨਾਨ |
| 3 | poorhee | ਪੂੜੀ |
| 4 | phulkaa | ਫੁਲਕਾ |
| 5 | paraunthaa | ਪਰੌਂਠਾ |
| 6 | luchee | ਲੁਚੀ |
| 7 | rumaalee rotee | ਰੁਮਾਲੀ ਰੋਟੀ |
| 8 | bhathoore | ਭਠੂਰੇ |
| 9 | kulche | ਕੁਲਚੇ |
| 10 | miseerotee | ਮਿੱਸੀ ਰੋਟੀ |
| 11 | taNdooree rotee | ਤੰਦੂਰੀ ਰੋਟੀ |
| 12 | miththee rotee | ਮਿੱਠੀ ਰੋਟੀ |
| 13 | parshaa daa | ਪਰਸ਼ਾਦਾ |
| 14 | tukar | ਟੁਕਰ |
| 15 | gulee, burkee, navaalaa | ਗੁਲੀ, ਬੁਰਕੀ, ਨਵਾਲਾ |
| 16 | rot | ਰੋਟ |
| 17 | makkee dee rotee | ਮੱਕੀ ਦੀ ਰੋਟੀ |
| 18 | dabal rotee | ਡਬਲ ਰੋਟੀ |

| Savouries | namkeen | ਨਮਕੀਨ |
|---|---|---|
| 1 | pakaurhe | ਪਕੌੜੇ |
| 2 | samose | ਸਮੋਸੇ |
| 3 | matar | ਮਟਰ |
| 4 | maththeeaan | ਮੱਠੀਆਂ |
| 5 | kabaab | ਕਬਾਬ |
| 6 | seekhaan | ਸੀਖਾਂ |
| 7 | aaloo tikkee | ਆਲੂ ਟਿੱਕੀ |
| 8 | rol | ਰੋਲ |
| 9 | katlaNme | ਕਤਲੰਮੇ |
| 10 | chatnee | ਚਟਨੀ |
| 11 | aachaar | ਆਚਾਰ |
| 12 | seveeaan | ਸੇਵੀਆਂ |
| 13 | aaloo phaankaan | ਆਲੂ ਫਾਂਕਾਂ |
| 14 | kachauree | ਕਚੌਰੀ |
| 15 | gol gappe | ਗੋਲ ਗੱਪੇ |
| 16 | chaat | ਚਾਟ |
| 17 | vesanh daa poorhaa | ਵੇਸਣ ਦਾ ਪੂੜਾ |
| 18 | salty dry fruit | ਨਮਕੀਨ ਮੇਵੇ |
| 19 | kaajoo | ਕਾਜੂ |
| 20 | bhalle | ਭੱਲੇ |
| 21 | paaprhee | ਪਾਪੜੀ |
| 22 | paaparh | ਪਾਪੜ |
| 23 | daal seveeaan | ਦਾਲ ਸੇਵੀਆਂ |
| 24 | chevrhaa | ਚੇਵੜਾ |
| 25 | bhujje daanhe | ਭੁੱਜੇ ਦਾਣੇ |
| 26 | saindvich | ਸੈਂਡਵਿਚ |

# Musical Instruments

| Musical Instruments | saNgeet de saaz | ਸੰਗੀਤ ਦੇ ਸਾਜ਼ |
|---|---|---|
| 1 Accordion | akaardeean | ਅਕਾਰਡੀਅਨ |
| 2 Antenna | ereeal | ਏਰੀਅਲ |
| 3 Bagpipe | mashak been | ਮਸ਼ਕ ਬੀਨ |
| 4 Banjo | bainjo | ਬੈਂਜੋ |
| 5 Baton | charhee | ਛੜੀ |
| 6 Bell | ghaNtee, ghuNgroo | ਘੰਟੀ, ਘੁੰਗਰੂ |
| 7 Bow | gaz | ਗਜ਼ |
| 8 Bugle | bigal | ਬਿਗਲ |
| 9 Castanets | kharh taalaan | ਖੜਤਾਲਾਂ |
| 10 Clarinet | klairinat | ਕਲੈਰਿਨਟ |
| 11 Clarion | turee | ਤੁਰਈ |
| 12 Comber | tooNbaa | ਤੂੰਬਾ |
| 13 Conch | saNkh | ਸੰਖ |
| 14 Cymbal | kharhtaal, chainhe | ਖੜਤਾਲ, ਛੈਣੇ |
| 15 Drum | dhol, dholkee, dholak | ਢੋਲ, ਢੋਲਕੀ, ਢੋਲਕ |
| 16 Drumet | duggduggee | ਡੁੱਗਡੁੱਗੀ |
| 17 Egg timer | dhadd | ਢੱਡ |
| 18 Flute, Recorder | baNsaree, murlee,vaNjlee | ਬੰਸਰੀ, ਮੁਰਲੀ, ਵੰਜਲੀ |
| 19 Fork | chimtaa | ਚਿਮਟਾ |
| 20 Goblet drum | mirdaNg | ਮਿਰਦੰਗ |
| 21 Guitar | gataar | ਗਟਾਰ |
| 22 Harmonium | vaajaa | ਵਾਜਾ |
| 23 Harp | dilrubaa vargaa | ਦਿਲਰੁਬਾ ਵਰਗਾ |
| 24 Horn | narsiNghaa | ਨਰਸਿੰਘਾ |
| 25 Mono Chord | ikk taaraa | ਇੱਕ ਤਾਰਾ |
| 26 Mouth organ | been baajaa | ਬੀਨ ਬਾਜਾ |
| 27 Nagaswaram | naagsvaram | ਨਾਗਸਵਰਮ |

| Musical Instruments | saNgeet de saaz | ਸੰਗੀਤ ਦੇ ਸਾਜ਼ |
|---|---|---|
| 28 Piano | piaano | ਪਿਆਨੋ |
| 29 Rabab (like violin) | rabaab | ਰਬਾਬ |
| 30 Recorder | laNgojaa | ਲੰਗੋਜਾ |
| 31 Santoor | saNtoor | ਸੰਤੂਰ |
| 32 Sarangi | saaraNgee | ਸਾਰੰਗੀ |
| 33 Sarod | sarod | ਸਰੋਦ |
| 34 Saxophone | saiksophon | ਸੈਕਸੋਫੋਨ |
| 35 Shahnai | shahinaaee | ਸ਼ਹਿਨਾਈ |
| 36 Sitar | sitaar | ਸਿਤਾਰ |
| 37 Snake flute | been | ਬੀਨ |
| 38 Tabla | tablaa (jorhee) | ਤਬਲਾ (ਜੋੜੀ) |
| 39 Tambourine | daphlee | ਡਫਲੀ |
| 40 Tanpura | taanpuraa | ਤਾਨਪੁਰਾ |
| 41 Trumpet | turturee | ਤੁਰਤੁਰੀ |
| 42 Tuber | nagaaraa | ਨਗਾਰਾ |
| 43 Tummy (small gourd) | tooNbee, tooNbarhee | ਤੂੰਬੀ, ਤੂੰਬੜੀ |
| 44 Turam (like Trumpet) | turam, tootee, tootnhee | ਤੁਰਮ, ਤੂਤੀ, ਤੂਤਣੀ |
| 45 Veena | veenhaa | ਵੀਣਾ |
| 46 Violin | vaailan | ਵਾਇਲਨ |
| 47 Xylophone | kaartaraNg | ਕਾਰਤਰੰਗ |

# Pulses

| | **Pulses etc.** | **daalaan aadik** | **ਦਾਲਾਂ ਆਦਿਕ** |
|---|---|---|---|
| 1 | Black Gram whole | kaale chaNne | ਕਾਲੇ ਚੰਨੇ |
| 2 | Brown Lentil Whole | badaamee saabat masar | ਬਦਾਮੀ ਸਾਬਤ ਮਸਰ |
| 3 | Cooked Vegetables | bhaajee, sabzee, | ਭਾਜੀ, ਸਬਜ਼ੀ, |
| | | saalanh, haandee | ਸਾਲਣ, ਹਾਂਡੀ |
| 4 | Field Peas | gol matar | ਗੋਲ ਮਟਰ |
| 5 | Food | bhojan, khaanhaa, khuraak | ਭੋਜਨ, ਖਾਣਾ, ਖੁਰਾਕ |
| 6 | Ganga-Jamni | mooNgee te choliaan dee daal | ਮੂੰਗੀ ਤੇ ਛੋਲਿਆਂ ਦੀ ਦਾਲ |
| 7 | Gram split washed | chaNnaa daal | ਚੰਨਾ ਦਾਲ |
| 8 | Green Lentil whole | hare saabat masar | ਹਰੇ ਸਾਬਤ ਮਸਰ |
| 9 | Har har Pulse | har har dee daal | ਹਰ ਹਰ ਦੀ ਦਾਲ |
| 10 | Lobeeaa | lobeeaa | ਲੋਬੀਆ |
| 11 | Maahn/Urd whole | maanh saabat | ਮਾਂਹ ਸਾਬਤ |
| 12 | Maanh washed split | maanh dhotee hooee | ਮਾਂਹ ਧੋਤੀ ਹੋਈ |
| 13 | Moong Split | chilrhaan dee daal mooNgee | ਛਿਲੜਾਂ ਦੀ ਦਾਲ ਮੂੰਗੀ |
| 14 | Moong washed split | mooNgee dhotee hoee | ਮੂੰਗੀ ਧੋਤੀ ਹੋਈ |
| 15 | Moong Whole | mooNgee saabat | ਮੂੰਗੀ ਦੀ ਦਾਲ |
| 16 | Moth whole | saabat moth | ਸਾਬਤ ਮੋਠ |
| 17 | Pulse Cake | daal de bhalle | ਦਾਲ ਦੇ ਭੱਲੇ |
| 18 | Raj Maanh (Kidney beans) | raaj maanh | ਰਾਜ ਮਾਂਹ |
| 19 | Raungi (Black Eye peas) | raungee | ਰੌਂਗੀ |
| 20 | Restaurant | bhojan shaalaa | ਭੋਜਨ ਸ਼ਾਲਾ |
| 21 | Split lentil washed | masraan dee daal | ਮਸਰਾਂ ਦੀ ਦਾਲ |
| 22 | To be cooked | pakaaunhaa, chaarhnhaa, | ਪਕਾਉਣਾ, ਚਾੜ੍ਹਨਾ |
| | | riNnh-nhaa, banhaaunhaa | ਰਿੰਨ੍ਹਣਾ, ਬਣਾਉਣਾ |
| 23 | Toor whole | saabat toor | ਸਾਬਤ ਤੂਰ |
| 24 | White Gram whole, | chitte chaNne, | ਚਿੱਟੇ ਚੰਨੇ, |
| | Chick peas | chitte chole | ਚਿੱਟੇ ਛੋਲੇ |
| 25 | Yellow Gram whole | peele chaNne | ਪੀਲੇ ਚੰਨੇ |

# Dwelling and Contents
# ghar ate vastooaan
# ਘਰ ਅਤੇ ਵਸਤੂਆਂ

| | House / Home | makaan / ghar | ਮਕਾਨ/ ਘਰ |
|---|---|---|---|
| 1 | Account book | vahee | ਵਹੀ |
| 2 | Alarm Clock | alaarm gharhee | ਅਲਾਰਮ ਘੜੀ |
| 3 | Animal's house | khuddaa | ਖੁੱਡਾ |
| 4 | Automatic light | svai chaalak bijlee | ਸ੍ਵੈ ਚਾਲਕ ਬਿਜਲੀ |
| 5 | Bag | jholaa | ਝੋਲਾ |
| 6 | Baking | agg vich pakaaunhaa | ਅੱਗ ਵਿਚ ਪਕਾਉਣਾ |
| 7 | Balcony | chajjaa | ਛੱਜਾ |
| 8 | Banisters | jaNgle de daNde | ਜੰਗਲੇ ਦੇ ਡੰਡੇ |
| 9 | Barrel, Cask | dhol, kupp | ਢੋਲ, ਕੁੱਪ |
| 10 | Basement | tahikhaanaa | ਤਹਿਖਾਨਾ |
| 11 | Basin | chilmachee | ਚਿਲਮਚੀ |
| 12 | Basket | pachchee, tokree | ਪੱਛੀ, ਟੋਕਰੀ |
| 13 | Bath | tapp | ਟੱਪ |
| 14 | Bathroom | ghusall khaanaa,<br>ishnaan ghar | ਗ਼ੁਸਲਖ਼ਾਨਾ,<br>ਇਸ਼ਨਾਨ ਘਰ |
| 15 | Bedroom | saunh vaalaa kamraa | ਸੌਣ ਵਾਲਾ ਕਮਰਾ |
| 16 | Beetle nut & leaf | paan | ਪਾਨ |
| 17 | Beetle case | paan daan | ਪਾਨ ਦਾਨ |
| 18 | Beetle leaf | paan daa pattaa | ਪਾਨ ਦਾ ਪੱਤਾ |
| 19 | Bell | ghaNtee | ਘੰਟੀ |
| 20 | Big House | kothee | ਕੋਠੀ |
| 21 | Big metal plate | thaal | ਥਾਲ |
| 22 | Bin | koorhaadaan | ਕੂੜਾ ਦਾਨ |
| 23 | Biryani | biraanee | ਬਿਰਆਨੀ |
| 24 | Bitter | kaurhaa, kasailaa | ਕੌੜਾ, ਕਸੈਲਾ |
| 25 | Blade | ustaraa | ਉਸਤਰਾ |
| 26 | Blanket | kaNbal | ਕੰਬਲ |

| | House / Home | makaan / ghar | ਮਕਾਨ/ ਘਰ |
|---|---|---|---|
| 27 | Blotting Paper | siaahee choos | ਸਿਆਹੀ ਚੂਸ |
| 28 | Bobbin | phirkee | ਫਿਰਕੀ |
| 29 | Boiling | ubaalnhaa | ਉਬਾਲਣਾ |
| 30 | Boister | takeeaa | ਤਕੀਆ |
| 31 | Bolt | chitkanhee | ਚਿਟਕਣੀ |
| 32 | Book | kitaab | ਕਿਤਾਬ |
| 33 | Bottle | sheeshee, botal | ਸ਼ੀਸ਼ੀ, ਬੋਤਲ |
| 34 | Bowl, dish | kaulee | ਕੌਲੀ |
| 35 | Box | dabbaa | ਡੱਬਾ |
| 36 | Bracket | deevaar geer | ਦੀਵਾਰ ਗੀਰ |
| 37 | Brick | itt | ਇੱਟ |
| 38 | Brick Powder | surkhee | ਸੁਰਖੀ |
| 39 | Bricks | ittaan | ਇੱਟਾਂ |
| 40 | Brown sugar | shakkar | ਸ਼ੱਕਰ |
| 41 | Brown sugar cake | gurh | ਗੁੜ |
| 42 | Brush | jhaarhoo, baukar | ਝਾੜੂ , ਬੌਕਰ |
| 43 | Building | imaarat | ਇਮਾਰਤ |
| 44 | Bulb | laatoo | ਲਾਟੂ |
| 45 | Bungalow | baNglaa | ਬੰਗਲਾ |
| 46 | Butter | makhkhanh | ਮੱਖਣ |
| 47 | Cage | piNjraa | ਪਿੰਜਰਾ |
| 48 | Calendar | jaNtaree | ਜੰਤਰੀ |
| 49 | Can | dabbaa | ਡੱਬਾ |
| 50 | Candle | mom battee | ਮੋਮਬੱਤੀ |
| 51 | Carpet | daree | ਦਰੀ |
| 52 | Cave | guffaa | ਗੁਫਾ |
| 53 | Ceiling | aNdralee chatt | ਅੰਦਰਲੀ ਛੱਤ |

| | **House / Home** | **makaan / ghar** | ਮਕਾਨ/ ਘਰ |
|---|---|---|---|
| 54 | Cement | seemain<u>t</u> | ਸੀਮੈਂਟ |
| 55 | Chalk | chaak | ਚਾਕ |
| 56 | Charcoal | kachchaa koi<u>l</u>aa | ਕੱਚਾ ਕੋਇਲਾ |
| 57 | Cheese | paneer | ਪਨੀਰ |
| 58 | Cheese dish | paneer <u>d</u>ee sabzee | ਪਨੀਰ ਦੀ ਸਬਜ਼ੀ |
| 59 | Chicken | kukkarh <u>d</u>aa maas | ਕੁਕੜ ਦਾ ਮਾਸ |
| 60 | Child | bachchaa, baalak | ਬੱਚਾ, ਬਾਲਕ |
| 61 | Chutney | chatnee | ਚਟਨੀ |
| 62 | Clarified butter | ghee, ghi<u>o</u> | ਘੀ, ਘਿਉ |
| 63 | Clay | mittee | ਮਿੱਟੀ |
| 64 | Cloakroom | saamaan khaana | ਸਾਮਾਨ ਖਾਨਾ |
| 65 | Clock | ka<u>N</u>dh gharhee | ਕੰਧ ਘੜੀ |
| 66 | Clothes | kaprhe | ਕਪੜੇ |
| 67 | Clothes-line | kaprhe sukaanh <u>d</u>ee rassee | ਕਪੜੇ ਸੁਕਾਣ ਦੀ ਰੱਸੀ |
| 68 | Coagulated milk of newly calved animal | baulee | ਬੌਲੀ |
| 69 | Coal | pat<u>h</u>three koi<u>l</u>aa | ਪੱਥਰੀ ਕੋਇਲਾ |
| 70 | Coffee | kaaphee | ਕਾਫੀ |
| 71 | Colander. Sieve | <u>ch</u>aan-nhee | ਛਾਨਣੀ |
| 72 | Comb | ka<u>N</u>ghee, ka<u>N</u>ghaa | ਕੰਘੀ, ਕੰਘਾ |
| 73 | Compass | parkaar | ਪਰਕਾਰ |
| 74 | Computer | ka<u>N</u>poo<u>t</u>ar | ਕੰਪਊਟਰ |
| 75 | Container | dabbaa, baksaa | ਡੱਬਾ, ਬਕਸਾ |
| 76 | Cooked | paki<u>aa</u> hoi<u>aa</u> | ਪਕਿਆ ਹੋਇਆ |
| 77 | Cooker | chullhaa | ਚੁੱਲ੍ਹਾ |
| 78 | Cookery | khaanhaa <u>d</u>aaree | ਖਾਣਾ ਦਾਰੀ |
| 79 | Cooking | khaanhaa pakaa<u>u</u>nhaa | ਖਾਣਾ ਪਕਾਉਣਾ |

| | House / Home | makaan / ghar | ਮਕਾਨ/ ਘਰ |
|---|---|---|---|
| 80 | Correction fluid | shudhee karan padaarth | ਸ਼ੁਧੀ ਕਰਨ ਪਦਾਰਥ |
| 81 | Cottage | jhaunparhee | ਝੌਂਪੜੀ |
| 82 | Cotton, thread | dhaagaa | ਧਾਗਾ |
| 83 | Court yard | vihrhaa | ਵਿਹੜਾ |
| 84 | Crate | daalaa | ਡਾਲਾ |
| 85 | Cream | kareem | ਕਰੀਮ |
| 86 | Crockery | cheenee de bhaande | ਚੀਨੀ ਦੇ ਭਾਂਡੇ |
| 87 | Cup | piaalee, piaalaa | ਪਿਆਲੀ, ਪਿਆਲਾ |
| 88 | Curtain | pardaa | ਪਰਦਾ |
| 89 | Cushion | gaddee | ਗੱਦੀ |
| 90 | Cutlery | churee kaantaa aadi | ਛੁਰੀ ਕਾਂਟਾ ਆਦਿ |
| 91 | Cutting | kattnhaa | ਕੱਟਣਾ |
| 92 | Detached | ajurhvaan ghar | ਅਜੁੜਵਾਂ ਘਰ |
| 93 | Dining room | khaanh vaalaa kamraa | ਖਾਣਵਾਲਾ ਕਮਰਾ |
| 94 | Dish | kaulee | ਕੌਲੀ |
| 95 | Dish | rakaabee, tashtaree | ਰਕਾਬੀ, ਤਸ਼ਤਰੀ |
| 96 | Dish of yoghurt & gramflour | karh-h-ee | ਕੜ੍ਹੀ |
| 97 | Dishwasher | bhaande dhonh vaalee masheen | ਭਾਂਡੇ ਧੋਣ ਵਾਲੀ ਮਸ਼ੀਨ |
| 98 | Door | darvaaza, booaa, kvaarh, dar | ਦਰਵਾਜ਼ਾ, ਬੂਆ, ਕਵਾੜ, ਦਰ |
| 99 | Door mat | paae daan | ਪਾਇਦਾਨ |
| 100 | Door Sill | dalheez | ਦਲ੍ਹੀਜ਼ |
| 101 | Door-handle | darvaaze dee haththee | ਦਰਵਾਜ਼ੇ ਦੀ ਹੱਥੀ |
| 102 | Door-stop | barooh, darvatnhee | ਬਰੂਹ, ਦਰਵਟਣੀ |
| 103 | Dough | perhaa | ਪੇੜਾ |
| 104 | Drain-pipe | nikaas naalee, parnaalaa | ਨਿਕਾਸ ਨਾਲੀ, ਪਰਨਾਲਾ |
| 105 | Earthen pot | haandee | ਹਾਂਡੀ |

| House / Home | makaan / ghar | ਮਕਾਨ/ ਘਰ |
|---|---|---|
| 106 Earthen pot for churning milk | chaatee | ਚਾਟੀ |
| 107 Earthen pot for slow boiling milk | kaarh-h-nee | ਕਾੜ੍ਹਨੀ |
| 108 Egg | aNdaa | ਅੰਡਾ |
| 109 Egg container | aNdaa daan | ਅੰਡਾ ਦਾਨ |
| 110 Electric fan | bijlee daa pakhkhaa | ਬਿਜਲੀ ਦਾ ਪੱਖਾ |
| 111 Electricity | bijlee | ਬਿਜਲੀ |
| 112 Entrance | laanghaa | ਲਾਂਘਾ |
| 113 Entrance Place | diurhee | ਡਿਉੜੀ |
| 114 Envelope | lafaafaa | ਲਫ਼ਾਫ਼ਾ |
| 115 Fan | pakhkhaa | ਪੱਖਾ |
| 116 Fat | chiknaee, thaNdiaaee | ਚਿਕਨਾਈ, ਥੰਦਿਆਈ |
| 117 Fence | vaarh | ਵਾੜ |
| 118 First floor position | chubaaraa | ਚੁਬਾਰਾ |
| 119 Fish | machchee | ਮੱਛੀ |
| 120 Flat | flait | ਫ਼ਲੈਟ |
| 121 Floor | pharash | ਫਰਸ਼ |
| 122 Flour | aataa | ਆਟਾ |
| 123 Flour to dust dough | dhoorhaa | ਧੂੜਾ |
| 124 Flower pot | gamlaa | ਗਮਲਾ |
| 125 Food Storage | bhojan bhaNdaar | ਭੋਜਨ ਭੰਡਾਰ |
| 126 Fork | kantaa | ਕਾਂਟਾ |
| 127 Frame | chaukhtaa | ਚੌਖਟਾ |
| 128 Freezer | fareezar | ਫਰੀਜ਼ਰ |
| 129 Fresh | taazaa | ਤਾਜ਼ਾ |
| 130 Fridge | farij | ਫਰਿਜ |
| 131 Fruit in Syrup | murabbaa | ਮੁਰੱਬਾ |

| House / Home | makaan / ghar | ਮਕਾਨ/ ਘਰ |
|---|---|---|
| 132 Frying | talnhaa | ਤਲਣਾ |
| 133 Garage | motar khaanaa | ਮੋਟਰ ਖਾਨਾ |
| 134 Garage Port | motor laee thaan | ਮੋਟਰ ਲਈ ਥਾਂ |
| 135 Garden | bagheechaa | ਬਗ਼ੀਚਾ |
| 136 Garnishing | khaanhe dee sajaavat | ਖਾਣੇ ਦੀ ਸਜਾਵਟ |
| 137 Gas | gais | ਗੈਸ |
| 138 Gas Fire | gais tapsh yaNtar | ਗੈਸ ਤਪਸ਼ ਯੰਤਰ |
| 139 Gate | phaatak | ਫਾਟਕ |
| 140 Glass | sheeshaa | ਸ਼ੀਸ਼ਾ |
| 141 Glass | glass | ਗਲਾਸ |
| 142 Gram flour | vesanh | ਵੇਸਣ |
| 143 Grater | kaddoo kas, billee kas, moolee kas | ਕੱਦੂ ਕਸ, ਬਿੱਲੀ ਕਸ, ਮੂਲੀ ਕਸ |
| 144 Greenhouse | bootiaan laee sheeshe daa ghar | ਬੂਟਿਆਂ ਲਈ ਸ਼ੀਸ਼ੇ ਦਾ ਘਰ |
| 145 Gridle, hotplate | tavaa | ਤਵਾ |
| 146 Grilling | seknhaa | ਸੇਕਣਾ |
| 147 Grinding | peehnhaa | ਪੀਹਣਾ |
| 148 Grinding stone | sil vattaa | ਸਿਲ ਵੱਟਾ |
| 149 Guest | praahunhaa, mahimaan | ਪ੍ਰਾਹੁਣਾ, ਮਹਿਮਾਨ |
| 150 Hair dryer | vaal sukaaunh vaalaa | ਵਾਲ ਸੁਕਾਉਣ ਵਾਲਾ |
| 151 Handpump | hathth nalkaa | ਹੱਥ ਨਲਕਾ |
| 152 Hand-rail | hathth tek | ਹੱਥ ਟੇਕ |
| 153 Hard | sakhat | ਸਖ਼ਤ |
| 154 Heater | tapsh yaNtar | ਤਪਸ਼ ਯੰਤਰ |
| 155 High lighter | ugherhan vaalaa | ਉਘੇੜਨ ਵਾਲਾ |
| 157 Hinge | kabzaa | ਕਬਜ਼ਾ |

| **House / Home** | **makaan / ghar** | ਮਕਾਨ/ ਘਰ |
|---|---|---|
| 158 Home | ghar | ਘਰ |
| 159 Honey | shahid | ਸ਼ਹਿਦ |
| 160 Hook | kaantaa, kuNdee | ਕਾਂਟਾ, ਕੁੰਡੀ |
| 161 House | makaan | ਮਕਾਨ |
| 162 Igloo | baraf daa ghar | ਬਰਫ਼ ਦਾ ਘਰ |
| 163 Incense burner | dhoop daan, daanee | ਧੂਪ ਦਾਨ, ਦਾਨੀ |
| 164 Incense, Joss stick | dhoop, dhoof | ਧੂਪ, ਧੂਫ਼ |
| 165 Indian Kitchenware | chaNnaa, karmaNdal,<br>gaagar, suraaee, kooNdaa,<br>paraat, valtoee, dauree,<br>lotaa, karhevaalaa galaas,<br>saglaa, kaulaa, thaalee,<br>baaltee, thaal. | ਛੰਨਾ, ਕਰਮੰਡਲ,<br>ਗਾਗਰ, ਸੁਰਾਹੀ, ਕੂੰਡਾ<br>ਪਰਾਤ, ਵਲਟੋਈ, ਦੌਰੀ,<br>ਲੋਟਾ, ਕੜੇ ਵਾਲਾ ਗਲਾਸ,<br>ਸਗਲਾ, ਕੌਲਾ, ਥਾਲੀ,<br>ਬਾਲਟੀ, ਥਾਲ |
| 166 Ink | siaahee | ਸਿਆਹੀ |
| 167 Ink pot | davaat | ਦਵਾਤ |
| 168 Ironing Board | Istaree daa phataa | ਇਸਤਰੀ ਦਾ ਫੱਟਾ |
| 169 Jam | jaim | ਜੈਮ |
| 170 Jar | maratbaan | ਮਰਤਬਾਨ |
| 171 Juice | ras | ਰਸ |
| 172 Kedgree | khichrhee | ਖਿਚੜੀ |
| 173 Kennel | kutte khaanaa | ਕੁੱਤੇ ਖਾਨਾ |
| 174 Key | chaabee, taalee, kuNjee | ਚਾਬੀ, ਤਾਲੀ, ਕੁੰਜੀ |
| 175 Kitchen | rasoee | ਰਸੋਈ |
| 176 Kneading | guNn-h-nhaa | ਗੁੰਨ੍ਹਣਾ |
| 177 Knife | churee, karad, chaakoo | ਛੁਰੀ, ਕਰਦ, ਚਾਕੂ |
| 178 Knob | muththaa, doodnaa | ਮੁਠਾ, ਡੂਡਨਾ |
| 179 Knocker | kuNdaa | ਕੁੰਡਾ |

| House / Home | makaan / ghar | ਮਕਾਨ/ ਘਰ |
|---|---|---|
| 180 Ladle | karhchee | ਕੜਛੀ |
| 181 Lamp | battee | ਬੱਤੀ |
| 182 Lamp Shade | lainp dhakknh | ਲੈਂਪ ਢੱਕਣ |
| 183 Landing | galiaaraa | ਗਲਿਆਰਾ |
| 184 Larder | jaalee | ਜਾਲੀ |
| 185 Laundry bag | maile kaprhiaan daa baig | ਮੈਲੇ ਕਪੜਿਆਂ ਦਾ ਬੈਗ |
| 186 Lawn | haraa maidaan | ਹਰਾ ਮੈਦਾਨ |
| 187 Lentil cake | varheeaan | ਵੜੀਆਂ |
| 188 Letter | chiththee | ਚਿੱਠੀ |
| 189 Letter box | chiththee paaunh vaalaa dabbaa | ਚਿੱਠੀ ਪਾਉਣ ਵਾਲਾ ਡੱਬਾ |
| 190 Lid | dhakknh | ਢੱਕਣ |
| 191 Light | roshanee | ਰੋਸ਼ਨੀ |
| 192 Light Switch | battee daa batan | ਬੱਤੀ ਦਾ ਬਟਨ |
| 193 Lime | choonaa | ਚੂਨਾਂ |
| 194 Liquor | sharaab | ਸ਼ਰਾਬ |
| 195 Living room | aamvarton daa kamraa | ਆਮ ਵਰਤੋਂ ਦਾ ਕਮਰਾ |
| 196 Lock | jaNdaa, jaNdraa, taalaa, jaNdree | ਜੰਦਾ, ਜੰਦਰਾ, ਤਾਲਾ, ਜੰਦਰੀ |
| 197 Maid | naukaraanhee | ਨੌਕਰਾਣੀ |
| 198 Man | aadmee, pursh | ਆਦਮੀ, ਪੁਰਸ਼ |
| 199 Mansion | havelee | ਹਵੇਲੀ |
| 200 Map | nakshaa | ਨਕਸ਼ਾ |
| 201 Marble | saNgmarmar | ਸੰਗਮਰਮਰ |
| 202 Mat | chataaee | ਚਟਾਈ |
| 203 Match box | teeleeaan dee dabbee | ਤੀਲੀਆਂ ਦੀ ਡੱਬੀ |
| 204 Mattress | gadelaa | ਗਦੇਲਾ |

| House / Home | makaan / ghar | ਮਕਾਨ/ ਘਰ |
|---|---|---|
| 205 Meat balls | keeme de kofte | ਕੀਮੇ ਦੇ ਕੋਫਤੇ |
| 206 Milk | dudhdh | ਦੁੱਧ |
| 207 Mirror | dekhanh vaalaa sheeshaa | ਦੇਖਣ ਵਾਲਾ ਸ਼ੀਸ਼ਾ |
| 208 Mop | pochaa | ਪੋਚਾ |
| 209 Mortar and Pestle | dauree daNdaa | ਦੌਰੀ ਡੰਡਾ |
| 210 Mosquito net | machchar daanee | ਮੱਛਰ ਦਾਨੀ |
| 211 Mousetrap | kurhikee | ਕੁੜਿਕੀ |
| 212 Mutton | bhed daa mass | ਭੇਡ ਦਾ ਮਾਸ |
| 213 Nail cutter | naNhu katanh waalaa | ਨੰਹੁ ਕਟਣ ਵਾਲਾ |
| 214 Nameplate | naam takhtee | ਨਾਮ ਤਖ਼ਤੀ |
| 215 Needle | sooee | ਸੂਈ |
| 216 Nest | aalh-nhaa | ਆਲ੍ਹਣਾ |
| 217 Newspaper | akhbaar | ਅਖਬਾਰ |
| 218 Oil | tel | ਤੇਲ |
| 219 Oldman, senior citizen | budhdhaa, birdh | ਬੁੱਢਾ, ਬਿਰਧ |
| 220 Oven | taNdoor | ਤੰਦੂਰ |
| 221 Oven cooked | taNdooree | ਤੰਦੂਰੀ |
| 222 Pail / Bucket | baaltee | ਬਾਲਟੀ |
| 223 Pan | pateelaa | ਪਤੀਲਾ |
| 224 Pantry | bhaNdaar | ਭੰਡਾਰ |
| 225 Papadum | paaparh | ਪਾਪੜ |
| 226 Paper | kaaghaz | ਕਾਗ਼ਜ਼ |
| 227 Peanut butter | mooNgphalee daa makhkhanh | ਮੂੰਗਫਲੀ ਦਾ ਮੱਖਣ |
| 228 Peeling | chillnhaa | ਛਿੱਲਣਾ |
| 229 Peg | chooNdee | ਚੂੰਡੀ |
| 230 Peg | killee | ਕਿੱਲੀ |
| 231 Pen | kalam | ਕਲਮ |
| 232 Pencil | painsil | ਪੈਂਸਿਲ |

| House / Home | makaan / ghar | ਮਕਾਨ/ ਘਰ |
|---|---|---|
| 233 Pet animal | paaltoo jaanvar | ਪਾਲਤੂ ਜਾਨਵਰ |
| 234 Pickle | aachaar | ਆਚਾਰ |
| 235 Picture | tasveer | ਤਸਵੀਰ |
| 236 Pilau Rice | pulaao | ਪੁਲਾਓ |
| 237 Pillow | sirhaanhaa | ਸਿਰਹਾਣਾ |
| 238 Pillow case | sirhaanhe daa uchaarh | ਸਿਰਹਾਣੇ ਦਾ ਉਛਾੜ |
| 239 Pitcher | gharhaa | ਘੜਾ |
| 240 Plain Flour | mahidaa | ਮਹਿਦਾ |
| 241 Plant | bootaa | ਬੂਟਾ |
| 242 Plate | thaalee | ਥਾਲੀ |
| 243 Plug | dattaa | ਡੱਟਾ |
| 244 Pork | soor daa maas | ਸੂਰ ਦਾ ਮਾਸ |
| 245 Porridge | daleeaa | ਦਲੀਆ |
| 246 Post card | khat | ਖ਼ਤ |
| 247 Prayer room | paath daa kamra | ਪਾਠ ਦਾ ਕਮਰਾ |
| 248 Press | istaree | ਇਸਤਰੀ |
| 249 Pulses | daalaan | ਦਾਲਾਂ |
| 250 Purse (ladies) | batooaa | ਬਟੂਆ |
| 251 Quilt | razaaee | ਰਜ਼ਾਈ |
| 252 Radio | redeeo | ਰੇਡੀਓ |
| 253 Railings | jaNglaa | ਜੰਗਲਾ |
| 254 Reading lamp | paath battee | ਪਾਠ ਬੱਤੀ |
| 255 Rice | chaaval | ਚਾਵਲ |
| 256 Rice Pudding | kheer | ਖੀਰ |
| 257 Roasting | bhuNnnhaa | ਭੁੰਨਣਾ |
| 258 Rolling board and pin | chaklaa te velnhaa | ਵੇਲਣਾ ਤੇ ਚਕਲਾ |
| 259 Roof | baaharlee chatt | ਬਾਹਰਲੀ ਛੱਤ |
| 260 Room | kamra | ਕਮਰਾ |

| House / Home | makaan / ghar | ਮਕਾਨ/ ਘਰ |
|---|---|---|
| 260 Rubber | rabarh | ਰਬੜ |
| 261 Rug | namdaa | ਨਮਦਾ |
| 262 Ruler | phuttaa | ਫੁੱਟਾ |
| 263 Sack | boree | ਬੋਰੀ |
| 264 Salt | loonh | ਲੂਣ |
| 265 Salt container | loonh daanee | ਲੂਣਦਾਨੀ |
| 266 Salty, savoury | namkeen, saloonhee | ਨਮਕੀਨ, ਸਲੂਣੀ |
| 267 Samolina | soojee | ਸੂਜੀ |
| 268 Sand | ret | ਰੇਤ |
| 269 Saucepan | pateelaa | ਪਤੀਲਾ |
| 270 Saucer | pirach | ਪਿਰਚ |
| 271 Scales | takrhee | ਤਕੜੀ |
| 272 Scissors | kainchee | ਕੈਂਚੀ |
| 273 Screen | oot | ਉਟ |
| 274 Scrubbing | gharorhnaa | ਘਰੋੜਨਾ |
| 275 Seive | paunhee | ਪੌਣੀ |
| 276 Semi detached | ikkpaase jurhven | ਇੱਕ ਪਾਸੇ ਜੁੜਵੇਂ |
| 277 Servant | naukar | ਨੌਕਰ |
| 278 Serving dish | dooNgaa | ਡੂੰਗਾ |
| 279 Serving spoon | vartaaunh vaalaa chimchaa | ਵਰਤਾਉਣ ਵਾਲਾ ਚਿਮਚਾ |
| 280 Sewing machine | silaaee masheen | ਸਿਲਾਈ ਮਸ਼ੀਨ |
| 281 Shaver | hajaamat yaNtar | ਹਜਾਮਤ ਯੰਤਰ |
| 282 Shed | dhaaraa | ਢਾਰਾ |
| 283 Sheet | chaadar | ਚਾਦਰ |
| 284 Shelf | phattaa | ਫੱਟਾ |
| 285 Shower | phuhaaraa | ਫੁਹਾਰਾ |
| 286 Shuttle | phirkee dee dabbee | ਫਿਰਕੀ ਦੀ ਡੱਬੀ |
| 287 Sink | chubachchaa | ਚੁਬੱਚਾ |

| House / Home | makaan / ghar | ਮਕਾਨ/ ਘਰ |
|---|---|---|
| 288 Sitting room, Drawing room | baithak | ਬੈਠਕ |
| 289 Sliting | cheeraa denhaa | ਚੀਰਾ ਦੇਣਾ |
| 290 Small box | dabbee | ਡੱਬੀ |
| 291 Small house | kothaa | ਕੋਠਾ |
| 292 Small metal plate | thaalee | ਥਾਲੀ |
| 293 Soap | saaban | ਸਾਬਨ |
| 294 Soap cake | saaban dee tikkee | ਸਾਬਨ ਦੀ ਟਿੱਕੀ |
| 295 Soap dish | saaban daane | ਸਾਬਨ ਦਾਨੀ |
| 296 Soap powder | saaban daa dhoorhaa | ਸਾਬਨ ਦਾ ਧੂੜਾ |
| 297 Soft | naram | ਨਰਮ |
| 298 Sour | khattaa | ਖੱਟਾ |
| 299 Spices | masaalaa | ਮਸਾਲਾ |
| 300 Spicy, hot | chatpataa, karaaraa | ਚਟਪਟਾ, ਕਰਾਰਾ |
| 301 Spoon | chimchaa | ਚਿਮਚਾ |
| 302 Stairs, Ladder | paurheeaan, seerheeaan | ਪੌੜੀਆਂ, ਸੀੜੀਆਂ |
| 303 Stale | behaa | ਬੇਹਾ |
| 304 Stamp | tikat | ਟਿਕਟ |
| 305 Steamed & fried Potatoes | dam aaloo | ਦਮ ਆਲੂ |
| 306 Store | saamaan vaalaa kamraa | ਸਾਮਾਨ ਵਾਲਾ ਕਮਰਾ |
| 307 Storey | maNzal | ਮੰਜ਼ਲ |
| 308 Strainer, sieve | paunhee | ਪੌਣੀ |
| 309 Straw | nalee | ਨਲੀ |
| 310 Sugar | khaNd | ਖੰਡ |
| 311 Sun-blind | chik | ਚਿਕ |
| 312 Sweet | miththaa, miththee | ਮਿੱਠਾ, ਮਿੱਠੀ |
| 313 Sweet almond drink | sardaaee | ਸਰਦਾਈ |
| 314 Sweet lemon drink | shakaNjvee | ਸ਼ਕੰਜਵੀ |
| 315 Switch | batan | ਬਟਨ |

| House / Home | makaan / ghar | ਮਕਾਨ/ ਘਰ |
|---|---|---|
| 316 Syrup | sharbat | ਸ਼ਰਬਤ |
| 317 Table lamp | mezvaalaa lainp | ਮੇਜ਼ਵਾਲਾ ਲੈਂਪ |
| 318 Tablespoon | vaddaa chimchaa | ਵੱਡਾ ਚਿਮਚਾ |
| 319 Tank | hauz | ਹੌਜ਼ |
| 320 Tap | nalkaa, tootee | ਨਲਕਾ, ਟੂਟੀ |
| 321 Tape | pheetaa | ਫੀਤਾ |
| 322 Tape recorder | tep reecaardar | ਟੇਪ ਰੀਕਾਰਡਰ |
| 323 Taste | suaad | ਸੁਆਦ |
| 324 Tasteless | be suaadee, phikkee, bak bakee cheez | ਬੇਸੁਆਦੀ, ਫਿੱਕੀ, ਬਕ ਬਕੀ ਚੀਜ਼ |
| 325 Tasty, delicious | suaadee, suaadlee, mazedaar | ਸੁਆਦੀ, ਸੁਆਦਲੀ, ਮਜ਼ੇਦਾਰ |
| 326 Tea | chaah | ਚਾਹ |
| 327 Tea spoon | chotaa chimchaa | ਛੋਟਾ ਚਿਮਚਾ |
| 328 Tea-cloth | ponhaa | ਪੋਣਾ |
| 329 Teapot | chaah daanee | ਚਾਹਦਾਨੀ |
| 330 Telephone | taileephone | ਟੈਲੀਫੋਨ |
| 331 Television | doordarshan | ਦੂਰਦਰਸ਼ਨ |
| 332 Terraced | jurhven ghar | ਜੁੜਵੇਂ ਘਰ |
| 333 Tin opener | dabaa katt | ਡਬਾ ਕੱਟ |
| 334 Toilet | tattee, jaNgal paanhee | ਟੱਟੀ, ਜੰਗਲ ਪਾਣੀ |
| 335 Toilet paper | jaNgal paanhee kaaghaz | ਜੰਗਲ ਪਾਣੀ ਕਾਗਜ਼ |
| 336 Tong | chimtaa | ਚਿਮਟਾ |
| 337 Tooth brush | daNd burash | ਦੰਦ ਬੁਰਸ਼ |
| 338 Tooth-pick | daNdeelee | ਦੰਦੀਲੀ |
| 339 Torch | taarach, baitaree | ਟਾਰਚ, ਬੈਟਰੀ |
| 340 Towel | tauleeaa | ਤੌਲੀਆ |

| **House / Home** | **makaan / ghar** | ਮਕਾਨ/ ਘਰ |
|---|---|---|
| 342 Toy | khadaunhaa | ਖਡੌਣਾ |
| 343 Tray | tare | ਟਰੇ |
| 344 Treadle | paauntaa | ਪਾਉਂਟਾ |
| 345 Tumbler | galaas | ਗਲਾਸ |
| 346 Turmeric | haldee | ਹਲਦੀ |
| 347 Tweezer | mochnaa | ਮੋਚਨਾ |
| 348 Under cooked | kachchaa | ਕੱਚਾ |
| 349 Urn | tooteedaar dol | ਟੂਟੀਦਾਰ ਡੋਲ |
| 350 Utencils | bartan, bhaande | ਬਰਤਨ, ਭਾਂਡੇ |
| 351 Vase | phool daan | ਫੂਲਦਾਨ |
| 352 Ventilator | roshan daan | ਰੋਸ਼ਨ ਦਾਨ |
| 353 Veranda | baraandaa | ਬਰਾਂਡਾ |
| 354 Vermicelli | seveeaan | ਸੇਵੀਆਂ |
| 355 Visitor | darshak | ਦਰਸ਼ਕ |
| 356 Walkman | karhaaee | ਕੜਾਈ |
| 357 Wall | kaNdh, divaar | ਕੰਧ, ਦਿਵਾਰ |
| 358 Wallet | batooaa | ਬਟੂਆ |
| 359 Wash basin | chilmachee | ਚਿਲਮਚੀ |
| 360 Washing Machine | dhulaaee masheen | ਧੁਲਾਈ ਮਸ਼ੀਨ |
| 361 Washing Up Liquid | bhaande saaf karan daa padaarth | ਭਾਂਡੇ ਸਾਫ਼ ਕਰਨ ਦਾ ਪਦਾਰਥ |
| 362 Water | paanhee, jal | ਪਾਣੀ, ਜਲ |
| 363 Water can | phuaaraa | ਫੁਆਰਾ |
| 364 Water closet | tattee | ਟੱਟੀ |
| 365 Well | Khooh | ਖੂਹ |
| 366 Whey buttermilk | lassee | ਲੱਸੀ |
| 367 Window | baaree, taakee, khirhkee | ਬਾਰੀ, ਤਾਕੀ, ਖਿੜਕੀ |
| 368 Window-pane | baaree daa sheeshaa | ਬਾਰੀ ਦਾ ਸ਼ੀਸ਼ਾ |

| House / Home | makaan / ghar | ਮਕਾਨ/ ਘਰ |
|---|---|---|
| 369 Wire | taar | ਤਾਰ |
| 370 Woman | aurat | ਔਰਤ |
| 371 Wood | lakarh, kaath | ਲੱਕੜ, ਕਾਠ |
| 372 Wooden churner | madhaanhee | ਮਧਾਣੀ |
| 373 Yogurt | dahee | ਦਹੀ |
| 374 Young, adult | juaan, yuvak | ਜੁਆਨ, ਯੁਵਕ |

# Human Nature

| | Human Nature | manukhkhee subhaa | ਮਨੁੱਖੀ ਸੁਭਾ |
|---|---|---|---|
| 1 | Able | laaik | ਲਾਇਕ |
| 2 | Active | chust | ਚੁਸਤ |
| 3 | Alcoholic | sharaabee | ਸ਼ਰਾਬੀ |
| 4 | Anger | gussaa | ਗੁੱਸਾ |
| 5 | Anxious | pareshaan | ਪਰੇਸ਼ਾਨ |
| 6 | Arrogant | ghamaNdee | ਘਮੰਡੀ |
| 7 | Back biter | chugalkhor | ਚੁਗਲਖੋਰ |
| 8 | Blind | aNnaa | ਅੰਨਾ |
| 9 | Blunt | mooNh phat | ਮੂੰਹ ਫਟ |
| 10 | Brave | bahaadar | ਬਹਾਦਰ |
| 11 | Cacodemon | moozee | ਮੂਜ਼ੀ |
| 12 | Careful | suchet | ਸੁਚੇਤ |
| 13 | Careless | beparvaah | ਬੇਪਰਵਾਹ |
| 14 | Celebrity | parsidhdh viaktee | ਪਰਸਿੱਧ ਵਿਅਕਤੀ |
| 15 | Chain Smoker | lagaataar sigrat peenh vaalaa | ਲਗਾਤਾਰ ਸਿਗਰਟ ਪੀਣ ਵਾਲਾ |
| 16 | Challenger | vaNgaaroo | ਵੰਗਾਰੂ |
| 17 | Cham | khleephaa | ਖਲੀਫਾ |
| 18 | Chary | saav dhaan | ਸਾਵਧਾਨ |
| 19 | Chatterbox | baatoonee | ਬਾਤੂਨੀ |
| 20 | Chicken hearted | darpok, daraakal | ਡਰਪੋਕ, ਡਰਾਕਲ |
| 21 | Chivalrous | soorbeer | ਸੂਰਬੀਰ |
| 22 | Choleric | chirh-charhaa | ਚਿੜਚੜਾ |
| 23 | Civilised | sabhiaa | ਸਭਿਆ |
| 24 | Classic | sareshan | ਸਰੇਸ਼ਨ |
| 25 | Clever | chaalaak | ਚਾਲਾਕ |
| 26 | Clown | maskhraa | ਮਸਖਰਾ |
| 27 | Committed | vachan badhdh | ਵਚਨਬੱਧ |
| 28 | Confused | bauraa | ਬੌਰਾ |

| | Human Nature | manukhkhee subhaa | ਮਨੁੱਖੀ ਸੁਭਾ |
|---|---|---|---|
| 29 | Conman, fiddler, cheat | pharebee, dagebaaz, dhokhaa denh vaalaa | ਫਰੇਬੀ, ਦਗੇਬਾਜ਼, ਧੋਖਾ ਦੇਣ ਵਾਲਾ |
| 30 | Contended | saNtushat | ਸੰਤੁਸ਼ਟ |
| 31 | Crazy | paagal | ਪਾਗਲ |
| 32 | Credulous | laaee lagg | ਲਾਈ ਲੱਗ |
| 33 | Critic | nuktaacheen | ਨੁਕਤਾਚੀਨ |
| 34 | Curious | utsuk | ਉਤਸੁਕ |
| 35 | Deaf | bolaa | ਬੋਲਾ |
| 36 | Depressed | udaas | ਉਦਾਸ |
| 37 | Determined | nishchit | ਨਿਸ਼ਚਿਤ |
| 38 | Diety | dev saroop | ਦੇਵ ਸਰੂਪ |
| 39 | Disabled | apaNg | ਅਪੰਗ |
| 40 | Disgusted | upraam | ਉਪਰਾਮ |
| 41 | Drug Adict | nashaee, amlee | ਨਸ਼ਈ, ਅਮਲੀ |
| 42 | Dumb | gooNgaa | ਗੂੰਗਾ |
| 43 | Energetic | shaktee shaalee | ਸ਼ਕਤੀ ਸ਼ਾਲੀ |
| 44 | Evil | vishe-ee | ਵਿਸ਼ੇਈ |
| 45 | False promise maker | laaraa laaunh vaalaa | ਲਾਰਾ ਲਾਉਣ ਵਾਲਾ |
| 46 | Feeble | nirbal | ਨਿਰਬਲ |
| 47 | Forgetful | bhulakkarh | ਭੁਲੱਕੜ |
| 48 | Frightened | dariaa hoiaa | ਡਰਿਆ ਹੋਇਆ |
| 49 | Gambler | juaareeaa | ਜੁਆਰੀਆ |
| 50 | Generous | phraakhdil | ਫਰਾਖਦਿਲ |
| 51 | Glutton | petoo | ਪੇਟੂ |
| 52 | Happy | khush | ਖੁਸ਼ |
| 53 | Haughty | hainkarhbaaz | ਹੈਂਕੜਬਾਜ਼ |
| 54 | Helpful | maddgaar | ਮਦਦਗਾਰ |

| Human Nature | manukhkhee subhaa | ਮਨੁੱਖੀ ਸੁਭਾ |
|---|---|---|
| 55 Highly educated | aalam | ਆਲਮ |
| 56 Hot tempered | garam subhaa | ਗਰਮ ਸੁਭਾ |
| 57 Humble | nimrataa vaalaa | ਨਿਮਰਤਾ ਵਾਲਾ |
| 58 Humerous | mazaaeeaa | ਮਜ਼ਾਈਆ |
| 59 Illeterate | anparh-h | ਅਨਪੜ੍ਹ |
| 60 Immortal | amar | ਅਮਰ |
| 61 In high spirits | charh-h-dee kalaa | ਚੜ੍ਹਦੀ ਕਲਾ |
| 62 Indignant | krodhee | ਕ੍ਰੋਧੀ |
| 63 Influential | rasookh vaalaa | ਰਸੂਖਵਾਲਾ |
| 64 Innocent | bholaa | ਭੋਲਾ |
| 65 Intelligent | hushiaar | ਹੁਸ਼ਿਆਰ |
| 66 Irritated | khijhiaa hoiaa | ਖਿਝਿਆ ਹੋਇਆ |
| 67 Jealous | eerkhaaloo | ਈਰਖਾਲੂ |
| 68 Kind | diaaloo | ਦਿਆਲੂ |
| 69 Knowledgeable person | giaanee | ਗਿਆਨੀ |
| 70 Lazy | sussat | ਸੁਸੱਤ |
| 71 Liar | jhoothaa | ਝੂਠਾ |
| 72 Loving | piaaraa | ਪਿਆਰਾ |
| 73 Mad | kamlaa | ਕਮਲਾ |
| 74 Mental seesaw | duchitee vich | ਦੁਚਿਤੀ ਵਿਚ |
| 75 Miser | kaNjoos | ਕੰਜੂਸ |
| 76 Missionary | varat dhaaree | ਵਰਤ ਧਾਰੀ |
| 77 Non-vegetarian | maasaa haaree | ਮਾਸਾਹਾਰੀ |
| 78 Obsinate | dheeth | ਢੀਠ |
| 79 One legged person | laNgaa | ਲੰਗਾ |
| 80 Paid | vetandhaaree | ਵੇਤਨਧਾਰੀ |
| 81 Panic | ghabraaiaa hoiaa | ਘਬਰਾਇਆ ਹੋਇਆ |
| 82 Popular | harman piaaraa | ਹਰਮਨ ਪਿਆਰਾ |

| | Human Nature | manukhkhee subhaa | ਮਨੁੱਖੀ ਸੁਭਾ |
|---|---|---|---|
| 83 | Preacher | parchaark | ਪਰਚਾਰਕ |
| 84 | Quarellsome | jhagrhaaloo | ਝਗੜਾਲੂ |
| 85 | Quiet | chupp | ਚੁੱਪ |
| 86 | Religious | dharmee | ਧਰਮੀ |
| 87 | Resolute | sirrhee | ਸਿਰੜੀ |
| 88 | Respectable | patvaNtaa | ਪਤਵੰਤਾ |
| 89 | Revengeful | badlaakhor | ਬਦਲਾਖੋਰ |
| 90 | Rich | ameer | ਅਮੀਰ |
| 91 | Robber | daakoo | ਡਾਕੂ |
| 92 | Sad, Unhappy | ghamgeen | ਗ਼ਮਗੀਨ |
| 93 | Saint | saNt | ਸੰਤ |
| 94 | Scholar | vidvaan | ਵਿਦਵਾਨ |
| 95 | Selfish | khudgarz | ਖੁਦਗਰਜ਼ |
| 96 | Sensitive | bhaavak | ਭਾਵਕ |
| 97 | Shameless | besharm | ਬੇਸ਼ਰਮ |
| 98 | Social | milnh saar | ਮਿਲਣਸਾਰ |
| 99 | Strong | mazboot | ਮਜ਼ਬੂਤ |
| 100 | Supercilious | abhimaanee | ਅਭਿਮਾਨੀ |
| 101 | Surprised | hairaan janak | ਹੈਰਾਨ ਜਨਕ |
| 102 | Sweet natured | chaNgaa subhaa | ਚੰਗਾ ਸੁਭਾ |
| 103 | Thankless | ahisaan pharaamosh | ਅਹਿਸਾਨ ਫਰਾਮੋਸ਼ |
| 104 | Thick, dull | budhdhoo | ਬੁੱਧੂ |
| 105 | Thief | chor | ਚੋਰ |
| 106 | Thoughtful | vichaarsheel | ਵਿਚਾਰਸ਼ੀਲ |
| 107 | To be Happy always | khushrahinhaa | ਖੁਸ਼ਰਹਿਣਾ |
| 108 | Upset | upraam | ਉਪਰਾਮ |
| 109 | Vegetarian | saakaahaaree | ਸਾਕਾਹਾਰੀ |

| Human Nature | manukhkhee subhaa | ਮਨੁੱਖੀ ਸੁਭਾ |
|---|---|---|
| 110 Volunteer | nishkaam sevak | ਨਿਸ਼ਕਾਮ ਸੇਵਕ |
| 111 Weak | kamzor | ਕਮਜ਼ੋਰ |
| 112 Womaniser | aurat baaz | ਔਰਤ ਬਾਜ਼ |
| 113 Work shy | kaNm chor | ਕੰਮ ਚੋਰ |
| 114 Strong willed person | pakke iraade vaalaa | ਪੱਕੇ ਇਰਾਦੇ ਵਾਲਾ |

# Places

| | Places | thaavaan | ਥਾਵਾਂ |
|---|---|---|---|
| 1 | Airport | havaaee addaa | ਹਵਾਈ ਅੱਡਾ |
| 2 | Brewery | beear kaarkhaanaa | ਬੀਅਰ ਕਾਰਖਾਨਾ |
| 3 | Brick kiln | ittaan daa bhaththaa | ਇੱਟਾਂ ਦਾ ਭੱਠਾ |
| 4 | Brothel | chaklaa, kaNjar khaanaa, kothaa | ਚਕਲਾ, ਕੰਜਰਖਾਨਾ, ਕੋਠਾ |
| 5 | Bus Station | basaan daa addaa | ਬਸਾਂ ਦਾ ਅੱਡਾ |
| 6 | Cantonement | chaaunhee | ਛਾਉਣੀ |
| 7 | Castle | vaddaa mahhal | ਵੱਡਾ ਮਹੱਲ |
| 8 | Cattle market | maal maveshee maNdee | ਮਾਲ ਮਵੇਸ਼ੀ ਮੰਡੀ |
| 9 | Cave | guphphaa | ਗੁਫਾ |
| 10 | Church | girjaa | ਗਿਰਜਾ |
| 11 | Cinema | maNdvaa | ਮੰਡਵਾ |
| 12 | Circus | sarkas | ਸਰਕਸ |
| 13 | City | shahir | ਸ਼ਹਿਰ |
| 14 | College | mahaan vidiaalaa | ਮਹਾਂ ਵਿਦਿਆਲਾ |
| 15 | Community Kitchen | laNgar | ਲੰਗਰ |
| 16 | Cotton mill | kaprhe daa kaar khaanaa | ਕਪੜੇ ਦਾ ਕਾਰਖਾਨਾ |
| 17 | Court | kachiree | ਕਚਹਿਰੀ |
| 18 | Cow shed | vaarhaa | ਵਾੜਾ |
| 19 | Crematorium | shamshaan ghaat | ਸ਼ਮਸ਼ਾਨ ਘਾਟ |
| 20 | Den | ghurnaa | ਘੁਰਨਾ |
| 21 | Dispensary | shaphaa khaanaa | ਸ਼ਫਾ ਖਾਨਾ |
| 22 | Docks | jahaaz daa ghaat | ਜਹਾਜ਼ ਦਾ ਘਾਟ |
| 23 | Enquiry Office | puchch gichch daa daftar | ਪੁੱਛ ਗਿੱਛ ਦਾ ਦਫ਼ਤਰ |
| 24 | Exhibition | pardarshanee | ਪਰਦਰਸ਼ਨੀ |
| 25 | Factory | karkhaanaa | ਕਾਰਖਾਨਾ |
| 26 | Fair | melaa | ਮੇਲਾ |
| 27 | Farm House | kisaan grhi | ਕਿਸਾਨ ਗ੍ਰਹਿ |

| | Places | thaavaan | ਥਾਵਾਂ |
|---|---|---|---|
| 28 | Fish market | machchee maNdee | ਮੱਛੀ ਮੰਡੀ |
| 29 | Flour mill | aataa chakkee | ਆਟਾ ਚੱਕੀ |
| 30 | Fodder market | chaaraa maNdee | ਚਾਰਾ ਮੰਡੀ |
| 31 | Fort | kilhaa | ਕਿਲ੍ਹਾ |
| 32 | Foundary | lohe daa kaarkhaanaa | ਲੋਹੇ ਦਾ ਕਾਰਖਾਨਾ |
| 33 | Gambling house | jooaaghar | ਜੂਆ ਘਰ |
| 34 | Godown | maal gudaam | ਮਾਲ ਗੁਦਾਮ |
| 35 | Goods yard | maal khaanaa | ਮਾਲ ਖਾਨਾ |
| 36 | Grain market | anaaj maNdee | ਅਨਾਜ ਮੰਡੀ |
| 37 | Guest house | mahimaan baseraa | ਮਹਿਮਾਨ ਬਸੇਰਾ |
| 38 | Gym | abhiaas ghar | ਅਭਿਆਸ ਘਰ |
| 39 | Hanger | havaaee jahaazaan de thahiranh dee jag-haah | ਹਵਾਈ ਜਹਾਜ਼ਾਂ ਦੇ ਠਹਿਰਣ ਦੀ ਜਗ੍ਹਾਹ |
| 40 | Harbour | baNdar gaah | ਬੰਦਰਗਾਹ |
| 41 | Hindu Temple | maNdar | ਮੰਦਰ |
| 42 | Horse shed | tabelaa | ਤਬੇਲਾ |
| 43 | Hospital | haspataal | ਹਸਪਤਾਲ |
| 44 | Inn | saraae | ਸਰਾਏ |
| 45 | Library | pustkaalaa | ਪੁਸਤਕਾਲਾ |
| 46 | Market | maNdee | ਮੰਡੀ |
| 47 | Maternity Hospital | zachchaa khaana | ਜ਼ੱਚਾ ਖਾਨਾ |
| 48 | Mental hospital | paagal khaanaa | ਪਾਗਲ ਖਾਨਾ |
| 49 | Mine | kaanh | ਕਾਣ |
| 50 | Mint | taksaal | ਟਕਸਾਲ |
| 51 | Mosque | maseet | ਮਸੀਤ |
| 52 | Museum | ajaaib ghar | ਅਜਾਇਬ ਘਰ |
| 53 | Nest | aalhnhaa | ਆਲ੍ਹਣਾ |
| 54 | Nursery | paneeree asthaan | ਪਨੀਰੀ ਅਸਥਾਨ |

| | Places | thaavaan | ਥਾਵਾਂ |
|---|---|---|---|
| 55 | Office | daftar | ਦਫ਼ਤਰ |
| 56 | Palace | mahall | ਮਹੱਲ |
| 57 | Park | baagh | ਬਾਗ਼ |
| 58 | Parliament | saNsad | ਸੰਸਦ |
| 59 | Pen | khudd-haa | ਖੁੱਡ੍ਹਾ |
| 60 | Petrol Station | paitrol milnh dee thaan | ਪੈਟਰੋਲ ਮਿਲਣ ਦੀ ਥਾਂ |
| 61 | Pharmacy | davaapharosh | ਦਵਾਫਰੋਸ਼ |
| 62 | Pig sty | soor vaarhaa | ਸੂਰ ਵਾੜਾ |
| 63 | Place of Worship | dharam saalaa | ਧਰਮ ਸਾਲਾ |
| 64 | Playing field/ground | khed daa maidaan | ਖੇਡ ਦਾ ਮੈਦਾਨ |
| 65 | Police Station | thaanhaa | ਥਾਣਾ |
| 66 | Post Office | daak khaanaa | ਡਾਕਖਾਨਾ |
| 67 | Poultry | murgee khaanaa | ਮੁਰਗੀ ਖਾਨਾ |
| 68 | Printing press | chaapaa khaanaa | ਛਾਪਾ ਖਾਨਾ |
| 69 | Prison | kaid khaanaa | ਕੈਦਖਾਨਾ |
| 70 | Public bar | sharaab ghar | ਸ਼ਰਾਬ ਘਰ |
| 71 | Public baths | jantak ishnaan ghar | ਜਨਤਕ ਇਸ਼ਨਾਨ ਘਰ |
| 72 | Radio Station | aakaash baanhee kendar | ਆਕਾਸ਼ਬਾਣੀ ਕੇਂਦਰ |
| 73 | Railway Station | relve sateshan | ਰੇਲਵੇ ਸਟੇਸ਼ਨ |
| 74 | Restaurant | bhojan shaalaa | ਭੋਜਨਸ਼ਾਲਾ |
| 75 | Roadside restaurant | dhaabaa | ਢਾਬਾ |
| 76 | School | vidiaalaa, madrasaa, pathshaalaa | ਵਿਦਿਆਲਾ, ਮਦਰਸਾ, ਪਾਠਸ਼ਾਲਾ |
| 77 | Shop | dukaan, hattee | ਦੁਕਾਨ, ਹੱਟੀ |
| 78 | Sikh Place of Worship | gurduaaraa | ਗੁਰਦੁਆਰਾ |
| 79 | Store | gudaam | ਗੁਦਾਮ |
| 80 | Swimming pool | tairaakee sarovar | ਤੈਰਾਕੀ ਸਰੋਵਰ |

| Places | thaavaan | ਥਾਵਾਂ |
|--------|----------|-------|
| 81 T V Station | door darshan kendar | ਦੂਰਦਰਸ਼ਨ ਕੇਂਦਰ |
| 82 Temple | maNdar | ਮੰਦਰ |
| 83 Theatre | naatak ghar | ਨਾਟਕ ਘਰ |
| 84 Toilet | tattee, jaNgal paanhee | ਟੱਟੀ, ਜੰਗਲ ਪਾਣੀ |
| 85 Town | kasbaa | ਕਸਬਾ |
| 86 University | vishav vidiaalaa | ਵਿਸ਼ਵ ਵਿਦਿਆਲਾ |
| 87 Vegetable market | sabzee maNdee | ਸਬਜ਼ੀ ਮੰਡੀ |
| 88 Veternery Hospital | daNgraan daa hasptaal | ਡੰਗਰਾਂ ਦਾ ਹਸਪਤਾਲ |
| 89 Village | piNd | ਪਿੰਡ |
| 90 Waiting room | udeek asthaan | ਉਡੀਕ ਅਸਥਾਨ |
| 91 Wool market | unn maNdee | ਉੱਨ ਮੰਡੀ |
| 92 Wrestling rink | akhaarhaa | ਅਖਾੜਾ |
| 93 Zoo | chirheeaa ghar | ਚਿੜੀਆ ਘਰ |

# Time

| Time | samaa<u>n</u> | ਸਮਾਂ |
|---|---|---|
| 1 | Afternoon | baa-<u>a</u>-<u>d</u> dupahir | ਬਾਅਦ ਦੁਪਹਿਰ |
| 2 | Again and again | baar baar | ਬਾਰ ਬਾਰ |
| 3 | Always | hameshaa<u>n</u>, sa<u>d</u>aa | ਹਮੇਸ਼ਾਂ, ਸਦਾ |
| 4 | At a stretch | <u>i</u>kko saahe | ਇੱਕੋ ਸਾਹੇ |
| 5 | At once | ikk <u>d</u>am | ਇੱਕ ਦਮ |
| 6 | Before noon | poorab <u>d</u>upahir | ਪੂਰਬ ਦੁਪਹਿਰ |
| 7 | Calendar | ja<u>N</u>tree | ਜੰਤਰੀ |
| 8 | Century | sa<u>d</u>ee | ਸਦੀ |
| 9 | Clock | gharhee | ਘੜੀ |
| 10 | Clock face | gharhee <u>d</u>aa mukh | ਘੜੀ ਦਾ ਮੁਖ |
| 11 | Daily | har roz, <u>d</u>ainhik | ਹਰ ਰੋਜ਼, ਦੈਨਿਕ |
| 12 | Day | <u>d</u>in, vaar | ਦਿਨ, ਵਾਰ |
| 13 | Day after Tomorrow | parso<u>n</u> | ਪਰਸੋਂ |
| 14 | Day before Yesterday | parso<u>n</u> | ਪਰਸੋਂ |
| 15 | Duration of 3 hours | pahir | ਪਹਿਰ |
| 16 | Early morning | <u>t</u>arhke, saajre | ਤੜਕੇ, ਸਾਜਰੇ |
| 17 | Evening | shaam, <u>t</u>rikaalaa<u>n</u>, <u>aath</u>anh | ਸ਼ਾਮ, ਤ੍ਰਿਕਾਲਾਂ, ਆਥਣ |
| 18 | Every day | har <u>d</u>in | ਹਰ ਦਿਨ |
| 19 | Every hour | har gha<u>N</u>te baa-<u>a</u>-<u>d</u> | ਹਰ ਘੰਟੇ ਬਾਅਦ |
| 20 | Fast | <u>t</u>ez | ਤੇਜ਼ |
| 21 | First day | pahilaa <u>d</u>in | ਪਹਿਲਾ ਦਿਨ |
| 22 | First day of Indian month | sa<u>N</u>graa<u>n</u><u>d</u> | ਸੰਗਰਾਂਦ |
| 23 | Five o'clock | pa<u>Nj</u> vaje | ਪੰਜ ਵਜੇ |
| 24 | Five past five | pa<u>Nj</u> vaj ke pa<u>Nj</u> mi<u>N</u>t | ਪੰਜ ਵਜ ਕੇ ਪੰਜ ਮਿੰਟ |
| 25 | Five to five | pa<u>Nj</u> vajnh vich pa<u>Nj</u> mi<u>N</u>t | ਪੰਜ ਵਜਣ ਵਿਚ ਪੰਜ ਮਿੰਟ |
| 26 | Fortnight | pakhvaarhaa | ਪਖਵਾੜਾ |
| 27 | Fortnightly | <u>d</u>o haf<u>t</u>e baa-<u>a</u>-<u>d</u> | ਦੋ ਹਫਤੇ ਬਾਅਦ |

| Time | samaan | ਸਮਾਂ |
|---|---|---|
| 28 Four times | chaar vaaree | ਚਾਰ ਵਾਰੀ |
| 29 Full moon night | pooran maashee | ਪੂਰਨ ਮਾਸ਼ੀ |
| 30 Half | adhdhaa | ਅੱਧਾ |
| 31 Half moon | sattmee daa chaNn | ਸੱਤਮੀ ਦਾ ਚੰਨ |
| 32 Half past five | saadhe paNj vaje | ਸਾਢੇ ਪੰਜ ਵਜੇ |
| 33 Half past one | dedh vaje | ਡੇਢ ਵਜੇ |
| 34 Half past two | dhaaee vaje | ਢਾਈ ਵਜੇ |
| 35 Hour hand | vaddee sooee | ਵੱਡੀ ਸੂਈ |
| 36 Hours | ghaNte | ਘੰਟੇ |
| 37 How many times | kiNnee vaaree | ਕਿੰਨੀ ਵਾਰੀ |
| 38 Hurry up | jaldee jaldee | ਜਲਦੀ ਜਲਦੀ |
| 39 In a short time | thorhe samen vich | ਥੋੜੇ ਸਮੇਂ ਵਿਚ |
| 40 In a twinkle of the eye | akhkh de for vich | ਅੱਖ ਦੇ ਫੋਰ ਵਿਚ |
| 41 Just now | hunhe hee | ਹੁਣੇ ਹੀ |
| 42 Last day | pichchle din, | ਪਿੱਛਲੇ ਦਿਨ, |
|  | akheerle din | ਅਖੀਰਲੇ ਦਿਨ |
| 43 Long time | laNbe samen | ਲੰਬੇ ਸਮੇਂ |
| 44 Lunar month | chaNdrmaa maheenaa | ਚੰਦਰਮਾ ਮਹੀਨਾ |
| 45 Midday , Noon | dupahir, adhdhe din | ਦੁਪਹਿਰ, ਅੱਧੇ ਦਿਨ |
| 46 Midnight | adhdhee raat | ਅੱਧੀ ਰਾਤ |
| 47 Minute hand | chotee sooee | ਛੋਟੀ ਸੂਈ |
| 48 Minutes | miNt | ਮਿੰਟ |
| 49 Month | maheenaa | ਮਹੀਨਾ |
| 50 Monthly | maheene vaar, maasik | ਮਹੀਨੇ ਵਾਰ, ਮਾਸਿਕ |
| 51 Moonless night | massiaa | ਮੱਸਿਆ |
| 52 Morning | savere subaah | ਸਵੇਰੇ, ਸੁਬਾਹ |
| 53 New moon | ekam daa chaNn | ਏਕਮ ਦਾ ਚੰਨ |

| Time | samaa_n_ | ਸਮਾਂ |
|------|----------|------|
| 54 Night | raa_t_ | ਰਾਤ |
| 55 Now | hunh | ਹੁਣ |
| 56 Occasionally | ka_d_ee ka_d_ee | ਕਦੀ ਕਦੀ |
| 57 Once | _i_kk vaaree | ਇੱਕ ਵਾਰੀ |
| 58 One hour | _i_kk gha_N_taa | ਇੱਕ ਘੰਟਾ |
| 59 One minute | _i_kk mi_N_t | ਇੱਕ ਮਿੰਟ |
| 60 One second | _i_kk saki_N_t | ਇੱਕ ਸਕਿੰਟ |
| 61 Only | keval, sirf | ਕੇਵਲ, ਸਿਰਫ਼ |
| 62 Phases of the moon | cha_N_n _d_e pakhkh | ਚੰਨ ਦੇ ਪੱਖ |
| 63 Quarter | savaa | ਸਵਾ |
| 64 Quarter past five | savaa pa_N_j vaje | ਸਵਾ ਪੰਜ ਵਜੇ |
| 65 Quarter to five | paunhe pa_N_j vaje | ਪੌਣੇ ਪੰਜ ਵਜੇ |
| 66 Quick | jhab_d_e, jal_d_ee, fauran | ਝਬਦੇ, ਜਲਦੀ, ਫੌਰਨ |
| 67 Quickly | jal_d_ee, _ch_e_t_ee, tura_N_t | ਜਲਦੀ, ਛੇਤੀ, ਤੁਰੰਤ |
| 68 Seconds | saki_N_t | ਸਕਿੰਟ |
| 69 Seldom | ka_d_e ka_d_e | ਕਦੇ ਕਦੇ |
| 70 Slow | haulee, ma_dh_dhm | ਹੌਲੀ, ਮਧੱਮ |
|  | haule | ਹੌਲੇ |
| 71 Sometimes | kisevele, kise _d_in, ka_d_ee | ਕਿਸੇਵੇਲੇ, ਕਿਸੇ ਦਿਨ, ਕਦੀ |
| 72 Then | _t_a_d_, u_d_on | ਤਦ, ਉਦੋਂ |
| 73 Three quarter | _t_i_N_n chu_th_aaee | ਤਿੰਨ ਚੁਥਾਈ |
| 74 Thrice | _t_i_N_n vaaree | ਤਿੰਨ ਵਾਰੀ |
| 75 Time | samaa_n_, kaal, vaka_t_ | ਸਮਾਂ, ਕਾਲ, ਵਕਤ |
| 76 Timepiece | gharhee | ਘੜੀ |
| 77 To close | ba_N_d karnaa | ਬੰਦ ਕਰਨਾ |
| 78 To continue | jaaree rakhkhnhaa | ਜਾਰੀ ਰੱਖਣਾ |
| 79 To open | kholhnhaa | ਖੋਲ੍ਹਣਾ |

92

| | Time | samaan | ਸਮਾਂ |
|---|---|---|---|
| 81 | Today | ajj | ਅੱਜ |
| 82 | Tomorrow | kallh, bhalke | ਕੱਲ੍ਹ, ਭਲਕੇ |
| 83 | Twice | do vaaree | ਦੋ ਵਾਰੀ |
| 84 | Usually | aam taur te | ਆਮ ਤੌਰ ਤੇ |
| 85 | Watch | gharhee | ਘੜੀ |
| 86 | Week | haftaa | ਹਫ਼ਤਾ |
| 87 | Weekend | saptaah de akheer | ਸਪਤਾਹ ਦੇ ਅਖੀਰ |
| | | sanichar-aitvaar | (ਸਨਿਚਰ - ਐਤਵਾਰ) |
| 88 | Weekly | haftaa vaaree | ਹਫ਼ਤਾਵਾਰੀ |
| 89 | What is the time? | kee vajiaa hai? | ਕੀ ਵਜਿਆ ਹੈ? |
| | | Kee vakt hai? | ਕੀ ਵਕਤ ਹੈ? |
| | | kee samaan hai? | ਕੀ ਸਮਾਂ ਹੈ? |
| | | Kee taaim hai? | ਕੀ ਟਾਇਮ ਹੈ? |
| | | Gharhee te kiNne vaje han? | ਘੜੀ ਤੇ ਕਿੰਨੇ ਵਜੇ ਹਨ? |
| 90 | When | kadon, jadon | ਕਦੋਂ, ਜਦੋਂ |
| 91 | Wrist watch | gutt gharhee | ਗੁੱਟ ਘੜੀ |
| 92 | Year | saal, var-h-aa | ਸਾਲ, ਵਰ੍ਹਾ |
| 93 | Yearly | saalaanaa | ਸਾਲਾਨਾ |
| 94 | Yesterday | kallh | ਕੱਲ੍ਹ |

| | Days of the week | hafte de din | ਹਫ਼ਤੇ ਦੇ ਦਿਨ |
|---|---|---|---|
| 1 | Monday | somvaar (peer) | ਸੋਮਵਾਰ (ਪੀਰ) |
| 2 | Tuesday | maNgalvaar | ਮੰਗਲਵਾਰ |
| 3 | Wednesday | budhdhvaar | ਬੁੱਧਵਾਰ |
| 4 | Thursday | veervaar (juNmeraat) | ਵੀਰਵਾਰ (ਜੁੰਮੇਰਾਤ) |
| 5 | Friday | shukarvaar (juNmmaa) | ਸ਼ੁਕਰਵਾਰ (ਜੁੰਮਾ) |
| 6 | Saturday | sanicharvaar (haftaa) | ਸਨਿਚਰਵਾਰ (ਹਫ਼ਤਾ) |
| 7 | Sunday | aitvaar | ਐਤਵਾਰ |

| | Months of the year | saal de maheene | ਸਾਲ ਦੇ ਮਹੀਨੇ |
|---|---|---|---|
| 1 | January | janvaree | ਜਨਵਰੀ |
| 2 | February | farvaree | ਫਰਵਰੀ |
| 3 | March | maarch | ਮਾਰਚ |
| 4 | April | aprail | ਅਪਰੈਲ |
| 5 | May | maee | ਮਈ |
| 6 | June | joon | ਜੂਨ |
| 7 | July | julaaee | ਜੁਲਾਈ |
| 8 | August | agast | ਅਗਸਤ |
| 9 | September | sataNbar | ਸਤੰਬਰ |
| 10 | October | aktoobar | ਅਕਤੂਬਰ |
| 11 | November | navaNbar | ਨਵੰਬਰ |
| 12 | December | dasaNbar | ਦਸੰਬਰ |

| | Indian Months | <u>d</u>esee maheene | ਦੇਸੀ ਮਹੀਨੇ |
|---|---|---|---|
| 1 | March - April | che<u>t</u> | ਚੇਤ |
| 2 | April - May | vaisakh | ਵੈਸਾਖ |
| 3 | May - June | jeth | ਜੇਠ |
| 4 | June - July | haarh | ਹਾੜ |
| 5 | July - August | saavanh | ਸਾਵਣ |
| 6 | August - September | bhaa<u>dro</u>n | ਭਾਦਰੋਂ |
| 7 | September - October | <u>a</u>soo | ਅਸੂ |
| 8 | October - November | ka<u>t</u>ak | ਕਤਕ |
| 9 | November - December | maghar | ਮਘਰ |
| 10 | December - January | poh | ਪੋਹ |
| 11 | January - February | maagh | ਮਾਘ |
| 12 | February - March | phaganh | ਫਗਣ |

95

# Numbers

| | Ordinals | krmvaachak | ਕ੍ਰਮਵਾਚਕ |
|---|---|---|---|
| 1 | First | pahilee, pahilaa, pahile | ਪਹਿਲੀ, ਪਹਿਲਾ, ਪਹਿਲੇ |
| 2 | Second | doojaa, doojee, dooje | ਦੂਜਾ, ਦੂਜੀ, ਦੂਜੇ |
| 3 | Third | teejaa, teejee, teeje | ਤੀਜਾ, ਤੀਜੀ, ਤੀਜੇ |
| 4 | Fourth | chauthaa, chauthee, chauthe | ਚੌਥਾ, ਚੌਥੀ, ਚੌਥੇ |
| 5 | Fifth | paNjvaan, paNjveen, paNjven | ਪੰਜਵਾਂ, ਪੰਜਵੀਂ, ਪੰਜਵੇਂ |
| 6 | Sixth | chevaan, cheveen, cheven | ਛੇਵਾਂ, ਛੇਵੀਂ, ਛੇਵੇਂ |
| 7 | Seventh | sattvaan, sattveen, sattven | ਸੱਤਵਾਂ, ਸੱਤਵੀਂ, ਸੱਤਵੇਂ |
| 8 | Eighth | ahthvaan, aththveen, aththven | ਅੱਠਵਾਂ, ਅੱਠਵੀਂ, ਅੱਠਵੇਂ |
| 9 | Ninth | nauvaan, nauveen, nauven | ਨੌਵਾਂ, ਨੌਵੀਂ, ਨੌਵੇਂ |
| 10 | Tenth | dasvaan, dasveen, dasven | ਦਸਵਾਂ, ਦਸਵੀਂ, ਦਸਵੇਂ |
| 11 | One tenth | ikk bataa das, dasvaan hissaa | ਇੱਕ ਬਟਾ ਦਸ, ਦਸਵਾਂ ਹਿੱਸਾ |
| 12 | Dozen | darjan | ਦਰਜਨ |
| 13 | One half | adhdhaa, ikk bataa do | ਅੱਧਾ, ਇੱਕ ਬਟਾ ਦੋ |
| 14 | One third | teejaa hissaa, ikk tihaaee | ਤੀਜਾ ਹਿੱਸਾ, ਇੱਕ ਤਿਹਾਈ |
| 15 | One quarter | chauthaa hissaa, ikk chauthaaee | ਚੌਥਾ ਹਿੱਸਾ, ਇੱਕ ਚੌਥਾਈ |
| 16 | One fifth | paNjvaan hissaa, ikk bataa paNj | ਪੰਜਵਾਂ ਹਿੱਸਾ, ਇੱਕ ਬਟਾ ਪੰਜ |
| 17 | One thousandth | ikk hazaarvaan hissaa | ਇੱਕ ਹਜ਼ਾਰਵਾਂ ਹਿੱਸਾ |
| 18 | Twenty first | veehvaan | ਵੀਹਵਾਂ |

|  | Number | aNk |  | ਅੰਕ |
|---|---|---|---|---|
| 0 | Zero | sifar | ੦ | ਸਿਫ਼ਰ |
| 1 | One | ikk | ੧ | ਇੱਕ |
| 2 | Two | do | ੨ | ਦੋ |
| 3 | Three | tiNn | ੩ | ਤਿੰਨ |
| 4 | Four | chaar | ੪ | ਚਾਰ |
| 5 | Five | paNj | ੫ | ਪੰਜ |
| 6 | Six | che | ੬ | ਛੇ |
| 7 | Seven | satt | ੭ | ਸੱਤ |
| 8 | Eight | athth | ੮ | ਅੱਠ |
| 9 | Nine | naun | ੯ | ਨੌਂ |
| 10 | Ten | das | ੧੦ | ਦਸ |
| 11 | Eleven | giaaraan | ੧੧ | ਗਿਆਰਾਂ |
| 12 | Twelve | baar-h-aan | ੧੨ | ਬਾਰ੍ਹਾਂ |
| 13 | Thirteen | ter-h-aan | ੧੩ | ਤੇਰ੍ਹਾਂ |
| 14 | Fourteen | chaud-h-aan | ੧੪ | ਚੌਦ੍ਹਾਂ |
| 15 | Fifteen | paNdraan | ੧੫ | ਪੰਦਰਾਂ |
| 16 | Sixteen | solhaan | ੧੬ | ਸੋਲ੍ਹਾਂ |
| 17 | Seventeen | sataar-h-aan | ੧੭ | ਸਤਾਰ੍ਹਾਂ |
| 18 | Eighteen | athaar-h-aan | ੧੮ | ਅਠਾਰ੍ਹਾਂ |
| 19 | Ninteen | unnee | ੧੯ | ਉੱਨੀ |
| 20 | Twenty | veeh | ੨੦ | ਵੀਹ |
| 21 | Twenty one | ikkee | ੨੧ | ਇੱਕੀ |
| 22 | Twenty two | baaee | ੨੨ | ਬਾਈ |
| 23 | Twenty three | te-ee | ੨੩ | ਤੇਈ |
| 24 | Twenty four | chauvee | ੨੪ | ਚੌਵੀ |
| 25 | Twenty five | paNjhee | ੨੫ | ਪੰਝੀ |

| | Number | aNk | | ਅੰਕ |
|---|---|---|---|---|
| 26 | Twenty six | chabbee | ੨੬ | ਛੱਬੀ |
| 27 | Twenty seven | sataaee | ੨੭ | ਸਤਾਈ |
| 28 | Twenty eight | athaaee | ੨੮ | ਅਠਾਈ |
| 29 | Twenty nine | unattee | ੨੯ | ਉਨੱਤੀ |
| 30 | Thirty | teeh | ੩੦ | ਤੀਹ |
| 31 | Thirty one | ikkatee | ੩੧ | ਇੱਕਤੀ |
| 32 | Thirty two | battee | ੩੨ | ਬੱਤੀ |
| 33 | Thirty three | tetee | ੩੩ | ਤੇਤੀ |
| 34 | Thirty four | chauntee | ੩੪ | ਚੌਂਤੀ |
| 35 | Thirty five | paintee | ੩੫ | ਪੈਂਤੀ |
| 36 | Thirty six | chattee | ੩੬ | ਛੱਤੀ |
| 37 | Thirty seven | saintee | ੩੭ | ਸੈਂਤੀ |
| 38 | Thirty eight | athattee | ੩੮ | ਅਠੱਤੀ |
| 39 | Thirty nine | untaalee | ੩੯ | ਉਨਤਾਲੀ |
| 40 | Forty | chaalee | ੪੦ | ਚਾਲੀ |
| 41 | Forty one | iktaalee | ੪੧ | ਇਕਤਾਲੀ |
| 42 | Forty two | bataalee | ੪੨ | ਬਤਾਲੀ |
| 43 | Forty three | tirtaalee | ੪੩ | ਤਿਰਤਾਲੀ |
| 44 | Forty four | chutaalee | ੪੪ | ਚੁਤਾਲੀ |
| 45 | Forty five | paNtaalee | ੪੫ | ਪੰਤਾਲੀ |
| 46 | Forty six | chitaalee | ੪੬ | ਛਿਤਾਲੀ |
| 47 | Forty seven | saNtaalee | ੪੭ | ਸੰਤਾਲੀ |
| 48 | Forty eight | athtaalee | ੪੮ | ਅਠਤਾਲੀ |
| 49 | Forty nine | unhNjaa | ੪੯ | ਉਣੰਜਾ |
| 50 | Fifty | paNjaah | ੫੦ | ਪੰਜਾਹ |

| | Number | aNk | | ਅੰਕ |
|---|---|---|---|---|
| 51 | Fifty one | ikvaNjaa | ੫੧ | ਇਕਵੰਜਾ |
| 52 | Fifty two | bavaNjaa | ੫੨ | ਬਵੰਜਾ |
| 53 | Fifty three | tarvaNjaa | ੫੩ | ਤਰਵੰਜਾ |
| 54 | Fifty four | churaNjaa | ੫੪ | ਚੁਰੰਜਾ |
| 55 | Fifty five | pachvaNjaa | ੫੫ | ਪਚਵੰਜਾ |
| 56 | Fifty six | chivaNjaa | ੫੬ | ਛਿਵੰਜਾ |
| 57 | Fifty seven | satvaNjaa | ੫੭ | ਸਤਵੰਜਾ |
| 58 | Fifty eight | athvaNjaa | ੫੮ | ਅਠਵੰਜਾ |
| 59 | Fifty nine | unhaahth | ੫੯ | ਉਣਾਹਠ |
| 60 | Sixty | sathth | ੬੦ | ਸੱਠ |
| 61 | Sixty one | ikaahth | ੬੧ | ਇਕਾਹਠ |
| 62 | Sixty two | baahth | ੬੨ | ਬਾਹਠ |
| 63 | Sixty three | trehth | ੬੩ | ਤ੍ਰੇਹਠ |
| 64 | Sixty four | chaunhth | ੬੪ | ਚੌਂਹਠ |
| 65 | Sixty five | painhth | ੬੫ | ਪੈਂਹਠ |
| 66 | Sixty six | chiaahth | ੬੬ | ਛਿਆਹਠ |
| 67 | Sixty seven | sataahth | ੬੭ | ਸਤਾਹਠ |
| 68 | Sixty eight | athaahth | ੬੮ | ਅਠਾਹਠ |
| 69 | Sixty nine | unhattar | ੬੯ | ਉਨਹੱਤਰ |
| 70 | Seventy | sattar | ੭੦ | ਸੱਤਰ |
| 71 | Seventy one | ikhattar | ੭੧ | ਇਕਹੱਤਰ |
| 72 | Seventy two | bahattar | ੭੨ | ਬਹੱਤਰ |
| 73 | Seventy three | tihattar | ੭੩ | ਤਿਹੱਤਰ |
| 74 | Seventy four | chohattar | ੭੪ | ਚੋਹੱਤਰ |
| 75 | Seventy five | pachattar | ੭੫ | ਪਚੱਤਰ |

| | Number | aNk | | ਅੰਕ |
|---|---|---|---|---|
| 76 | Seventy six | chihattar | ੭੬ | ਛਿਹੱਤਰ |
| 77 | Seventy seven | satattar | ੭੭ | ਸਤੱਤਰ |
| 78 | Seventy eight | athattar | ੭੮ | ਅਠੱਤਰ |
| 79 | Seventy nine | unaasee | ੭੯ | ਉਨਾਸੀ |
| 80 | Eighty | assee | ੮੦ | ਅੱਸੀ |
| 81 | Eighty one | ikaasee | ੮੧ | ਇਕਾਸੀ |
| 82 | Eighty two | biaasee | ੮੨ | ਬਿਆਸੀ |
| 83 | Eighty three | triaasee | ੮੩ | ਤ੍ਰਿਆਸੀ |
| 84 | Eighty four | churaasee | ੮੪ | ਚੁਰਾਸੀ |
| 85 | Eighty five | pachaasee | ੮੫ | ਪਚਾਸੀ |
| 86 | Eighty six | chiaasee | ੮੬ | ਛਿਆਸੀ |
| 87 | Eighty seven | sataasee | ੮੭ | ਸਤਾਸੀ |
| 88 | Eighty eight | athaasee | ੮੮ | ਅਠਾਸੀ |
| 89 | Eighty nine | unhaanven | ੮੯ | ਉਣਾਨਵੇਂ |
| 90 | Ninety | navve | ੯੦ | ਨੱਵੇ |
| 91 | Ninety one | ikaanven | ੯੧ | ਇਕਾਨਵੇਂ |
| 92 | Ninety two | baanven | ੯੨ | ਬਾਨਵੇਂ |
| 93 | Ninety three | triaanven | ੯੩ | ਤ੍ਰਿਆਨਵੇਂ |
| 94 | Ninety four | churaanven | ੯੪ | ਚੁਰਾਨਵੇਂ |
| 95 | Ninety five | pachaanven | ੯੫ | ਪਚਾਨਵੇਂ |
| 96 | Ninety six | chiaanven | ੯੬ | ਛਿਆਨਵੇਂ |
| 97 | Ninety seven | sataanven | ੯੭ | ਸਤਾਨਵੇਂ |
| 98 | Ninety eight | athaanven | ੯੮ | ਅਠਾਨਵੇਂ |
| 99 | Ninety nine | narhinven | ੯੯ | ਨੜਿਨਵੇਂ |
| 100 | Hundred | sau | ੧੦੦ | ਸੌ |

Please note that there are other forms of numbers used in the Panjabi Language. Here are some examples.

| | |
|---|---|
| ikko | ਇੱਕੋ |
| ekaa | ਏਕਾ |
| pahiliaan | ਪਹਿਲਿਆਂ |
| pahileeaan | ਪਹਿਲੀਆਂ |
| doojiaan | ਦੂਜਿਆਂ |
| doojeeaan | ਦੂਜੀਆਂ |
| donon | ਦੋਨੋ |
| doven | ਦੋਵੇਂ |
| tiNne | ਤਿੰਨੇ |
| tiNno | ਤਿੰਨੋ |
| adheeaa | ਅਧੀਆ |
| paooaa | ਪਊਆ |
| saalam | ਸਾਲਮ |
| sabootaa | ਸਬੂਤਾ |
| dasaan | ਦਸਾਂ |
| dasviaan | ਦਸਵਿਆਂ |
| chaaro | ਚਾਰੋ |
| chaare | ਚਾਰੇ |
| paNjo deeaan paNj | ਪੰਜੋ ਦੀਆਂ ਪੰਜ |

## More Numbers

| | | | |
|---|---|---|---|
| Thousand | hazaar | ੧੦੦੦ | ਹਜ਼ਾਰ |
| Ten thousand | das hazaar | ੧੦ ੦੦੦ | ਦਸ ਹਜ਼ਾਰ |
| Hundred thousand | lakhkh | ੧੦੦ ੦੦੦ | ਲੱਖ |
| Million | das lakhkh | ੧ ੦੦੦ ੦੦੦ | ਦਸ ਲੱਖ |
| Ten million | karorh | ੧੦ ੦੦੦ ੦੦੦ | ਕਰੋੜ |

# Directions and Instructions
## dishaavaan te hidaaitaan
## ਦਿਸ਼ਾਵਾਂ ਤੇ ਹਿਦਾਇਤਾਂ

| | Directions | dshaavaan | ਦਿਸ਼ਾਵਾਂ |
|---|---|---|---|
| 1 | Bear left | khabbe paase rahinhaa | ਖੱਬੇ ਪਾਸੇ ਰਹਿਣਾ |
| 2 | Carry on straight | sidhdhe turee jaao | ਸਿੱਧੇ ਤੁਰੀ ਜਾਓ |
| 3 | Cul-de-sac | aNnee galee, baNd sarhk | ਅੰਨੀ ਗਲੀ, ਬੰਦ ਸੜਕ |
| 4 | Distance | phaaslaa | ਫਾਸਲਾ |
| 5 | Don't change lane | beehee naa badlo | ਬੀਹੀ ਨਾ ਬਦਲੋ |
| 6 | Don't use mobile | mobaail dee varton naheen | ਮੋਬਾਇਲ ਦੀ ਵਰਤੋਂ ਨਹੀਂ |
| 7 | Down | thalle | ਥੱਲੇ |
| 8 | East | poorab | ਪੂਰਬ |
| 9 | Fourth right Road | chauthee sajje vaalee sarhk | ਚੌਥੀ ਸੱਜੇ ਵਾਲੀ ਸੜਕ |
| 10 | Keep a distance | faaslaa rakhkho | ਫ਼ਾਸਲਾ ਰੱਖੋ |
| 11 | Lane | beehee | ਬੀਹੀ |
| 12 | Left | khabbe /khabbaa/ khabbee | ਖੱਬੇ, ਖੱਬਾ, ਖੱਬੀ |
| 13 | Left hand | khabbe hathth | ਖੱਬੇ ਹੱਥ |
| 14 | Look Left | khabbe dekho | ਖੱਬੇ ਦੇਖੋ |
| 15 | Look right | sajje dekho | ਸੱਜੇ ਦੇਖੋ |
| 16 | Next | agglee /agglaa | ਅੱਗਲੀ, ਅੱਗਲਾ |
| 17 | No entry | daakhlaa baNd | ਦਾਖਲਾ ਬੰਦ |
| 18 | No entry for cars | kaaraan laee daakhlaa baNd | ਕਾਰਾਂ ਲਈ ਦਾਖਲਾ ਬੰਦ |
| 19 | No left turn | khabbe murhnaa manaah hai | ਖੱਬੇ ਮੁੜਨਾ ਮਨਾਹ ਹੈ |
| 20 | No right turn | sajje murhnaa manaah hai | ਸੱਜੇ ਮੁੜਨਾ ਮਨਾਹ ਹੈ |
| 21 | North | uttar | ਉੱਤਰ |
| 22 | Not over 50 | 50 ton uppar naheen | ੫੦ ਤੋਂ ਉੱਪਰ ਨਹੀਂ |
| 23 | One lane closed | ikk beehee baNd | ਇੱਕ ਬੀਹੀ ਬੰਦ |
| 24 | One way | ikk paasarh rastaa | ਇੱਕ ਪਾਸੜ ਰਸਤਾ |
| 25 | Other way | dooje paase | ਦੂਜੇ ਪਾਸੇ |

| | Directions | dshaavaan | ਦਿਸ਼ਾਵਾਂ |
|---|---|---|---|
| 26 | Pedestrian crossing | piaadaa paar rastaa | ਪਿਆਦਾ ਪਾਰ ਰਸਤਾ |
| 27 | Right | sajje /sajjaa / sajjee | ਸੱਜੇ, ਸੱਜਾ, ਸੱਜੀ |
| 28 | Round about | churaahiaa | ਚੁਰਾਹਿਆ |
| 29 | Slow down | haulee ho jaao | ਹੌਲੀ ਹੋ ਜਾਓ |
| 30 | Slow down now | hunh haulee ho jaao | ਹੁਣ ਹੌਲੀ ਹੋ ਜਾਓ |
| 31 | South | dakhkhnh | ਦੱਖਣ |
| 32 | Speed | raftaar | ਰਫ਼ਤਾਰ |
| 33 | Straight | sidhdhaa /sidhdhe/ sidhdhee | ਸਿੱਧਾ, ਸਿੱਧੇ, ਸਿੱਧੀ |
| 34 | Switch off mobile | mobaail baNd rakhkho | ਮੋਬਾਇਲ ਬੰਦ ਰੱਖੋ |
| 35 | That way | us paase | ਉਸ ਪਾਸੇ |
| 36 | The Road ahead is closed | aggon sarhk baNd hai | ਅੱਗੋਂ ਸੜਕ ਬੰਦ ਹੈ |
| 37 | Third left turning | teejaa khabba morh | ਤੀਜਾ ਖੱਬਾ ਮੋੜ |
| 38 | This way | is paase | ਇਸ ਪਾਸੇ |
| 39 | Tiredness can kill | thakaavat maaroo hai | ਥਕਾਵਟ ਮਾਰੂ ਹੈ |
| 40 | To the left | khabbe paase | ਖੱਬੇ ਪਾਸੇ |
| 41 | To the right | sajje paase | ਸੱਜੇ ਪਾਸੇ |
| 42 | To turn | murhnaa | ਮੁੜਨਾ |
| 43 | Traffic light | traiphik battee | ਟਰੈਫਿਕ ਬੱਤੀ |
| 44 | Turning | morh | ਮੋੜ |
| 45 | Two lanes | do beeheeaan | ਦੋ ਬੀਹੀਆਂ |
| 46 | Up | uppar | ਉਪੱਰ |
| 47 | Watch your speed | raftaar vall dhiaan | ਰਫ਼ਤਾਰ ਵੱਲ ਧਿਆਨ |
| 48 | West | pachchm | ਪਛੱਮ |
| 49 | Wrong way | puthe paase, ghaltraah | ਪੁੱਠੇ ਪਾਸੇ, ਗਲਤ ਰਾਹ |
| 50 | You Can't miss it | tuseen khuNj naheen sakde | ਤੁਸੀਂ ਖੁੰਜ ਨਹੀਂ ਸਕਦੇ |

# Hobbies

| | Hobbies | shauk | ਸ਼ੌਕ |
|---|---|---|---|
| 1 | Collecting antiques | puraanheeaan vastaan ikkthaa karnaa | ਪੁਰਾਣੀਆਂ ਵਸਤਾਂ ਇੱਕਠਾ ਕਰਨਾ |
| 2 | Collecting coins | sikke ikkthaa karnaa | ਸਿੱਕੇ ਇੱਕਠਾ ਕਰਨਾ |
| 3 | Collecting spoons | chimche ikkthaa karnaa | ਚਿਮਚੇ ਇੱਕਠਾ ਕਰਨਾ |
| 4 | Collecting Stamps | tiktaan ikkthaa karnaa | ਟਿਕਟਾਂ ਇੱਕਠਾ ਕਰਨਾ |
| 5 | Cooking | khaanhaa pakaaunhaa | ਖਾਣਾ ਪਕਾਉਣਾ |
| 6 | Dancing | nachchnhaa | ਨੱਚਣਾ |
| 7 | Gardening | baagh baanee | ਬਾਗ਼ ਬਾਨੀ |
| 8 | Ice skating | baraf te rurh-h-naa | ਬਰਫ ਤੇ ਰੁੜ੍ਹਨਾ |
| 9 | Knitting | unn-nhaa | ਉੱਨਣਾ |
| 10 | Listening music | saNgeet sunhnaa | ਸੰਗੀਤ ਸੁਣਨਾ |
| 11 | Mountain climbing | pahaarh te charh-h-naa | ਪਹਾੜ ਤੇ ਚੜ੍ਹਨਾ |
| 12 | Painting | chitar kaari | ਚਿਤਰਕਾਰੀ |
| 13 | Photography | photographee | ਫੋਟੋਗਰਾਫੀ |
| 14 | Playing music | saaz vajaaunhe | ਸਾਜ਼ ਵਜਾਉਣੇ |
| 15 | Playing music | khednhaa | ਖੇਡਣਾ |
| 16 | Reading | parh-h-naa | ਪੜ੍ਹਨਾ |
| 17 | Riding | ghorh savaaree | ਘੋੜ ਸਵਾਰੀ |
| 18 | Singing | gaanhaa | ਗਾਣਾ |
| 19 | Solving crosswords | aar-paar bharne | ਆਰਪਾਰ ਭਰਨੇ |
| 20 | Swimming | tairnaa | ਤੈਰਨਾ |
| 21 | Taking part in games | khedaan vich hissaa lainhaa | ਖੇਡਾਂ ਵਿਚ ਹਿੱਸਾ ਲੈਣਾ |
| 22 | Voluntary work | nishkaam sevaa | ਨਿਸ਼ਕਾਮ ਸੇਵਾ |
| 23 | Walking | turnaa | ਤੁਰਨਾ |
| 24 | Watching aeroplanes | havaaeejahaazaan daa darshan | ਹਵਾਈ ਜਹਾਜ਼ਾਂ ਦਾ ਦਰਸ਼ਨ |
| 25 | Watching birds | paNcheeaan daa darshan | ਪੰਛੀਆਂ ਦਾ ਦਰਸ਼ਨ |
| 26 | Watching games | khedaan dekhnhaa | ਖੇਡਾਂ ਦੇਖਣਾ |
| 27 | Watching stars | taariaan de darshan | ਤਾਰਿਆਂ ਦਾ ਦਰਸ਼ਨ |
| 28 | Watching TV | door darshan dekhnhaa | ਦੂਰਦਰਸ਼ਨ ਦੇਖਣਾ |
| 29 | Writing | likhnhaa | ਲਿਖਣਾ |

# Furniture

| | **Furniture** | **farneechar** | **ਫ਼ਰਨੀਚਰ** |
|---|---|---|---|
| 1 | Almirah | almaaree | ਅਲਮਾਰੀ |
| 2 | Antimony container | surme daanee | ਸੁਰਮੇਦਾਨੀ |
| 3 | Bedspread | palaNghposh | ਪਲੰਘਪੋਸ਼ |
| 4 | Bedstead | palaNgh, maNjaa | ਪਲੰਘ, ਮੰਜਾ |
| 5 | Bench | bainch | ਬੈਂਚ |
| 6 | Carpet | daree | ਦਰੀ |
| 7 | Chair | kursee | ਕੁਰਸੀ |
| 8 | Chest of drawers | draazdaar petee | ਦਰਾਜ਼ਦਾਰ ਪੇਟੀ |
| 9 | Coffee table | kaafee mez | ਕਾਫੀ ਮੇਜ਼ |
| 10 | Cot | bachche dee maNjee | ਬੱਚੇ ਦੀ ਮੰਜੀ |
| 11 | Cradle | paNghoorhaa | ਪੰਘੂੜਾ |
| 12 | Cupboard/cabinet | almaaree | ਅਲਮਾਰੀ |
| 13 | Dais | takht posh | ਤਖ਼ਤ ਪੋਸ਼ |
| 14 | Desk | daisk | ਡੈਸਕ |
| 15 | Dining table | khaanh vaalaa mez | ਖਾਣ ਵਾਲਾ ਮੇਜ਼ |
| 16 | Divaan | deevaan | ਦੀਵਾਨ |
| 17 | Drawer | daraaz | ਦਰਾਜ਼ |
| 18 | Dressing Table | shiNgaar mez | ਸ਼ਿੰਗਾਰ ਮੇਜ਼ |
| 19 | Dust bin | koorhaa daan | ਕੂੜਾ ਦਾਨ |
| 20 | Easy chair | aaraam kursee | ਆਰਾਮ ਕੁਰਸੀ |
| 21 | Jewellery box | zevar dabbee | ਜ਼ੇਵਰ ਡੱਬੀ |
| 22 | Low armless chair | peehrhee | ਪੀਹੜੀ |
| 23 | Mirror | sheeshaa | ਸ਼ੀਸ਼ਾ |
| 24 | Mosquito net | machchar daanee | ਮੱਛਰਦਾਨੀ |
| 25 | Office table | daftaree mez | ਦਫ਼ਤਰੀ ਮੇਜ਼ |
| 26 | Pen holder | kalam daan | ਕਲਮ ਦਾਨ |
| 27 | Pram | bachchaa gaddee | ਬੱਚਾ ਗੱਡੀ |
| 28 | Safe | gallaa, surakhkhiaa petee, tijoree | ਗੱਲਾ, ਸੁਰੱਖਿਆ ਪੇਟੀ, ਤਿਜੋਰੀ |

| Furniture | | farneechar | ਫਰਨੀਚਰ |
|---|---|---|---|
| 29 | Settee/couch | saitee | ਸੈਟੀ |
| 30 | Shoe rack | jorhaa daan | ਜੋੜਾ ਦਾਨ |
| 31 | Small armless chair | chaunkee | ਚੌਂਕੀ |
| 32 | Soap Case | saban daanee | ਸਾਬਨਦਾਨੀ |
| 33 | Sofa | sofaa | ਸੋਫ਼ਾ |
| 34 | Stool | satool | ਸਟੂਲ |
| 35 | Table | mez | ਮੇਜ਼ |
| 36 | Teapoy | tirpaaee | ਤਿਰਪਾਈ |
| 37 | Trunk | saNdook | ਸੰਦੂਕ |
| 38 | Wardrobe | bastar almaaree | ਬਸਤਰ ਅਲਮਾਰੀ |

# Cosmetics

| | Cosmetics | haar shiNgaar | ਹਾਰ ਸ਼ਿੰਗਾਰ |
|---|---|---|---|
| 1 | Artificial nails | naklee nahuN | ਨਕਲੀ ਨਹੁੰ |
| 2 | Blusher | gulaalee | ਗੁਲਾਲੀ |
| 3 | Eye-liner | surmaa | ਸੁਰਮਾ |
| 4 | Forehead spot | biNdee | ਬਿੰਦੀ |
| 5 | Foundation cream | poch kareem | ਪੋਚ ਕਰੀਮ |
| 6 | Hair dye | vaalaan daa raNg | ਵਾਲਾਂ ਦਾ ਰੰਗ |
| 7 | Hair fixer | daarh-h-ee phikso | ਦਾੜ੍ਹੀ ਫਿਕਸੋ |
| 8 | Hair oil | kes tel | ਕੇਸ ਤੇਲ |
| 9 | Hair remover cream | baal saphaa kareem | ਬਾਲ ਸਫਾ ਕਰੀਮ |
| 10 | Henna | mahiNdee | ਮਹਿੰਦੀ |
| 11 | Lip stick | honth raNjak,<br>bullh rangNee, missee | ਹੋਂਠ ਰੰਜਕ,<br>ਬੁੱਲ੍ਹ ਰੰਗਨੀ, ਮਿੱਸੀ |
| 12 | Make up | shiNgaar | ਸ਼ਿੰਗਾਰ |
| 13 | Mascara | jhimnhee shiNgaar | ਝਿਮਣੀ ਸ਼ਿੰਗਾਰ |
| 14 | Nail polish remover | nahuN raNg utaar | ਨਹੁੰ ਰੰਗ ਉਤਾਰ |
| 15 | Nail-polish | nahuN paalish | ਨਹੁੰ ਪਾਲਿਸ਼ |
| 16 | Perfume | atar, phulel, khushboo | ਅਤਰ, ਫੁਲੇਲ, ਖੁਸ਼ਬੂ |
| 17 | Powder | paaoodar | ਪਾਊਡਰ |
| 18 | Razor blade | ustaraa | ਉਸਤਰਾ |
| 19 | Shampoo | shainpoo | ਸ਼ੈਂਪੂ |
| 20 | Skin cream | jild kareem | ਜਿਲਦ ਕਰੀਮ |
| 21 | Soap | saaban | ਸਾਬਨ |
| 22 | Tooth paste | daNd maNjan | ਦੰਦ ਮੰਜਨ |
| 23 | Tweezer | mochnaa | ਮੋਚਨਾ |
| 24 | Vermilion | saNdhoor | ਸੰਧੂਰ |
| 25 | Wig | naklee vaal | ਨਕਲੀ ਵਾਲ |

# Metals and Stones

| Metals and Precious stones | dhaat te keematee paththar | ਧਾਤ ਤੇ ਕੀਮਤੀ ਪਥੱਰ |
|---|---|---|
| 1 Aluminium | almeeneeam | ਅਲਮੀਨੀਅਮ |
| 2 Bell metal | kaansee | ਕਾਂਸੀ |
| 3 Brass | pittal | ਪਿੱਤਲ |
| 4 Bronze | kahiNaan | ਕਹਿੰਆਂ |
| 5 Chalcedony | paththar daa nag | ਪੱਥਰ ਦਾ ਨਗ |
| 6 Copper | taanbaa | ਤਾਂਬਾ |
| 7 Coral | mooNgaa | ਮੂੰਗਾ |
| 8 Diamonds | heere | ਹੀਰੇ |
| 9 Emerald | paNnaa | ਪੰਨਾ |
| 10 Gem | ratan | ਰਤਨ |
| 11 Gold | sonaa | ਸੋਨਾ |
| 12 Iron | lohaa | ਲੋਹਾ |
| 13 Lead | sikkaa | ਸਿੱਕਾ |
| 14 Mercury | paaraa | ਪਾਰਾ |
| 15 Opal | polkee | ਪੋਲਕੀ |
| 16 Pearls | motee | ਮੋਤੀ |
| 17 Platinium | plaateenam | ਪਲਾਟੀਨਮ |
| 18 Quartz | balaur | ਬਲੌਰ |
| 19 Ruby | roobee, maanhik | ਰੂਬੀ,ਮਾਣਿਕ |
| 20 Sapphire | neelam | ਨੀਲਮ |
| 21 Silver | chaandee | ਚਾਂਦੀ |
| 22 Steel | aspaat | ਅਸਪਾਤ |
| 23 Stone | nag | ਨਗ |
| 24 Tin | teen | ਟੀਨ |
| 25 Tin | kalee | ਕਲੀ |
| 26 Topaz | pukhraaj | ਪੁਖਰਾਜ |
| 27 Turcoise | pheerozaa | ਫੀਰੋਜ਼ਾ |

# Personal Identification

| | Personal Identification | nijjee shanaakhat | ਨਿੱਜੀ ਸ਼ਨਾਖ਼ਤ |
|---|---|---|---|
| 1 | Adult | baalag | ਬਾਲਗ |
| 2 | Age | umar, aayoo | ਉਮਰ, ਆਯੂ |
| 3 | Bad habit | maarhee aadat | ਮਾੜੀ ਆਦਤ |
| 4 | Beautiful | sohnhee | ਸੋਹਣੀ |
| 5 | Birthday | janam din | ਜਨਮ ਦਿਨ |
| 6 | Blind | aNnaa | ਅੰਨਾ |
| 7 | Boy | larhkaa,muNdaa | ਲੜਕਾ,ਮੁੰਡਾ |
| 8 | Boyhood | larhkpanh | ਲੜਕਪਣ |
| 9 | Bride | doolanh | ਦੂਲਣ |
| 10 | Bridegroom | doolaa | ਦੂਲਾ |
| 11 | Carefree | albelaa | ਅਲਬੇਲਾ |
| 12 | Caste | zaat | ਜ਼ਾਤ |
| 13 | Child | bachchaa | ਬੱਚਾ |
| 14 | Childhood | bachpanhaa | ਬਚਪਣਾ |
| 15 | Childless | beulaad | ਬੇਉਲਾਦ |
| 16 | Client | mavakkal | ਮਵੱਕਲ |
| 17 | Colour of eyes | akhkhaan daa raNg | ਅੱਖਾਂ ਦਾ ਰੰਗ |
| 18 | Colour of hair | vaalaan daa raNg | ਵਾਲਾਂ ਦਾ ਰੰਗ |
| 19 | Creditor | karz khavaah | ਕਰਜ਼ ਖਵਾਹ |
| 20 | Customer | gaahak | ਗਾਹਕ |
| 21 | Deaf | bolaa | ਬੋਲਾ |
| 22 | Debtor | makrooz, karzaaee | ਮਕਰੂਜ਼, ਕਰਜ਼ਾਈ |
| 23 | defender | mudaalaa | ਮੁੱਦਾਲਾ |
| 24 | Disappointed | niraash | ਨਿਰਾਸ਼ |
| 25 | Dishonest | beeemaan | ਬੇਈਮਾਨ |
| 26 | Driver | saNchaalak | ਸੰਚਾਲਕ |

| | Personal Identification | nijjee shanaakhat | ਨਿੱਜੀ ਸ਼ਨਾਖ਼ਤ |
|---|---|---|---|
| 27 | Dumb | gooNgaa | ਗੂੰਗਾ |
| 28 | Ease loving | aaraam talab | ਆਰਾਮ ਤਲਬ |
| 29 | Education | vidiaa | ਵਿਦਿਆ |
| 30 | Family name | got | ਗੋਤ |
| 31 | Fat | motaa | ਮੋਟਾ |
| 32 | Fatalist | bhaagvaadee | ਭਾਗਵਾਦੀ |
| 33 | Father's name | pitaa daa naam | ਪਿਤਾ ਦਾ ਨਾਮ |
| 34 | Faultless | beaib | ਬੇਐਬ |
| 35 | Favourite food | man pasaNd khaanhaa | ਮਨ ਪਸੰਦ ਖਾਣਾ |
| 36 | Favourite game | man pasaNd khed | ਮਨ ਪਸੰਦ ਖੇਡ |
| 37 | Favourite team | man pasaNd teem | ਮਨ ਪਸੰਦ ਟੀਮ |
| 38 | Female | istree | ਇਸਤਰੀ |
| 39 | Feminine charmer | apchchraa | ਅੱਪਛਰਾ |
| 40 | Foreigner | pardesee | ਪਰਦੇਸੀ |
| 41 | Friend | dost | ਦੋਸਤ |
| 42 | Girl | larhkee, kurhee | ਲੜਕੀ, ਕੁੜੀ |
| 43 | Good habit | chaNgee aadat | ਚੰਗੀ ਆਦਤ |
| 44 | Grieved | sogvaan | ਸੋਗਵਾਨ |
| 45 | Guide | pathpardarshak | ਪਥਪਰਦਰਸ਼ਕ |
| 46 | Handsome | sohnhaa | ਸੋਹਣਾ |
| 47 | Haunch back | kubbaa | ਕੁੱਬਾ |
| 48 | Height | kadd | ਕੱਦ |
| 49 | Helpless | bekas | ਬੇਕਸ |
| 50 | Hobby | shauk | ਸ਼ੌਕ |
| 51 | Honourable | patvaNtaa | ਪਤਵੰਤਾ |
| 52 | Impatient | besabar | ਬੇਸਬਰ |
| 53 | Infant | shishshoo | ਸ਼ਿੱਸ਼ੂ |

| | Personal Identification | nijjee shanaakhat | ਨਿੱਜੀ ਸ਼ਨਾਖ਼ਤ |
|---|---|---|---|
| 54 | Intellectual | budhdheejeevee | ਬੁੱਧੀ ਜੀਵੀ |
| 55 | Lame | laNgrhaa | ਲੰਗੜਾ |
| 56 | Leaseholder | patedaar | ਪਟੇਦਾਰ |
| 57 | Lucky | bhaagshaalee | ਭਾਗਸ਼ਾਲੀ |
| 58 | Maiden name | pekaa naam | ਪੇਕਾ ਨਾਮ |
| 59 | Male | marad | ਮਰਦ |
| 60 | Man | aadmee | ਆਦਮੀ |
| 61 | Man / woman | pursh /istree | ਪੁਰਸ਼ / ਇਸਤਰੀ |
| 62 | Mannerless | beadab | ਬੇਅਦਬ |
| 63 | Marriageable | viaahunh yog | ਵਿਆਹੁਣ ਯੋਗ |
| 64 | Married | viaahiaa hoiaa | ਵਿਆਹਿਆ ਹੋਇਆ |
| 65 | Martyr | shaheed | ਸ਼ਹੀਦ |
| 66 | Materialist | padaarthvaadee | ਪਦਾਰਥਵਾਦੀ |
| 67 | Middle aged | adherh umar | ਅਧੇੜ ਉਮਰ |
| 68 | Mother's name | maataa daa naam | ਮਾਤਾ ਦਾ ਨਾਮ |
| 69 | Name | naam | ਨਾਮ |
| 70 | Nation | kaum | ਕੌਮ |
| 71 | Nationality | kaumeeat | ਕੌਮੀਅਤ |
| 72 | Neighbour | gavaandee | ਗਵਾਂਡੀ |
| 73 | Non-vegetarian | maasaahaaree | ਮਾਸਾਹਾਰੀ |
| 74 | Nubile girl | viaahunh yog kurhee | ਵਿਆਹੁਣ ਯੋਗ ਕੁੜੀ |
| 75 | Old man | budhdhee | ਬੁੱਢਾ |
| 76 | Old woman | budhdhee | ਬੁੱਢੀ |
| 77 | One eyed | kaanhaa | ਕਾਣਾ |
| 78 | One without a beard | khodaa | ਖੋਦਾ |
| 79 | Organiser | parbaNdhak | ਪਰਬੰਧਕ |
| 80 | Orphan | yateem | ਯਤੀਮ |

| | Personal Identification | nijjee shanaakhat | ਨਿੱਜੀ ਸ਼ਨਾਖ਼ਤ |
|---|---|---|---|
| 81 | Panjabi | paNjab ton viaktee | ਪੰਜਾਬ ਤੋਂ ਵਿਅਕਤੀ |
| 82 | Partner | shareek | ਸ਼ਰੀਕ |
| 83 | Passenger | musaafar | ਮੁਸਾਫ਼ਰ |
| 84 | Patient | rogee | ਰੋਗੀ |
| 85 | Place of birth | janam asthaan | ਜਨਮ ਅਸਥਾਨ |
| 86 | Plaintiff | muddee | ਮੁੱਦਈ |
| 87 | Pupil | shagird | ਸ਼ਗਿਰਦ |
| 88 | Pur blind | chuNnaa | ਚੁੰਨਾ |
| 89 | Reformer | sodhvaadee | ਸੋਧਵਾਦੀ |
| 90 | Religion | dharm / mazhab | ਧਰਮ, ਮਜ਼੍ਹਬ |
| 91 | Servant | naukar | ਨੌਕਰ |
| 92 | Shameless person | bharhooaa | ਭੜੂਆ |
| 93 | Shoe Size | juttee daa naap | ਜੁੱਤੀ ਦਾ ਨਾਪ |
| 94 | Sinner | patit | ਪਤਿਤ |
| 95 | Slim | patlaa | ਪਤਲਾ |
| 96 | Smart | pataako | ਪਟਾਕੋ |
| 97 | Speaker | bulaaraa | ਬੁਲਾਰਾ |
| 98 | Spouse name | patnee/patee daa naam | ਪਤਨੀ/ਪਤੀ ਦਾ ਨਾਮ |
| 99 | Squint eyed | bhaingaa | ਭੈਂਗਾ |
| 100 | Stamerer | thaththlaa | ਥੱਥਲਾ |
| 101 | Strong | mazboot | ਮਜ਼ਬੂਤ |
| 102 | Stutterer | totlaa | ਤੋਤਲਾ |
| 103 | Terrorist | attvaadee | ਅੱਤਵਾਦੀ |
| 104 | Terror-struck | khaufzadaa | ਖ਼ੌਫ਼ਜ਼ਦਾ |
| 105 | Traveller | musaafar | ਮੁਸਾਫਰ |
| 106 | Unattached | nirlep | ਨਿਰਲੇਪ |
| 107 | Unfortunate | bhaagheenh | ਭਾਗਹੀਣ |

| Personal Identification | nijjee shanaakhat | ਨਿੱਜੀ ਸ਼ਨਾਖ਼ਤ |
|---|---|---|
| 108 Unmarried | kaNvaaraa | ਕੰਵਾਰਾ |
| 109 Vegetarian | saakaahaaree | ਸਾਕਾਹਾਰੀ |
| 110 Visitor | darshak | ਦਰਸ਼ਕ |
| 111 Weak | kamzor | ਕਮਜ਼ੋਰ |
| 112 Weight | bhaar | ਭਾਰ |
| 113 Wicked | buriaar | ਬੁਰਿਆਰ |
| 114 Widow | bevaa, vidhvaa | ਬੇਵਾ, ਵਿਧਵਾ |
| 115 Widower | raNdvaa | ਰੰਡਵਾ |
| 116 Witness | gavaah | ਗਵਾਹ |
| 117 Woman | aurat | ਔਰਤ |
| 118 Young man | naujuaan | ਨੌਜੁਆਨ |
| 119 Youth | juaanee | ਜੁਆਨੀ |

# Subjects

| | Subjects | mazmoon | ਮਜ਼ਮੂਨ |
|---|---|---|---|
| 1 | Accounts | hisaab kitaab | ਹਿਸਾਬ ਕਿਤਾਬ |
| 2 | Anthropology | manukhkhee sabhiataa daa adhiain | ਮਨੁੱਖੀ ਸਭਿਅਤਾ ਦਾ ਅਧਿਐਨ |
| 3 | Archaeology | puraanheeaan vastooaan daa adhiain | ਪੁਰਾਣੀਆਂ ਵਸਤੂਆਂ ਦਾ ਅਧਿਐਨ |
| 4 | Art | kalaa | ਕਲਾ |
| 5 | Astrology | jotash vidiaa | ਜੋਤਸ਼ ਵਿਦਿਆ |
| 6 | Biology | jeev vigiaan | ਜੀਵ ਵਿਗਿਆਨ |
| 7 | Botany | banaaspatee vigiaan | ਬਨਾਸਪਤੀ ਵਿਗਿਆਨ |
| 8 | Business Studies | vapaarik adhiain | ਵਪਾਰਿਕ ਅਧਿਐਨ |
| 9 | Chemistry | rasaain shaastar | ਰਸਾਇਨ ਸ਼ਾਸਤਰ |
| 10 | Domestic Science | grhi vigiaan | ਗ੍ਰਹਿ ਵਿਗਿਆਨ |
| 11 | Economics | arth shaastar | ਅਰਥ ਸ਼ਾਸਤਰ |
| 12 | English | aNgrezee | ਅੰਗਰੇਜ਼ੀ |
| 13 | Entamology | keerhe makaurhiaan daa adhiain | ਕੀੜੇ ਮਕੌੜਿਆਂ ਦਾ ਅਧਿਐਨ |
| 14 | Entymology | bhaashaa vigiaan | ਭਾਸ਼ਾ ਵਿਗਿਆਨ |
| 15 | Geography | bhoogol | ਭੂਗੋਲ |
| 16 | Geology | bhoo vigiaan | ਭੂ ਵਿਗਿਆਨ |
| 17 | Geometry | rekhaa ganhit | ਰੇਖਾ ਗਣਿਤ |
| 18 | History | itihaas | ਇਤਿਹਾਸ |
| 19 | Language | bhaashaa | ਭਾਸ਼ਾ |
| 20 | Law | kaanooNn | ਕਾਨੂੰਨ |
| 21 | Maths | hisaab | ਹਿਸਾਬ |
| 22 | Medicine | aushdhee | ਔਸ਼ਧੀ |
| 23 | Music | mauseekee | ਮੌਸੀਕੀ |
| 24 | Painting | chittar kalaa | ਚਿੱਤਰ ਕਲਾ |

| Subjects | mazmoon | ਮਜ਼ਮੂਨ |
|----------|---------|--------|
| 25 Phenology | dhunee parbaNdh | ਧੁਨੀ ਪਰਬੰਧ |
| 26 Philology | bhaashaa vikaas adhiain | ਭਾਸ਼ਾ ਵਿਕਾਸ ਅਧਿਐਨ |
| 27 Philosophy | darshan | ਦਰਸ਼ਨ |
| 28 Physical education | sareerak vidiaa | ਸਰੀਰਕ ਵਿਦਿਆ |
| 29 Physics | padaarth vigiaan | ਪਦਾਰਥ ਵਿਗਿਆਨ |
| 30 Politics | raajneetee shaastar | ਰਾਜਨੀਤੀ ਸ਼ਾਸਤਰ |
| 31 Psychology | manovigiaan | ਮਨੋਵਿਗਿਆਨ |
| 32 Religious education | dharmik vidiaa | ਧਾਰਮਿਕ ਵਿਦਿਆ |
| 33 Science | vigiaan | ਵਿਗਿਆਨ |
| 34 Sociology | smaajik adhiain | ਸਮਾਜਿਕ ਅਧਿਐਨ |
| 35 Taxonomy | vargee karan | ਵਰਗੀ ਕਰਨ |
| 36 Theology | dharam shaastar | ਧਰਮ ਸ਼ਾਸਤਰ |
| 37 Zoology | pashoo vigiaan | ਪਸ਼ੂ ਵਿਗਿਆਨ |

# Sikh religious terms

| Sikh religion | sikhkh <u>dh</u>aram | ਸਿੱਖ ਧਰਮ |
|---|---|---|
| 1 A group of hymn singers | kee<u>rt</u>anee ja<u>thth</u>aa | ਕੀਰਤਨੀ ਜੱਥਾ |
| 2 A group of people sitting in a row for a free community kitchen | pa<u>N</u>ga<u>t</u> | ਪੰਗਤ |
| 3 A musical rendering | kee<u>rt</u>an | ਕੀਰਤਨ |
| 4 A Political party of the Sikhs | sharomanhee <u>a</u>kaalee <u>d</u>al | ਸ਼੍ਰੋਮਣੀ ਅਕਾਲੀ ਦਲ |
| 5 Amritsar (sacred Sikh city) | a<u>N</u>mri<u>t</u>sar | ਅੰਮ੍ਰਿਤਸਰ |
| 6 An uninterrupted reading of the Guru Granth Sahib | akha<u>N</u>d paath | ਅੰਖਡ ਪਾਠ |
| 7 Atheist | naas<u>t</u>ak | ਨਾਸਤਕ |
| 8 The writings of Guru Granth Sahib | baanhee | ਬਾਣੀ |
| 9 Bracelet | karhaa | ਕੜਾ |
| 10 Charity money box | golak | ਗੋਲਕ |
| 11 Comb | ka<u>N</u>ghaa | ਕੰਘਾ |
| 12 Congregation | sa<u>N</u>gat | ਸੰਗਤ |
| 13 Devoted to God | <u>a</u>kaalee | ਅਕਾਲੀ |
| 14 Devotee | bhaga<u>t</u> | ਭਗਤ |
| 15 Devotion to God | bhag<u>t</u>ee | ਭਗਤੀ |
| 16 A festival of liberation connected with 6th guru | Diwali | ਬੰਦੀ ਛੋੜ ਦਿਵਸ |
| 17 Ego centred person | manmukh | ਮਨਮੁਖ |
| 18 Fair | melaa | ਮੇਲਾ |
| 19 Festival of creation of Khalsa | visaakhee | ਵਿਸਾਖੀ |
| 20 Festival related to Guru | gurpurb | ਗੁਰਪੁਰਬ |
| 21 Five basic elements | pa<u>N</u>j <u>t</u>att | ਪੰਜ ਤੱਤ |
| 22 Five practices of yoga | pa<u>N</u>j mudraa | ਪੰਜ ਮੁਦਰਾ |
| 23 Five Sikh symbols | pa<u>N</u>jkakaar | ਪੰਜ ਕਕਾਰ |
| 24 Four verses of a sikh wedding | laavaa<u>n</u> | ਲਾਵਾਂ |
| 25 Free community kitchen | la<u>N</u>gar | ਲੰਗਰ |

| | Sikh religion | sikhkh dharam | ਸਿੱਖ ਧਰਮ |
|---|---|---|---|
| 26 | God remembrance | simran | ਸਿਮਰਨ |
| 27 | Golden Temple | darbaar saahib | ਦਰਬਾਰ ਸਾਹਿਬ |
| 28 | Grace | kirpaa | ਕਿਰਪਾ |
| 29 | Guru's decision | gurmataa | ਗੁਰਮਤਾ |
| 30 | Guru's teaching | gurma(i)t | ਗੁਰਮਤਿ |
| 31 | Hair | kes | ਕੇਸ |
| 32 | Hell | narak | ਨਰਕ |
| 33 | His Will | hukam | ਹੁਕਮ |
| 34 | Holy man | baabaa | ਬਾਬਾ |
| 35 | Holy pudding (sanctified food) | karhaah parshaad | ਕੜਾਹ ਪਰਸ਼ਾਦ |
| 36 | Holy water | aNmrit | ਅੰਮ੍ਰਿਤ |
| 37 | Kettle drum | nagaaraa | ਨਗਾਰਾ |
| 38 | Lord (The honorific word) | saahib | ਸਾਹਿਬ |
| 39 | Mammade fibres embedded in a handle | chaur | ਚੌਰ |
| 40 | Member of the Khalsa | aNmritdhaaree | ਅੰਮ੍ਰਿਤਧਾਰੀ |
| 41 | Mini Bath - washing of five limbs face, both hands and feet. | paNj ishnaan (washing of mooNh, donon hathth te donon pair) | ਪੰਜ ਇਸ਼ਨਾਨ: ਮੂੰਹ, ਦੋਨੋਂ ਹੱਥ ਤੇ ਦੋਨੋਂ ਪੈਰ ਧੋਣੇ |
| 42 | Musical measure | raag | ਰਾਗ |
| 43 | Name for God | akaal purkh | ਅਕਾਲ ਪੁਰਖ |
| 44 | Naming ceremony | naam karan | ਨਾਮ ਕਰਨ |
| 45 | One of the names of God | vaahiguroo | ਵਾਹਿਗੁਰੂ |
| 46 | One of the supreme religious thrones | akaal takhat | ਅਕਾਲ ਤਖ਼ਤ |
| 47 | One tenth of the earnings | dasvaNdh | ਦਸਵੰਧ |
| 48 | Pair of shorts | kachhiraa | ਕਛਹਿਰਾ |
| 49 | Panjab | Bhaarat daa ikk praant | ਭਾਰਤ ਦਾ ਇਕ ਪਰਾਂਤ |
| 50 | Panjabi | Bhaarat dee ikk bolee | ਭਾਰਤ ਦੀ ਇੱਕ ਬੋਲੀ |

| Sikh religion | sikhkh dharam | ਸਿੱਖ ਧਰਮ |
|---|---|---|
| 51 Panjabi female dance | gidhdhaa | ਗਿੱਧਾ |
| 52 Panjabi male dance | bhaNgrhaa | ਭੰਗੜਾ |
| 53 Paradise | savarag | ਸਵਰਗ |
| 54 Pondering | veechaar | ਵੀਚਾਰ |
| 55 Priest | graNthee | ਗ੍ਰੰਥੀ |
| 56 Prosperity | ridhdhee | ਰਿੱਧੀ |
| 57 Reading of Scripture or doing daily prayer | paath | ਪਾਠ |
| 58 Religious assembly | deevaan | ਦੀਵਾਨ |
| 59 Religious Inn | dharam shaalaa | ਧਰਮਸ਼ਾਲਾ |
| 60 Religious procession | nagar keertan | ਨਗਰ ਕੀਰਤਨ |
| 61 Religious teacher | guroo | ਗੁਰੂ |
| 62 Religious voluntary work | Nishkaam sevaa | ਨਿਸ਼ਕਾਮ ਸੇਵਾ |
| 63 Sacred food | sarovar | ਸਰੋਵਰ |
| 64 Sacred place | teerath | ਤੀਰਥ |
| 65 Saint | saNt | ਸੰਤ |
| 66 Salvation | muktee | ਮੁਕਤੀ |
| 67 Sikh festival | sikhkh tiuhaar | ਸਿੱਖ ਤਿਉਹਾਰ |
| 68 Sikh greetings (True creator) | sa(i)t kartar | ਸਤਿ ਕਰਤਾਰ |
| 69 Sikh greetings (Truth is timeless) | sa(i)t sree akaal | ਸਤਿ ਸ੍ਰੀ ਅਕਾਲ |
| 70 Sikh scripture | aa(i)d graNth, guroo graNth saahib | ਆਦਿ ਗ੍ਰੰਥ, ਗੁਰੂ ਗ੍ਰੰਥ ਸਾਹਿਬ |
| 71 Sikh women's turban | keskee | ਕੇਸਕੀ |
| 72 Sikhs place of worship | gurduaaraa | ਗੁਰਦੁਆਰਾ |
| 73 Small prayer book | gutkaa | ਗੁਟਕਾ |
| 74 Soul | aatmaa | ਆਤਮਾ |

| Sikh religion | sikhkh dharam | ਸਿੱਖ ਧਰਮ |
|---|---|---|
| 75 Special prayer (performed while standing) | ardaas | ਅਰਦਾਸ |
| 76 Success | sidhdhee | ਸਿੱਧੀ |
| 77 Suffering | dukhkh | ਦੁੱਖ |
| 78 Supreme God | parmaatmaa | ਪਰਮਾਤਮਾ |
| 79 Sword | kirpaan | ਕਿਰਪਾਨ |
| 80 The collective name of followers of sikh faith | paNth | ਪੰਥ |
| 81 The committee which manages the Sikh temples | shromanhee gurduaara parbNdhak kametee | ਸ਼੍ਰੋਮਣੀ ਗੁਰਦੁਆਰਾ ਪ੍ਰਬੰਧਕ ਕਮੇਟੀ |
| 82 The community of initiated sikhs | khaalsaa | ਖਾਲਸਾ |
| 83 The conclusion of reading the Guru Granth Sahib | bhog | ਭੋਗ |
| 84 The five beloved ones | paNj piaare | ਪੰਜ ਪਿਆਰੇ |
| 85 The five relatives - father, mother, husband/wife, son/daughter, brother/sister | paNj sabaNdhee : pitaa, maataa, patee/patnee, puttar/dhee, bhainh/bharaa | ਪੰਜ ਸਬੰਧੀ: ਪਿਤਾ, ਮਾਤਾ, ਪਤੀ/ਪਤਨੀ, ਪੁੱਤਰ/ਧੀ, ਭੈਣ/ਭਰਾ |
| 86 The five sacred daily prayers | nitnem deeaan paNj baanheeaan | ਨਿਤਨੇਮ ਦੀਆਂ ਪੰਜ ਬਾਣੀਆਂ |
| 87 The five seats of Sikh authority | paNj takhat | ਪੰਜ ਤਖਤ |
| 88 The five sensory organs nose, ears, eyes, mouth & skin | paNj giaan iNdre nakk, kaNn, akhkhaan, mooNh te chamrhee | ਪੰਜ ਗਿਆਨ ਇੰਦਰੇ ਨੱਕ, ਕੰਨ, ਅੱਖਾਂ, ਮੂੰਹ ਤੇ ਚਮੜੀ |
| 89 The five vices - Lust, Wrath, Avarice, Attachment, Ego | paNj vikaar - kaam, karodh lobh, muh, haNhaar | ਪੰਜ ਵਿਕਾਰ – ਕਾਮ , ਕਰੋਧ, ਲੋਭ, ਮੁਹ, ਹੰਕਾਰ |

| | Sikh religion | sikhkh dharam | ਸਿੱਖ ਧਰਮ |
|---|---|---|---|
| 90 | The five virtues - truth, contentment, compassion, righteousness, patience | paNj shubhgunh: sa(i)t, saNtokh, daiaa, dharam, dheeraj | ਪੰਜ ਸ਼ੁਭਗੁਣ: ਸਤਿ, ਸੰਤੋਖ, ਦਇਆ, ਧਰਮ, ਧੀਰਜ |
| 91 | The four sons of Guru Gobind Singh ji | four saahibzaade | ਚਾਰ ਸਾਹਿਬਜ਼ਾਦੇ |
| 92 | The fundamental Holy Hymn | mool maNtar | ਮੂਲ ਮੰਤਰ |
| 93 | The political and economic power | dgh tgh fathi | ਦੇਗ ਤੇਗ ਫ਼ਤਹਿ |
| 94 | The region of Panjab between River Sutluj and Hariyana | maalvaa | ਮਾਲਵਾ |
| 95 | The region of Panjab between River Sutluj and Bias | doaabaa | ਦੁਆਬਾ |
| 96 | The region of Panjab between Pakistan and River Bias | maajhaa | ਮਾਝਾ |
| 97 | The religious name of all female sikhs | Kaur | ਕੌਰ |
| 98 | The religious name of all male sikhs | SiNgh | ਸਿੰਘ |
| 99 | The Sikh flag | nishaan saahib | ਨਿਸ਼ਾਨ ਸਾਹਿਬ |
| 100 | The Sikh insignia | khaNdaa | ਖੰਡਾ |
| 101 | The walking around religious place/sacred pool | parkarma | ਪਰਕਰਮਾ |
| 102 | Timeless | akaal | ਅਕਾਲ |
| 103 | Wedding | aNad kaaraj | ਅਨੰਦਕਾਰਜ |
| 104 | Wooden sword game | gatkaa | ਗਤਕਾ |

# General conversation

| | General conversation | aam bol chaal | ਆਮ ਬੋਲ ਚਾਲ |
|---|---|---|---|
| 1 | Ask his /her name | us daa naam puchcho | ਉਸ ਦਾ ਨਾਮ ਪੁੱਛੋ |
| 2 | Be punctual | samen de paabaNdh ravo | ਸਮੇਂ ਦੇ ਪਾਬੰਧ ਰਵੋ |
| 3 | Be quick | chetee karo | ਛੇਤੀ ਕਰੋ |
| 4 | Believe me | yakeen karo | ਯਕੀਨ ਕਰੋ |
| 5 | Beware | khabardaar | ਖ਼ਬਰਦਾਰ |
| 6 | Bye bye | rabb rakhkha , aakaal sahaae, khudaa haafiz | ਰੱਬ ਰਾਖਾ, ਅਕਾਲ ਸਹਾਇ, ਖੁਦਾ ਹਾਫਿਜ਼ |
| 7 | Can I help you? | kee main tuhaadee koee sahaita kar sakdaa/sakdee haan? | ਕੀ ਮੈਂ ਤੁਹਾਡੀ ਕੋਈ ਸਹਾਇਤਾ ਕਰ ਸਕਦਾ/ਸਕਦੀ ਹਾਂ? |
| 8 | Clean it | saaf kar | ਸਾਫ਼ ਕਰ |
| 9 | Come back soon | jaldee vaapas aaunhaa | ਜਲ਼ਦੀ ਵਾਪਸ ਆਉਣਾ |
| 10 | Come here | idhdhar aao | ਇੱਧਰ ਆਓ |
| 11 | Congratulations | vadhaaeeaan | ਵਧਾਈਆਂ |
| 12 | Do try again | phir jatan karo | ਫਿਰ ਜਤਨ ਕਰੋ |
| 13 | Don’t be formal | takkalaf naa karo | ਤੱਕਲ਼ਫ ਨਾ ਕਰੋ |
| 14 | Don’t panic | ghabraao naheen, | ਘਬਰਾਓ ਨਹੀਂ |
| 15 | Don't worry | phikar naa karo | ਫਿਕਰ ਨਾ ਕਰੋ |
| 16 | Don't disturb | vighan naa paao | ਵਿਘਨ ਨਾ ਪਾਓ |
| 17 | Don't drink & drive | sharaab pee ke gaddee naa chalaao | ਸ਼ਰਾਬ ਪੀ ਕੇ ਗੱਡੀ ਨਾ ਚਲਾਓ |
| 18 | Don't forget | bhullnhaa naa | ਭੁੱਲਣਾ ਨਾ |
| 19 | Don't interrupt | toko naa | ਟੋਕੋ ਨਾ |
| 20 | Don't let me down | mainooN neevaan naa kareen | ਮੈਨੂੰ ਨੀਵਾਂ ਨਾ ਕਰੀਂ |
| 21 | Drive slowly | gaddee haulee chalaao | ਗੱਡੀ ਹੌਲੀ ਚਲਾਓ |
| 22 | Excuse me | khimaa karnaa | ਖਿਮਾ ਕਰਨਾ |
| 23 | Fine / alright | theek hai | ਠੀਕ ਹੈ |
| 24 | Follow me | mere pichche aao | ਮੇਰੇ ਪਿੱਛੇ ਆਓ |

| | General conversation | aam bol chaal | ਆਮ ਬੋਲ ਚਾਲ |
|---|---|---|---|
| 25 | Forget it | bas rahinh devo, gall khatm, bhull jaao | ਬਸ ਰਹਿਣ ਦੇਵੋ, ਗੱਲ ਖਤਮ, ਭੁਲ ਜਾਓ |
| 26 | Get lost | daphaa ho jaa | ਦਫਾ ਹੋ ਜਾ |
| 27 | Go down | thalle jaao | ਥੱਲੇ ਜਾਓ |
| 28 | Go up | uppar jaao | ਉੱਪਰ ਜਾਓ |
| 29 | Good bye | sat(i) sree akaal, rabb raakhaa | ਸਤਿ ਸ੍ਰੀ ਅਕਾਲ, ਰੱਬ ਰਾਖਾ |
| 30 | Hello | sat(i) sree akaal | ਸਤਿ ਸ੍ਰੀ ਅਕਾਲ |
| 31 | Hire a taxi | taiksee karo | ਟੈਕਸੀ ਕਰੋ |
| 32 | How are you? | teraa kee haal e? tuhaadaa kee haal hai? | ਤੇਰਾ ਕੀ ਹਾਲ ਏ? ਤੁਹਾਡਾ ਕੀ ਹਾਲ ਹੈ? |
| 33 | How are you feeling now? | tuseen hunh kiven ho? | ਤੁਸੀਂ ਹੁਣ ਕਿਵੇਂ ਹੋ? |
| 34 | Hurry up | phataa phat karo | ਫਟਾ ਫਟ ਕਰੋ |
| 35 | I am fine / quite alright | main bilkul theek haan | ਮੈਂ ਬਿਲਕੁਲ ਠੀਕ ਹਾਂ |
| 36 | I am sorry | mainooN khed hai | ਮੈਨੂੰ ਖੇਦ ਹੈ |
| 37 | It does not matter | koee gall naheen | ਕੋਈ ਗੱਲ ਨਹੀਂ |
| 38 | It is very cold today | ajj bahut thaNd hai | ਅੱਜ ਬਹੁਤ ਠੰਡ ਹੈ |
| 39 | Just Listen | zaraa sunho, sunh, sunheen, sunhnaa | ਜ਼ਰਾ ਸੁਣੋ, ਸੁਣ, ਸੁਣੀਂ, ਸੁਣਨਾ |
| 40 | Keep to the left | khabbe hathth chalo | ਖੱਬੇ ਹੱਥ ਚਲੋ |
| 41 | Leave me alone! | mainooN naveklaa rahinh devo | ਮੈਨੂੰ ਨਵੇਕਲਾ ਰਹਿਣ ਦੇਵੋ |
| 42 | Let him/her go | is nooN jaanh devo | ਇਸ ਨੂੰ ਜਾਣ ਦੇਵੋ |
| 43 | Look ahead | saahmanhe dekho | ਸਾਹਮਣੇ ਦੇਖੋ |
| 44 | Look forward to seeing you | tuhaanooN milnh dee udeek vich | ਤੁਹਾਨੂੰ ਮਿਲਣ ਦੀ ਉਡੀਕ ਵਿਚ |
| 45 | Look here | idhdhar dekho | ਇੱਧਰ ਦੇਖੋ |
| 46 | May I ask your name please? | kee main aap jee daa naam puchch sakdaa / sakdee haan? | ਕੀ ਮੈਂ ਆਪ ਜੀ ਦਾ ਨਾਮ ਪੱਛ ਸਕਦਾ / ਸਕਦੀ ਹਾਂ? |
| 47 | Mind your own business | toon aapnhaa kaNm kar | ਤੂੰ ਆਪਣਾ ਕੰਮ ਕਰ |

| General conversation | aam bol chaal | ਆਮ ਬੋਲ ਚਾਲ |
|---|---|---|
| 48 My apologies | khimaa parvaan karo | ਖਿਮਾ ਪਰਵਾਨ ਕਰੋ |
| 49 Never mind | koee gall naheen, phir kee hoiaa, buraa naa manaao, chaddo paraan | ਕੋਈ ਗੱਲ ਨਹੀਂ, ਫਿਰ ਕੀ ਹੋਇਆ, ਬੁਰਾ ਨਾ ਮਨਾਓ, ਛੱਡੋ ਪਰਾਂ |
| 50 No | naheen | ਨਹੀਂ |
| 51 No (formal) | naheen jee | ਨਹੀਂ ਜੀ |
| 52 No parking please | iththe gaddeeaan kharheeaan naa karo | ਇੱਥੇ ਗੱਡੀਆਂ ਖੜੀਆਂ ਨਾ ਕਰੋ |
| 53 Note this down | is noon likh lao | ਇਸ ਨੂੰ ਲਿਖ ਲਓ |
| 54 Nothing | kujh naheen | ਕੁਝ ਨਹੀਂ |
| 55 O.K. | achchaa jee, chaNga jee | ਅੱਛਾ ਜੀ, ਚੰਗਾ ਜੀ |
| 56 Please | mihar baanee / kirpaa | ਮਿਹਰਬਾਨੀ / ਕਿਰਪਾ |
| 57 Please call again | phir vee aaunhaa | ਫਿਰ ਵੀ ਆਉਣਾ |
| 58 Please clean it properly | miharbaanee karke chaNgee tar-h-aan saaf karo | ਮਿਹਰਬਾਨੀ ਕਰ ਕੇ ਚੰਗੀ ਤਰ੍ਹਾਂ ਸਾਫ਼ ਕਰੋ |
| 59 Please listen | sunho jee, kirpaa karke sunho jee | ਸੁਣੋ ਜੀ, ਕਿਰਪਾ ਕਰਕੇ ਸੁਣੋ ਜੀ |
| 60 Please sign it here | kirpaa kar ke iththe daskhat karo | ਇੱਥੇ ਦਸਖ਼ਤ ਕਰੋ |
| 61 Please sit down | kirpaa karke baitho jee | ਕਿਰਪਾ ਕਰਕੇ ਬੈਠੋ ਜੀ |
| 62 Pleased to see you | tuhaanooN mill ke barhee khushee hoee hai | ਤੁਹਾਨੂੰ ਮਿਲ ਕੇ ਬੜੀ ਖ਼ੁਸ਼ੀ ਹੋਈ ਹੈ |
| 63 Quite please | chupp ravo, chupp daa daan bakhsho | ਚੁੱਪ ਰਵੋ, ਚੁੱਪ ਦਾ ਦਾਨ ਬਖ਼ਸ਼ੋ |
| 64 Rest assured | bharosaa rakhkho | ਭਰੋਸਾ ਰੱਖੋ |
| 65 See you again | phir milaange | ਫਿਰ ਮਿਲਾਂ ਗੇ |
| 66 Shut up | mooNh baNd karo | ਮੂੰਹ ਬੰਦ ਕਰੋ |
| 67 Sit / Sit down | baith jaa / baith | ਬੈਠ ਜਾ / ਬੈਠ |

| | General conversation | aam bol chaal | ਆਮ ਬੋਲ ਚਾਲ |
|---|---|---|---|
| 68 | Smoking is not allowed | taNbaakoo noshee dee aagiaa naheen hai | ਤੰਬਾਕੂ ਨੋਸ਼ੀ ਦੀ ਆਗਿਆ ਨਹੀਂ ਹੈ |
| 69 | Stand up | kharh-h-e ho jaao | ਖੜ੍ਹੇ ਹੋ ਜਾਓ |
| 70 | Stop | ruko / thahiro | ਰੁਕੋ / ਠਹਿਰੋ |
| 71 | Stop chattering | sir naa khaah | ਸਿਰ ਨਾ ਖਾਹ |
| 72 | Swimming is prohibted | tairnaa manaah hai | ਤੈਰਨਾ ਮਨਾਹ ਹੈ |
| 73 | Switch the light on | bijlee jagaao | ਬਿਜਲੀ ਜਗਾਓ |
| 74 | Thank you / thanks | tuhaadaa shukreeaa, dhaNvaad, miharbaanee | ਤੁਹਾਡਾ ਸ਼ੁਕਰੀਆ ਧੰਨਵਾਦ, ਮਿਹਰਬਾਨੀ |
| 75 | Thanks for your visit | darshan denh dee kirpaa | ਦਰਸ਼ਨ ਦੇਣ ਦੀ ਕਿਰਪਾ |
| 76 | Wash your hands | hathth dhovo | ਹੱਥ ਧੋਵੋ |
| 77 | We are deeply grieved | saanooN barhaa dukhkh hai | ਸਾਨੂੰ ਬੜਾ ਦੁੱਖ ਹੈ |
| 78 | Welcome | jee aaiaan nooN | ਜੀ ਆਇਆਂ ਨੂੰ |
| 79 | Well done | shaabaash | ਸ਼ਾਬਾਸ਼ |
| 80 | What a shame | kiNnee sharam dee gall hai | ਕਿੰਨੀ ਸ਼ਰਮ ਦੀ ਗੱਲ ਹੈ |
| 81 | What can I do for you? | main tuhaade laee kee kar sakdaa / sakdee haan? | ਮੈਂ ਤੁਹਾਡੀ ਲਈ ਕੀ ਕਰ ਸਕਦਾ / ਸਕਦੀ ਹਾਂ? |
| 82 | What do you do? | tuseen kee kaNm karde ho? | ਤੁਸੀਂ ਕੀ ਕੰਮ ਕਰਦੇ ਹੋ? |
| 83 | What has happened? | kee hoiaa hai? | ਕੀ ਹੋਇਆ ਹੈ? |
| 84 | What is the matter? | kee gall e? | ਕੀ ਗੱਲ ਏ? |
| 85 | What is this? | ih kee hai / e? | ਇਹ ਕੀ ਹੈ/ਏ? |
| 86 | What is your name please? | tuhaadaa kee naam hai? teraa kee naan e? | ਤੁਹਾਡਾ ਕੀ ਨਾਮ ਹੈ? ਤੇਰਾ ਕੀ ਨਾਂ ਏ? |
| 87 | Who are you | tuseen kaunh ho? | ਤੁਸੀਂ ਕੌਣ ਹੋ? |
| 88 | Yes | haan | ਹਾਂ |
| 89 | Yes (formal) | jee haan / haan jee/ jee | ਜੀ ਹਾਂ / ਹਾਂ ਜੀ / ਜੀ |
| 90 | Your name please? | tuhaadaa naam? | ਤੁਹਾਡਾ ਨਾਮ? |

# Weapons

| | Weapons etc. | hathiaar aadi | ਹਥਿਆਰ ਆਦਿ |
|---|---|---|---|
| 1 | Aggression | charh-h-aaee | ਚੜ੍ਹਾਈ |
| 2 | Anti aircraft gun | havaaee maar top | ਹਵਾਈ ਮਾਰ ਤੋਪ |
| 3 | Armament | jaNgee shastar | ਜੰਗੀ ਸ਼ਸਤਰ |
| 4 | Armageddon | vishv yud daa maidaan | ਵਿਸ਼ਵ ਯੁਦ ਦਾ ਮੈਦਾਨ |
| 5 | Armistice | aarzee jaNgbaNdee | ਆਰਜ਼ੀ ਜੰਗਬੰਦੀ |
| 6 | Armory | aslhaa khaanaa | ਅਸਲ੍ਹਾਖਾਨਾ |
| 7 | Armour | zaraa baktar | ਜ਼ਰਾ ਬਕਤਰ |
| 8 | Arms | shastar | ਸ਼ਸਤਰ |
| 9 | Army | fauj, sainaa | ਫੌਜ, ਸੈਨਾ |
| 10 | Arrow | teer | ਤੀਰ |
| 11 | Arsenal | hathiaar ghar | ਹਥਿਆਰ ਘਰ |
| 12 | Arson | saarh phook | ਸਾੜ ਫੂਕ |
| 13 | Artillery | top khaanaa | ਤੋਪ ਖਾਨਾ |
| 14 | Atom bomb | anhoo baNb | ਅਣੂ ਬੰਬ |
| 15 | Atomic warfare | parmaanhoo jaNg | ਪਰਮਾਣੂ ਜੰਗ |
| 16 | Attack | hamlaa | ਹਮਲਾ |
| 17 | Battle | larhaaee | ਲੜਾਈ |
| 18 | Battleship | jaNgee jahaaz | ਜੰਗੀ ਜਹਾਜ਼ |
| 19 | Blockade | naakaabaNdee | ਨਾਕਾਬੰਦੀ |
| 20 | Bloodshed | khoon kharaabaa | ਖੂਨ ਖਰਾਬਾ |
| 21 | Bow | kamaan | ਕਮਾਨ |
| 22 | Bullet | golee | ਗੋਲੀ |
| 23 | Cannon | top | ਤੋਪ |
| 24 | Cannon ball | top daa golaa | ਤੋਪ ਦਾ ਗੋਲਾ |
| 25 | Cannoneer | topchee | ਤੋਪਚੀ |
| 26 | Cartridge | kaartoos | ਕਾਰਤੂਸ |
| 27 | Cavaller | ghorh savaar | ਘੋੜ ਸਵਾਰ |
| 28 | Cavalry | ghorh savaar sainaa | ਘੋੜ ਸਵਾਰ ਸੈਨਾ |

| | Weapons etc. | hathiaar aadi | ਹਥਿਆਰ ਆਦਿ |
|---|---|---|---|
| 29 | Cease fire | jaNg baNdee | ਜੰਗ ਬੰਦੀ |
| 30 | Dagger | khaNjr | ਖੰਜਰ |
| 31 | Defence | rakhkhiaa | ਰੱਖਿਆ |
| 32 | Enemy | dushmn | ਦੁਸ਼ਮਨ |
| 33 | Gas mask | gais nakaab | ਗੈਸ ਨਕਾਬ |
| 34 | Gun | baNdook | ਬੰਦੂਕ |
| 35 | Gunpowder | baarood | ਬਾਰੂਦ |
| 36 | Land force | paidal sainaa | ਪੈਦਲ ਸੈਨਾ |
| 37 | Mutiny | gadar | ਗਦਰ |
| 38 | Navy | jal sainaa | ਜਲ ਸੈਨਾ |
| 39 | Pistol | pastaul | ਪਸਤੌਲ |
| 40 | Prisoners of war | jaNgee kaidee | ਜੰਗੀ ਕੈਦੀ |
| 41 | Quiver | tarkash | ਤਰਕਸ਼ |
| 42 | Revolver | tapnchaa | ਤਪਨਚਾ |
| 43 | Shield | dhaal | ਢਾਲ |
| 44 | Spear | nezaa | ਨੇਜ਼ਾ |
| 45 | Submarine | pandubbee | ਪਨਡੁੱਬੀ |
| 46 | Sword | talvaar | ਤਲਵਾਰ |
| 47 | Tank | taink | ਟੈਂਕ |
| 48 | Treaty | samjhotaa | ਸਮਝੌਤਾ |
| 49 | Trench | khaaee | ਖਾਈ |
| 50 | War | mahaan yud | ਮਹਾਂ ਯੁਦ |

# School

| School | vidiaalaa | ਵਿਦਿਆਲਾ |
|--------|-----------|---------|
| 1  Absence | ghair haazar | ਗ਼ੈਰ ਹਾਜ਼ਰ |
| 2  Application | darkhaast | ਦਰਖਾਸਤ |
| 3  Attendance | haazree | ਹਾਜ਼ਰੀ |
| 4  Bell | ghaNtee | ਘੰਟੀ |
| 5  Blackboard | kaalaa takhtaa | ਕਾਲਾ ਤਖ਼ਤਾ |
| 6  Books | pustkaan | ਪੁਸਤਕਾਂ |
| 7  Class fellow | sahipaathee / ham jamatee | ਸਹਿ ਪਾਠੀ / ਹਮ ਜਮਾਤੀ |
| 8  Composition | parstaav | ਪਰਸਤਾਵ |
| 9  Essay | lekh | ਲੇਖ |
| 10  Exams | imtihaan | ਇਮਤਿਹਾਨ |
| 11  Exercise book | kaapee | ਕਾਪੀ |
| 12  Fail | naakaamyaab | ਨਾਕਾਮਯਾਬ |
| 13  Globe | dhart golaa | ਧਰਤ ਗੋਲਾ |
| 14  Head teacher | mukhkh adhiaapak | ਮੁੱਖ ਅਧਿਆਪਕ |
| 15  Holidays | chutteeaan | ਛੁੱਟੀਆਂ |
| 16  Homework | ghar daa kaNm | ਘਰ ਦਾ ਕੰਮ |
| 17  Inkpot | davaat | ਦਵਾਤ |
| 18  Late | der | ਦੇਰ |
| 19  Leaf | varkaa | ਵਰਕਾ |
| 20  Lesson | sabak | ਸਬਕ |
| 21  Naughty | shraartee | ਸ਼ਰਾਰਤੀ |
| 22  Note | rukkaa | ਰੁੱਕਾ |
| 23  Page | saphaa | ਸਫਾ |
| 24  Paper | kaagaz | ਕਾਗਜ਼ |
| 25  Pass | kaamyaab | ਕਾਮਯਾਬ |

| School | vidiaalaa | ਵਿਦਿਆਲਾ |
|---|---|---|
| 26 Pen | kalam | ਕਲਮ |
| 27 Pen holder | kalamdaan | ਕਲਮਦਾਨ |
| 28 Playing truant | sakoolon nassnhaa | ਸਕੂਲੋਂ ਨੱਸਣਾ |
| 29 Recess | tafree / vakphaa | ਤਫਰੀਹ / ਵਕਫਾ |
| 30 Result | nateejaa | ਨਤੀਜਾ |
| 31 Ruler | mistar | ਮਿਸਤਰ |
| 32 Satchel | bastaa | ਬਸਤਾ |
| 33 Slip | parchee, rukkaa | ਪਰਚੀ, ਰੁੱਕਾ |
| 34 Student | vidiaarthee | ਵਿਦਿਆਰਥੀ |
| 35 Subjects | mazmoon | ਮਜ਼ਮੂਨ |
| 36 Teacher | adhiaapak | ਅਧਿਆਪਕ |
| 37 Tests | preekhiaa | ਪ੍ਰੀਖਿਆ |
| 38 Timetable | samaan soochee | ਸਮਾਂ ਸੂਚੀ |
| 39 White Board | chittaa takhtaa | ਚਿੱਟਾ ਤਖ਼ਤਾ |

# Business related terms
## vaapaar sabaNdhee shabdaavlee
## ਵਾਪਾਰ ਸਬੰਧੀ ਸ਼ਬਦਾਵਲੀ

| | Business | vaapaar sabaNdhee | ਵਾਪਾਰ ਸਬੰਧੀ |
|---|---|---|---|
| 1 | Account | hisaab kitaab | ਹਿਸਾਬ ਕਿਤਾਬ |
| 2 | Account book | vahee khaataa | ਵਹੀ ਖਾਤਾ |
| 3 | Accounts | lekhaa | ਲੇਖਾ |
| 4 | Accused | doshee | ਦੋਸ਼ੀ |
| 5 | Active | sargarm | ਸਰਗਰਮ |
| 6 | Advance | peshgee | ਪੇਸ਼ਗੀ |
| 7 | Amount | rakam | ਰਕਮ |
| 8 | Annual | saalaanaa | ਸਾਲਾਨਾ |
| 9 | Application | praarthnaa pattr | ਪ੍ਰਾਰਥਨਾ ਪੱਤਰ |
| 10 | Arbitrator | vicholaa, saalas | ਵਿਚੋਲਾ, ਸਾਲਸ |
| 11 | Arrears | bakaaiaa | ਬਕਾਇਆ |
| 12 | Average | aust | ਔਸਤ |
| 13 | Bail | zamaanat | ਜ਼ਮਾਨਤ |
| 14 | Balance | baakee | ਬਾਕੀ |
| 15 | Bankruptcy | deevaalaa | ਦੀਵਾਲਾ |
| 16 | Bonus | laabh aNsh | ਲਾਭ ਅੰਸ਼ |
| 17 | Brand | chaap | ਛਾਪ |
| 18 | Business | vaapaar | ਵਾਪਾਰ |
| 19 | Capacity | sammrathaa | ਸੱਮਰਥਾ |
| 20 | Capital | pooNjee | ਪੂੰਜੀ |
| 21 | Case / suit | mukadmaa | ਮੁਕਦਮਾ |
| 22 | Cash | nakd | ਨਕਦ |
| 23 | Cashier | khazanchee | ਖਜ਼ਾਨਚੀ |
| 24 | Charges | kharche | ਖਰਚੇ |
| 25 | Claim | hakk, maNg, mutaalbaa, daahvaa | ਹੱਕ, ਮੰਗ, ਮੁਤਾਲਬਾ, ਦਾਹਵਾ |
| 26 | Clearing the account | hisaab chukaaunhaa | ਹਿਸਾਬ ਚੁਕਾਉਣਾ |
| 27 | Clients | asaameeaan | ਅਸਾਮੀਆਂ |

| | Business | vaapaar sabaNdhee | ਵਾਪਾਰ ਸਬੰਧੀ |
|---|---|---|---|
| 28 | Collection | ugraahee | ਉਗਰਾਹੀ |
| 29 | Commercial | vapaark | ਵਪਾਰਕ |
| 30 | Compensation | muaavzaa | ਮੁਆਵਜ਼ਾ |
| 31 | Consumer | upbhogee | ਉਪਭੋਗੀ |
| 32 | Co-operative | sahikaaree | ਸਹਿਕਾਰੀ |
| 33 | Court | kachhiree | ਕਚਹਿਰੀ |
| 34 | Covering letter | viaakhiaa pattr | ਵਿਆਖਿਆ ਪੱਤਰ |
| 35 | Credit | udhaar | ਉਧਾਰ |
| 36 | Creditor | lainhe daar | ਲੈਣੇ ਦਾਰ |
| 37 | Criminal Case | fauj daaree | ਫ਼ੌਜ ਦਾਰੀ |
| 38 | Crossed Cheque | rekhit chaikk | ਰੇਖਿਤ ਚੈੱਕ |
| 39 | Currency | mudraa | ਮੁਦ੍ਰਾ |
| 40 | Customer | gaahak | ਗਾਹਕ |
| 41 | Day book | vahee | ਵਹੀ |
| 42 | Demand | maNg | ਮੰਗ |
| 43 | Deposit | jam-h-aan | ਜਮ੍ਹਾਂ |
| 44 | Discount | kautee | ਕਟੌਤੀ |
| 45 | Documents | dastaavez | ਦਸਤਾਵੇਜ਼ |
| 46 | Draft | dhanaadesh | ਧਨਾਦੇਸ਼ |
| 47 | Duty | kar | ਕਰ |
| 48 | Earnings | aamdnee | ਆਮਦਨੀ |
| 49 | Economy | kiphaait | ਕਿਫਾਇਤ |
| 50 | Emergency | aapaatee | ਆਪਾਤੀ |
| 51 | Employee | karam chaaree | ਕਰਮਚਾਰੀ |
| 52 | Exchange | vataandraa | ਵਟਾਂਦਰਾ |
| 53 | Expensive | mahiNgaa | ਮਹਿੰਗਾ |
| 54 | Finance | vitt | ਵਿੱਤ |
| 55 | Financer | vitt daataa | ਵਿੱਤ ਦਾਤਾ |

| | Business | vaapaar sabaNdhee | ਵਾਪਾਰ ਸਬੰਧੀ |
|---|---|---|---|
| 56 | Fixed | nirdhaarat | ਨਿਰਧਾਰਤ |
| 57 | Fixed capital | achal pooNjee | ਅਚਲ ਪੂੰਜੀ |
| 58 | Fluctuation | ghattnhaa vadhnhaa | ਘੱਟਣਾ ਵਧਣਾ |
| 59 | Foreign | videshee | ਵਿਦੇਸ਼ੀ |
| 60 | Forged | jaahlee | ਜਾਹਲੀ |
| 61 | Freight, fare | bhaarhaa, karaaiaa | ਭਾੜਾ, ਕਰਾਇਆ |
| 62 | Fund | nidhee | ਨਿਧੀ |
| 63 | Goods | vastaan | ਵਸਤਾਂ |
| 64 | Gross | kul | ਕੁਲ |
| 65 | Income | aamdanee | ਆਮਦਨੀ |
| 66 | Individual | viakteegat | ਵਿਅਕਤੀਗਤ |
| 67 | Industry | sannat / udyog | ਸੱਨਅਤ / ਉਦਯੋਗ |
| 68 | Inflation | phailaao | ਫੈਲਾਓ |
| 69 | Insurance | beemaa | ਬੀਮਾ |
| 70 | Interest | sood | ਸੂਦ |
| 71 | Investigation | tafteesh | ਤਫਤੀਸ਼ |
| 72 | Investment | pooNjee | ਪੂੰਜੀ |
| 73 | Joint Account | saanjhaa khaataa | ਸਾਂਝਾ ਖਾਤਾ |
| 74 | Justice | insaaf | ਇਨਸਾਫ |
| 75 | Law | kaanooNn | ਕਾਨੂੰਨ |
| 76 | Letter of authorisation | adhikarnh pattar | ਅਧਿਕਰਣ ਪੱਤਰ |
| 77 | Limit | seemaa | ਸੀਮਾ |
| 78 | Litigation | mukadme baazee | ਮੁਕਦਮੇ ਬਾਜ਼ੀ |
| 79 | Loan | udhaar, karzaa | ਉਧਾਰ, ਕਰਜ਼ਾ |
| 80 | Lock-up | havaalaat | ਹਵਾਲਾਤ |
| 81 | Loss | haanee | ਹਾਨੀ |
| 82 | Management | prbaNdh | ਪ੍ਰਬੰਧ |
| 83 | Manufacturing | vast nirmaanh | ਵਸਤ ਨਿਰਮਾਣ |

| **Business** | **vaapaar sabaNdhee** | **ਵਾਪਾਰ ਸਬੰਧੀ** |
|---|---|---|
| 84 Maturity | puggnh | ਪੁੱਗਣ |
| 85 Memorandum | yaad pattr | ਯਾਦ ਪੱਤਰ |
| 86 Merchant | vapaaree | ਵਪਾਰੀ |
| 87 Mint | taksaal | ਟਕਸਾਲ |
| 88 Money | dhan | ਧਨ |
| 89 Mortgage | baNdhk | ਬੰਧਕ |
| 90 Murder | khoon / katl | ਖ਼ੂਨ / ਕਤਲ |
| 91 Net | narol / khaalas | ਨਰੋਲ / ਖਾਲਸ |
| 92 Office | daftar | ਦਫ਼ਤਰ |
| 93 Partner | bhaaeevaal | ਭਾਈਵਾਲ |
| 94 Pay | vetan, tankhaah | ਵੇਤਨ, ਤਨਖਾਹ |
| 95 Payment | bhugtaan, adaaigee | ਭੁਗਤਾਨ, ਅਦਾਇਗੀ |
| 96 Penalty | daNd | ਦੰਡ |
| 97 Plaintiff | dosh laaunhvaalaa | ਦੋਸ਼ ਲਾਉਣ ਵਾਲਾ |
| 98 Police | pulas | ਪੁਲਸ |
| 99 Price | keemat | ਕੀਮਤ |
| 100 Price list | keemat soochee | ਕੀਮਤ ਸੂਚੀ |
| 101 Production | utpaadn | ਉਤਪਾਦਨ |
| 102 Profit | laabh | ਲਾਭ |
| 103 Property | jaaidaad | ਜਾਇਦਾਦ |
| 104 Rate | bhaa-a , nirakh, dar | ਭਾਅ , ਨਿਰਖ, ਦਰ |
| 105 Return | prtiphal | ਪ੍ਰਤਿਫਲ |
| 106 Revenue | maaleeaa | ਮਾਲੀਆ |
| 107 Sale | vikree | ਵਿਕਰੀ |
| 108 Saving | bacht | ਬਚਤ |
| 109 Scale | paimaanaa | ਪੈਮਾਨਾ |
| 110 Security | rinh pattr, surkhkhiaa, jaamnee, zamaant, kushl | ਰਿਣ ਪੱਤਰ, ਸੁਰੱਖਿਆ, ਜ਼ਾਮਨੀ, ਜ਼ਮਾਨਤ, ਕੁਸ਼ਲ |

| Business | vaapaar sabaNdhee | ਵਾਪਾਰ ਸਬੰਧੀ |
|---|---|---|
| 111 Service | naukree | ਨੌਕਰੀ |
| 112 Share holder | hisse daar | ਹਿੱਸੇ ਦਾਰ |
| 113 Shop | dukaan | ਦੁਕਾਨ |
| 114 Solicitor | vakeel | ਵਕੀਲ |
| 115 Strike a bargain | saudaa karnaa | ਸੌਦਾ ਕਰਨਾ |
| 116 Trade | tajaart | ਤਜਾਰਤ |
| 117 Trade depression | vaapaark maNdaa | ਵਾਪਾਰਕ ਮੰਦਾ |
| 118 Transactions | lainh denh | ਲੈਣ ਦੇਣ |
| 119 Wages | mazdooree | ਮਜ਼ਦੂਰੀ |
| 120 Witness | gavaah | ਗਵਾਹ |

# Miscellaneous

| | **Miscellaneous** | **phutkal** | **ਫੁਟਕਲ** |
|---|---|---|---|
| 1 | Across | paar | ਪਾਰ |
| 2 | Affection | saneh | ਸਨੇਹ |
| 3 | Age | jug | ਜਗ |
| 4 | Algebra | beej ganhit | ਬੀਜ ਗਿਣਤ |
| 5 | Almighty | akaal purkh | ਅਕਾਲ ਪੁਰਖ |
| 6 | Alum | phatkarhee | ਫਟਕੜੀ |
| 7 | An appetizer | bukhkh lagaaoo padaarth | ਭੁੱਖ ਲਗਾਊ ਪਦਾਰਥ |
| 8 | Anchor | laNgar | ਲੰਗਰ |
| 9 | And | te, ate, ar | ਤੇ, ਅਤੇ, ਅਰ |
| 10 | Angel | farishtaa | ਫਰਿਸ਼ਤਾ |
| 11 | Anonymous | agiaat | ਅਗਿਆਤ |
| 12 | Any | koee | ਕੋਈ |
| 13 | Appetite | bhukh | ਭੁਖ |
| 14 | Apron | peshbaNd | ਪੇਸ਼ਬੰਦ |
| 15 | Arson | saarh  phook | ਸਾੜ ਫੂਕ |
| 16 | Article | lekh | ਲੇਖ |
| 17 | Artificial | banhaautee | ਬਣਾਉਟੀ |
| 18 | Attendant | ardlee | ਅਰਦਲੀ |
| 19 | Awl | takooaa | ਟਕੂਆ |
| 20 | Axis | dhuraa | ਧੁਰਾ |
| 21 | Bank Statement | baink chiththaa | ਬੈਂਕ ਚਿੱਠਾ |
| 22 | Base coin | khotaa sikkaa | ਖੋਟਾ ਸਿੱਕਾ |
| 23 | Battlement | baneraa | ਬਨੇਰਾ |
| 24 | Beak | chuNjh | ਚੁੰਝ |
| 25 | Beauty | husn | ਹੁਸਨ |
| 26 | Beetle | beendaa | ਬੀਂਡਾ |

| | Miscellaneous | phutkal | ਫੁਟਕਲ |
|---|---|---|---|
| 27 | Belche | dakaar | ਡਕਾਰ |
| 28 | Bell metal | kaansee | ਕਾਂਸੀ |
| 29 | Bier | arthee | ਅਰਥੀ |
| 30 | Binding | jild | ਜਿਲਦ |
| 31 | Blister | phapholaa | ਫਫੋਲਾ |
| 32 | Boat racing | kishtee daurh | ਕਿਸ਼ਤੀ ਦੌੜ |
| 33 | Booking office | tikat ghar | ਟਿਕਟ ਘਰ |
| 34 | Brasier | thatheraa | ਠਠੇਰਾ |
| 35 | Breakfast | naashtaa | ਨਾਸ਼ਤਾ |
| 36 | Breath | saah | ਸਾਹ |
| 37 | Bronze | kahiNaa | ਕਹਿੰਆ |
| 38 | Bulb | kaNdh | ਕੰਧ |
| 39 | Camphor | kapoor | ਕਪੂਰ |
| 40 | Capable | yog | ਯੋਗ |
| 41 | Capital | raaj dhaanee | ਰਾਜਧਾਨੀ |
| 42 | Cardboard | gattaa | ਗੱਤਾ |
| 43 | Cask | peepaa | ਪੀਪਾ |
| 44 | Cassia fistula | amltaas | ਅਮਲਤਾਸ |
| 45 | Cell | kaid kothrhee | ਕੈਦ ਕੋਠੜੀ |
| 46 | Cemetry | sive | ਸਿਵੇ |
| 47 | Centipede | kaNn khajooraa | ਕੰਨ ਖਜੂਰਾ |
| 48 | Cheap | sasstaa | ਸੱਸਤਾ |
| 49 | Check your change | bhaanh ginh lo | ਭਾਨ ਗਿਣ ਲਓ |
| 50 | Clip | chimtee | ਚਿਮਟੀ |
| 51 | Cloister | mathth | ਮੱਠ |
| 52 | Comet | dumdaar taaraa | ਦੁਮਦਾਰ ਤਾਰਾ |

| | Miscellaneous | phutkal | ਫੁਟਕਲ |
|---|---|---|---|
| 53 | Competition | mukaablaa | ਮੁਕਾਬਲਾ |
| 54 | Complexion | chihre daa raNg | ਚਿਹਰੇ ਦਾ ਰੰਗ |
| 55 | Constellation | khittee | ਖਿੱਤੀ |
| 56 | Constitution | kaathee | ਕਾਠੀ |
| 57 | Cork | daat | ਡਾਟ |
| 58 | Cornice | taand | ਟਾਂਡ |
| 59 | Corpse | laash / loth | ਲਾਸ਼ / ਲੋਥ |
| 60 | Costly | mahiNgaa | ਮਹਿੰਗਾ |
| 61 | Cough | khaNgh | ਖੰਘ |
| 62 | Courteous | saaoo, nimar | ਸਾਊ, ਨਿਮਰ |
| 63 | Cowdung | goaa | ਗੋਆ |
| 64 | Creator | parvardgaar | ਪਰਵਰਦਗਾਰ |
| 65 | Croquet | karoke | ਕਰੋਕੇ |
| 66 | Crown | taaj | ਤਾਜ |
| 67 | Crystal | paar darshee sheeshaa | ਪਾਰਦਰਸ਼ੀ ਸ਼ੀਸ਼ੀ |
| 68 | Cul de sac | aNnee galee | ਅੰਨੀ ਗਲੀ |
| 69 | Cyclone | chakkarvaat | ਚੱਕਰਵਾਤ |
| 70 | Dangerous bend | khatarnaak morh | ਖਤਰਨਾਕ ਮੋੜ |
| 71 | Death | maut | ਮੌਤ |
| 72 | Decent | susheel | ਸੁਸ਼ੀਲ |
| 73 | Desireable | uchchit | ਉੱਚਿਤ |
| 74 | Discount | katautee | ਕਟੌਤੀ |
| 75 | Dishonest | be-ee-maan | ਬੇਈਮਾਨ |
| 76 | Donation | daan | ਦਾਨ |
| 77 | Door frame | chugaath | ਚੁਗਾਠ |
| 78 | Door Sill | dehlee | ਦੇਹਲੀ |

| | **Miscellaneous** | **phutkal** | **ਫੁਟਕਲ** |
|---|---|---|---|
| 79 | Draught | aurh, sokaa | ਔੜ, ਸੋਕਾ |
| 80 | Dream | sufnaa | ਸੁਫਨਾ |
| 81 | Drill | kavaaid | ਕਵਾਇਦ |
| 82 | Droppings | vithaan, mengnaan | ਵਿਠਾਂ, ਮੇਂਗਨਾਂ |
| 83 | Duty free | taiks mukt | ਟੈਕਸ ਮੁਕਤ |
| 84 | Earlobe | karooNbal | ਕਰੂੰਬਲ |
| 85 | Ego | haumai | ਹਉਮੈ |
| 86 | Eland | neel gaan | ਨੀਲ ਗਾਂ |
| 87 | Embryo | bharoonh | ਭਰੂਣ |
| 88 | Entrance | aNdar aaunh daa rastaa | ਅੰਦਰ ਆਉਣ ਦਾ ਰਸਤਾ |
| 89 | Envelope | liphaaphaa | ਲਿਫਾਫਾ |
| 90 | Evidence | saboot | ਸਬੂਤ |
| 91 | Exit | baahr jaanh daa rastaa | ਬਾਹਰ ਜਾਣ ਦਾ ਰਸਤਾ |
| 92 | Eyesight | nazar | ਨਜ਼ਰ |
| 93 | Famine | kaal | ਕਾਲ |
| 94 | Fat | charbee | ਚਰਬੀ |
| 95 | Feather | khaNbh | ਖੰਭ |
| 96 | Feedback | partee soochnaa | ਪਰਤੀ ਸੂਚਨਾ |
| 97 | Fertile | upjaaoo | ਉਪਜਾਊ |
| 98 | Field Lunch | bhattaa | ਭੱਤਾ |
| 99 | Fine | jurmaanaa | ਜੁਰਮਾਨਾ |
| 100 | Flight | udaan | ਉਡਾਨ |
| 101 | Forgetful | bhulakkrh | ਭੁੱਲਕੜ |
| 102 | Fortress | garh-h-ee | ਗੜ੍ਹੀ |
| 103 | Foundation | neenh | ਨੀਂਹ |
| 104 | Frill | magzee | ਮਗਜ਼ੀ |

| Miscellaneous | phutkal | ਫੁਟਕਲ |
|---|---|---|
| 105 Fur | samoor, jatt | ਸਮੂਰ, ਜੱਤ |
| 106 Gall nut | majoo phal | ਮਾਜੂਫਲ |
| 107 Gathering | ikathth | ਇਕੱਠ |
| 108 Gift | tohphaa | ਤੋਹਫਾ |
| 109 god | devtaa | ਦੇਵਤਾ |
| 110 God | parmaatmaa | ਪਰਮਾਤਮਾ |
| 111 godess | devee | ਦੇਵੀ |
| 112 Graft | kalm | ਕਲਮ |
| 113 Grass | ghaah | ਘਾਹ |
| 114 Gross margin | kul guNjaaish | ਕੁਲ ਗੁੰਜਾਇਸ਼ |
| 115 Gum / glue | gooNd | ਗੂੰਦ |
| 116 Gymnasium | kasrat ghar | ਕਸਰਤ ਘਰ |
| 117 Hair pin | vaalaan dee sooee | ਵਾਲਾਂ ਦੀ ਸੂਈ |
| 118 Hasty | utaavlaa | ਉਤਾਵਲਾ |
| 119 Hay fever | praag taap | ਪਰਾਗ ਤਾਪ |
| 120 Health | sihat | ਸਿਹਤ |
| 121 Hell | nark | ਨਰਕ |
| 122 Housework | ghar daa kaNm | ਘਰ ਦਾ ਕੰਮ |
| 123 I am fine, thankyou. | main theek haan tuhaadaa dhaNvaad | ਮੈਂ ਠੀਕ ਹਾਂ, ਤੁਹਾਡਾ ਧੰਨਵਾਦ |
| 124 Information office | soochnaa daftar | ਸੂਚਨਾ ਦਫਤਰ |
| 125 Ink | siaahee | ਸਿਆਹੀ |
| 126 Inn | musaaphar khaanaa | ਮੁਸਾਫਰ ਖਾਨਾ |
| 127 Insomnia | aneendraa rog | ਅਨੀਂਦਰਾ ਰੋਗ |
| 128 Jaggery | gurh | ਗੁੜ |
| 129 Jealous | eerkhaa | ਈਰਖਾ |

| Miscellaneous | phutkal | ਫੁਟਕਲ |
|---|---|---|
| 130 Jupiter | brhispat | ਬ੍ਰਹਿਸਪਤ |
| 131 Laboratory | pryogshaalaa | ਪ੍ਰਯੋਗਸ਼ਾਲਾ |
| 132 Labour | mazdooree | ਮਜ਼ਦੂਰੀ |
| 133 Laces | tasmae | ਤਸਮੇ |
| 134 Lapwing | tahtairee | ਟਹਟੈਰੀ |
| 135 Late (dead) | marhoom | ਮਰਹੂਮ |
| 136 Learned | giaanee | ਗਿਆਨੀ |
| 137 Ledger | lekhaa vahee | ਲੇਖਾ ਵਹੀ |
| 138 Letter | pattr / chiththee | ਪੱਤਰ / ਚਿੱਠੀ |
| 139 Life | ziNdgee | ਜ਼ਿੰਦਗੀ |
| 140 Liquor | suraa | ਸੁਰਾ |
| 141 Local | sathaanik | ਸਥਾਨਿਕ |
| 142 Loss | nuksaan | ਨੁਕਸਾਨ |
| 143 Low clouds | ghataa | ਘਟਾ |
| 144 Manger | khurlee | ਖੁਰਲੀ |
| 145 Map | nakshaa | ਨਕਸ਼ਾ |
| 146 Market | baazaar /maNdee | ਬਾਜ਼ਾਰ / ਮੰਡੀ |
| 147 Mark | daag | ਦਾਗ |
| 148 Measurements | naap | ਨਾਪ |
| 149 Menu | soochee | ਸੂਚੀ |
| 150 Mercury | budhdh | ਬੁੱਧ |
| 151 Mica | abhrak | ਅਬਰਕ |
| 152 Modern | agaanh vadhoo | ਅਗਾਂਹ ਵਧੂ |
| 153 Molar | daarh-h | ਦਾੜ੍ਹ |
| 154 Mole | til | ਤਿਲ |
| 155 Moment | pal | ਪਲ |

139

| Miscellaneous | phutkal | ਫੁਟਕਲ |
|---|---|---|
| 156 Monthly magazine | maasik pattar | ਮਾਸਿਕ ਪੱਤਰ |
| 157 Moral | naitik | ਨੈਤਿਕ |
| 158 Mr | sree maan | ਸ੍ਰੀ ਮਾਨ |
| 159 Mrs | sree matee | ਸ੍ਰੀ ਮਤੀ |
| 160 Mutton | bhed daa maas | ਭੇਡ ਦਾ ਮਾਸ |
| 161 Napkin | chote rumaal | ਛੋਟੇ ਰੁਮਾਲ |
| 162 Near | nazdeek | ਨਜ਼ਦੀਕ |
| 163 Newspaper | akhbaar | ਅਖ਼ਬਾਰ |
| 164 Night blindness | naraahtaa | ਨਰ੍ਹਾਤਾ |
| 165 Nitre | kalmee shoraa | ਕਲਮੀ ਸ਼ੋਰਾ |
| 166 Often | aksar | ਅਕਸਰ |
| 167 Oil Machine | kohloo | ਕੋਹਲੂ |
| 168 Old fashioned | pichaanh khichoo | ਪਿਛਾਂਹ ਖਿਚੂ |
| 169 Ore | kachchee dhaat | ਕੱਚੀ ਧਾਤ |
| 170 Packing paper | lapetnh vaalaa kaagz | ਲਪੇਟਣ ਵਾਲਾ ਕਾਗਜ਼ |
| 171 Paddy | jeeree, jhonaa | ਜੀਰੀ, ਝੋਨਾ |
| 172 Palm | taarh | ਤਾੜ |
| 173 Paper cutter | kaaghz taraash | ਕਾਗਜ਼ ਤਰਾਸ਼ |
| 174 Paradise | savarg | ਸਵਰਗ |
| 175 Paws | paunche | ਪੌਂਚੇ |
| 176 Pearl millet | baajraa | ਬਾਜਰਾ |
| 177 Peephole | jharokhaa | ਝਰੋਖਾ |
| 178 Period | maah vaaree | ਮਾਹਵਾਰੀ |
| 179 Phlegm | balgam | ਬਲਗਮ |
| 180 Plateau | pathaar | ਪਠਾਰ |
| 181 Platform | chabootraa | ਚਬੂਤਰਾ |

| Miscellaneous | phutkal | ਫੁਟਕਲ |
|---|---|---|
| 182 Plumbline | saalh | ਸਾਲ੍ਹ |
| 183 Poison | zahir | ਜ਼ਹਿਰ |
| 184 Politician | raajnetaa | ਰਾਜਨੇਤਾ |
| 185 Pony | tattoo | ਟੱਟੂ |
| 186 Porter | kulee | ਕੁਲੀ |
| 187 Postcard | khat | ਖ਼ਤ |
| 188 Product | utpaadan | ਉਤਪਾਦਨ |
| 189 Profit | laabh | ਲਾਭ |
| 190 Prophet | avtaar | ਅਵਤਾਰ |
| 191 Punching machine | chek masheen | ਛੇਕ ਮਸ਼ੀਨ |
| 192 Pupil | putlee | ਪੁਤਲੀ |
| 193 Pus | paak | ਪਾਕ |
| 194 Rafter | shateer | ਸ਼ਤੀਰ |
| 195 Reader | paathk | ਪਾਠਕ |
| 196 Receipt | raseed | ਰਸੀਦ |
| 197 Red ochre | geroo | ਗੇਰੂ |
| 198 Remedial | maNd budhdh | ਮੰਦ ਬੁੱਧ |
| 199 Reservation | raakhvaan karnaa | ਰਾਖਵਾਂ ਕਰਨਾ |
| 200 Respected | sanmaanit | ਸਨਮਾਨਿਤ |
| 201 Return (ticket) | jaanh aaunh laee | ਜਾਣ ਆਉਣ ਲਈ |
| 202 Revenue entry | gir daavree | ਗਿਰਦਾਵਰੀ |
| 203 Revenue stamp | raseedee tikat | ਰਸੀਦੀ ਟਿਕਟ |
| 204 Rib | paslee | ਪਸਲੀ |
| 205 Ring the bell | ghaNtee vajaao | ਘੰਟੀ ਵਜਾਓ |
| 206 Road is closed | sarhk baNd hai | ਸੜਕ ਬੰਦ ਹੈ |
| 207 Roasting Oven | baththee | ਭੱਠੀ |

141

| Miscellaneous | phutkal | ਫੁਟਕਲ |
|---|---|---|
| 208 Rubber stamp | rabrh dee mohar | ਰਬੜ ਦੀ ਮੋਹਰ |
| 209 Rude | ujadd | ਉਜੱਡ |
| 210 Sack | chaantee | ਛਾਂਟੀ |
| 211 Sago | saboo daanaa | ਸਾਬੂਦਾਨਾ |
| 212 Sale | vikree | ਵਿਕਰੀ |
| 213 Saliva | laar | ਲਾਰ |
| 214 Salvation | muktee | ਮੁਕਤੀ |
| 215 Same | uhee | ਉਹੀ |
| 216 Satan | shaitaan | ਸ਼ੈਤਾਨ |
| 217 Saturn | shanee | ਸ਼ਨੀ |
| 218 Sauce | chatnee | ਚਟਨੀ |
| 219 Sea food | samuNdree bhojan | ਸਮੁੰਦਰੀ ਭੋਜਨ |
| 220 Seal | mohar | ਮੋਹਰ |
| 221 Sealing wax | laakh | ਲਾਖ |
| 222 See you soon | jaldee milaan ge | ਜਲਦੀ ਮਿਲਾਂ ਗੇ |
| 223 Serenality | kaamuktaa | ਕਾਮੁਕਤਾ |
| 224 Shim | piNnee | ਪਿੰਨੀ |
| 225 Shooting | nishaane baazee | ਨਿਸ਼ਾਨੇ ਬਾਜ਼ੀ |
| 226 Sideburns | kalmaan | ਕਲਮਾਂ |
| 227 Signature | hastaakhr | ਹਸਤਾਖ਼ਰ |
| 228 Single (ticket) | sirf jaanh laee | ਸਿਰਫ ਜਾਣ ਲਈ |
| 229 Sleep | neend | ਨੀਂਦ |
| 230 Smoking free zone | dhooNaan rahit asthaan | ਧੂੰਆਂ ਰਹਿਤ ਸਥਾਨ |
| 231 Sneeze | nichch | ਨਿੱਛ |
| 232 Snot | nakk dee mail | ਨੱਕ ਦੀ ਮੈਲ |
| 233 Snuff | nasvaar | ਨਸਵਾਰ |

| Miscellaneous | phutkal | ਫੁਟਕਲ |
|---|---|---|
| 234 Soapnut | reethe | ਰੀਠੇ |
| 235 Special offer | vishesh chot | ਵਿਸ਼ੇਸ਼ ਛੋਟ |
| 236 Sperm | manee | ਮਨੀ |
| 237 Spirit | rooh | ਰੂਹ |
| 238 Spittle | thukk | ਥੁੱਕ |
| 239 Sprain | moch | ਮੋਚ |
| 240 Spring | chashmaa | ਚਸ਼ਮਾ |
| 241 Stamp | tikat | ਟਿਕਟ |
| 242 Steeple | minaar | ਮਿਨਾਰ |
| 243 Straw | toorhee | ਤੂੜੀ |
| 244 Strength | taakt | ਤਾਕਤ |
| 245 Stupid | budhdhoo | ਬੁੱਧੂ |
| 246 Such | ajihaa | ਅਜਿਹਾ |
| 247 Sugarcane | gaNnaa | ਗੰਨਾ |
| 248 Sweat | paseenaa | ਪਸੀਨਾ |
| 249 Synthetic | maanv nirmit | ਮਾਨਵ ਨਿਰਮਿਤ |
| 250 Tabla Player | tablchee | ਤਬਲਚੀ |
| 251 Tape | pheetaa | ਫੀਤਾ |
| 252 Tapeworm | pheetaa karm | ਫੀਤਾ ਕਿਰਮ |
| 253 Teak | saagvaan | ਸਾਗਵਾਨ |
| 254 Tears | aansoo | ਅਾਂਸੂ |
| 255 That is all | bas hor naheen | ਬਸ ਹੋਰ ਨਹੀਂ |
| 256 Thirst | piaas | ਪਿਆਸ |
| 257 Threshold | diodhee | ਡਿਓਢੀ |
| 258 Thunder | garaj | ਗਰਜ |
| 259 Tick | chichchrh | ਚਿੱਚੜ |

| Miscellaneous | phutkal | ਫੁਟਕਲ |
|---|---|---|
| 260 Tiredness | thakaavt | ਥਕਾਵਟ |
| 261 Titbit | chutkalaa | ਚੁਟਕਲਾ |
| 262 To carry | dhonhaa | ਢੋਣਾ |
| 263 To cram | ratta laaunhaa | ਰੱਟਾ ਲਾਉਣਾ |
| 264 To examine | pareekhiaa lainhaa | ਪਰੀਖਿਆ ਲੈਣਾ |
| 265 To explain | viaakhiaa karnaa | ਵਿਆਖਿਆ ਕਰਨਾ |
| 266 To insult | niraadree karnaa | ਨਿਰਾਦਰੀ ਕਰਨਾ |
| 267 To look around | jhaat paaunhaa | ਝਾਤ ਪਾਉਣਾ |
| 268 To Order | hukam dehna | ਹੁਕਮ ਦੇਣਾ |
| 269 To reap | vaadhee karnee | ਵਾਢੀ ਕਰਨੀ |
| 270 To sell | vechnhaa | ਵੇਚਣਾ |
| 271 To smile | muskraaunhaa | ਮੁਸਕਰਾਉਣਾ |
| 272 To Thresh | anaaj kadhdhnhaa | ਅਨਾਜ ਕੱਢਣਾ |
| 273 Tracing paper | aks kaaghz | ਅਕਸ ਕਾਗ਼ਜ਼ |
| 274 Track | patrhee | ਪਟੜੀ |
| 275 Translation | anuvaad | ਅਨੁਵਾਦ |
| 276 True | sachch | ਸੱਚ |
| 277 Turkey | philmurg | ਫਿਲਮੁਰਗ |
| 278 Turner | khraadeeaa | ਖਰਾਦੀਆ |
| 279 Underground cell | tahikhaanaa | ਤਹਿਖਾਨਾ |
| 280 Urinal | pishaab khaanaa | ਪਿਸ਼ਾਬਖਾਨਾ |
| 281 Uvula | taaloo | ਤਾਲੂ |
| 282 Vaccination | lodaa karan | ਲੋਦਾ ਕਰਨ |
| 283 Venus | shukkar | ਸ਼ੁੱਕਰ |
| 284 Visiting card | mulaakatee kaard | ਮੁਲਾਕਾਤੀ ਕਾਰਡ |
| 285 Voice | aavaaz | ਆਵਾਜ਼ |

| Miscellaneous | phutkal | ਫੁਟਕਲ |
|---|---|---|
| 286 Waiting room | udeek ghar | ਉਡੀਕ ਘਰ |
| 287 Wart | massaa | ਮੱਸਾ |
| 288 Waste paper basket | raddee dee tokree | ਰੱਦੀ ਦੀ ਟੋਕਰੀ |
| 289 Waterman | mahiraa | ਮਹਿਰਾ |
| 290 Wax | mom | ਮੋਮ |
| 291 We are pleased | aseen khush haan | ਅਸੀਂ ਖੁਸ਼ ਹਾਂ |
| 292 Web | jaalaa | ਜਾਲਾ |
| 293 Weekly paper | saptaahk pattar | ਸਪਤਾਹਕ ਪੱਤਰ |
| 294 Welcome | svaagat | ਸਵਾਗਤ |
| 295 Well | achchaa, theek | ਅੱਛਾ, ਠੀਕ |
| 296 Westerly dry winds | pachchon | ਪੱਛੋਂ |
| 297 Westerly rain carrying winds | pure dee havaa | ਪੁਰੇ ਦੀ ਹਵਾ |
| 298 What is the rate? | bhaa kee hai? | ਭਾ ਕੀ ਹੈ? |
| 299 Wheel | chakkar | ਚੱਕਰ |
| 300 Wholesale | thok | ਥੋਕ |
| 301 With Pleasure | khushee naal | ਖ਼ੁਸ਼ੀ ਨਾਲ |
| 302 Wonderful | kamaal | ਕਮਾਲ |
| 303 Wrinkle | jhur-rh-eeaan | ਝੁਰੜੀਆਂ |
| 304 Yawn | ubaasee | ਉਬਾਸੀ |
| 305 Yoke | paNjaalee | ਪੰਜਾਲੀ |

145

# Town and Country

| Town, Country and Nature | shahir, piNd te kudrt | ਸ਼ਹਿਰ, ਪਿੰਡ ਤੇ ਕੁਦਰਤ |
|---|---|---|
| 1 Air | havaa | ਹਵਾ |
| 2 Antartic circle | dakhkhnhee him chakkar | ਦੱਖਣੀ ਹਿਮ ਚੱਕਰ |
| 3 Artic circle | uttree him chakkar | ਉੱਤਰੀ ਹਿਮ ਚੱਕਰ |
| 4 Bay | khaarhee | ਖਾੜੀ |
| 5 Break water | jal thokar | ਜਲ ਠੋਕਰ |
| 6 Bridge | pul | ਪੁਲ |
| 7 Canal | nahir | ਨਹਿਰ |
| 8 Cape | raas | ਰਾਸ |
| 9 Cave | guphphaa | ਗੁੱਫਾ |
| 10 City | shahir | ਸ਼ਹਿਰ |
| 11 Cliff | kharhee chitaan | ਖੜੀ ਚਟਾਨ |
| 12 Compass | gher | ਘੇਰ |
| 13 Constellation | nachchatar | ਨੱਛਤਰ |
| 14 Continent | mahaan deep | ਮਹਾਂਦੀਪ |
| 15 Coral Island | mooNgaa taapoo | ਮੂੰਗਾ ਟਾਪੂ |
| 16 Corner | morh | ਮੋੜ |
| 17 Creak | taNg khaarhee | ਤੰਗ ਖਾੜੀ |
| 18 Crossroad | churastaa | ਚੁਰਸਤਾ |
| 19 Delta | dailtaa | ਡੈਲਟਾ |
| 20 Desert | registaan | ਰੇਗਿਸਤਾਨ |
| 21 Earth | dhartee, prithvee, zameen | ਧਰਤੀ, ਪ੍ਰਿਥਵੀ, ਜ਼ਮੀਨ |
| 22 Earthquake | bhuchaal | ਭੁਚਾਲ |
| 23 Eclipse of the moon | sooraj grahinh | ਸੂਰਜ ਗ੍ਰਹਿਣ |
| 24 Electric post | bijlee daa khaNbha | ਬਿਜਲੀ ਦਾ ਖੰਭਾ |
| 25 Equator | bhoo madh rekhaa | ਭੂਮਧ ਰੇਖਾ |
| 26 Field | khet | ਖੇਤ |
| 27 Fly-over | upar laanghaa | ਉਪਰ ਲਾਂਘਾ |

| | Town, Country and Nature | shahir, piNd te kudrt | ਸ਼ਹਿਰ, ਪਿੰਡ ਤੇ ਕੁਦਰਤ |
|---|---|---|---|
| 28 | Foot-path | pagdaNdee | ਪਗਡੰਡੀ |
| 29 | Forest | jaNgal | ਜੰਗਲ |
| 30 | Fountain | phuhaaraa | ਫੁਹਾਰਾ |
| 31 | Full moon | pooranmaashee | ਪੂਰਨਮਾਸ਼ੀ |
| 32 | Grass | ghaah | ਘਾਹ |
| 33 | Gulf | khaarhee | ਖਾੜੀ |
| 34 | Half moon | sattmee da chanN | ਸੱਤਮੀ ਦਾ ਚੰਨ |
| 35 | Hill | pahaarhee | ਪਹਾੜੀ |
| 36 | Horizon | dumel | ਦੁਮੇਲ |
| 37 | Island | taapoo | ਟਾਪੂ |
| 38 | Kerb | thokar | ਠੋਕਰ |
| 39 | Lake | jheel | ਝੀਲ |
| 40 | Lattitude | viththkaar | ਵਿੱਥਕਾਰ |
| 41 | Lava | laavaa | ਲਾਵਾ |
| 42 | Light House | channh munaaraa | ਚਾਨਣ ਮੁਨਾਰਾ |
| 43 | Longitude | laNbkaar | ਲੰਬਕਾਰ |
| 44 | Map | nakshaa | ਨਕਸ਼ਾ |
| 45 | Marshland | daldalee zameen | ਦਲਦਲੀ ਜ਼ਮੀਨ |
| 46 | Moon | chanN | ਚੰਨ |
| 47 | Motorway | motarvea | ਮੋਟਰਵੇਅ |
| 48 | Mountain | pahaarh, parbat | ਪਹਾੜ , ਪਰਬਤ |
| 49 | New moon | ekam da chanN | ਏਕਮ ਦਾ ਚੰਨ |
| 50 | North pole | uttree dharoo | ਉੱਤਰੀ ਧਰੂ |
| 51 | Ocean | mahaan saagar | ਮਹਾਂਸਾਗਰ |
| 52 | Orbit | grhi-paththh | ਗ੍ਰਹਿ-ਪੱਥ |
| 53 | Pavement | patrhee | ਪਟੜੀ |

| Town, Country and Nature | shahir, piNd te kudrt | ਸ਼ਹਿਰ, ਪਿੰਡ ਤੇ ਕੁਦਰਤ |
|---|---|---|
| 54 Peak | chotee | ਚੋਟੀ |
| 55 Pedestrian crossing | paidal laanghaa | ਪੈਦਲ ਲਾਂਘਾ |
| 56 Peninsula | praaideep | ਪ੍ਰਾਇਦੀਪ |
| 57 Phases of the moon | chaNn de pakhkh | ਚੰਨ ਦੇ ਪੱਖ |
| 58 Planet | grahi | ਗ੍ਰਹਿ |
| 59 Plateau | thoree, pathaar, pabbee | ਠੋਰੀ, ਪਠਾਰ, ਪੱਬੀ |
| 60 Pole star | dhroo taaraa | ਧ੍ਰੂ ਤਾਰਾ |
| 61 Queue | paNgat, kataar, paal | ਪੰਗਤ, ਕਤਾਰ, ਪਾਲ |
| 62 Rainbow | satraNgee peengh | ਸਤਰੰਗੀ ਪੀਂਘ |
| 63 Reef | mooNgaa tokree | ਮੂੰਗਾ ਟੋਕਰੀ |
| 64 River | dariaa | ਦਰਿਆ |
| 65 Road | sarhk | ਸੜਕ |
| 66 Rock | chataan | ਚਟਾਨ |
| 67 Sand | ret | ਰੇਤ |
| 68 Sand-dunes | ret daa tibbaa | ਰੇਤ ਦਾ ਟਿੱਬਾ |
| 69 Satellite | upgrahi | ਉਪਗ੍ਰਹਿ |
| 70 Sea | saagar | ਸਾਗਰ |
| 71 Sea wall | saagar pushtaa | ਸਾਗਰ ਪੁਸ਼ਤਾ |
| 72 Sea weed | jal neel | ਜਲ ਨੀਲ |
| 73 Shadow | parchaavaan | ਪਰਛਾਵਾਂ |
| 74 Sky | asmaan, akaash | ਅਸਮਾਨ, ਅਕਾਸ਼ |
| 75 South pole | dakhkhnhee dharoo | ਦੱਖਣੀ ਧਰੂ |
| 76 Space travel | pulaarh yaatraa | ਪੁਲਾੜ ਯਾਤਰਾ |
| 77 Spaceman | pulaarh yaatree | ਪੁਲਾੜ ਯਾਤਰੀ |
| 78 Star | taaraa | ਤਾਰਾ |
| 79 Statue | but | ਬੁਤ |

| Town, Country and Nature | shahir, piNd te kudrt | ਸ਼ਹਿਰ, ਪਿੰਡ ਤੇ ਕੁਦਰਤ |
|---|---|---|
| 80 straits, channel | panhjorh, aabnaae | ਪਣਜੋੜ, ਆਬਨਾਏ |
| 81 Sun | sooraj | ਸੂਰਜ |
| 82 Town | kasbaa | ਕਸਬਾ |
| 83 Traffic lights | aavaajaaee deeaan bateeaan | ਆਵਾਜਾਈ ਦੀਆਂ ਬਤੀਆਂ |
| 84 Traffic signs | aavaajaaee de chiNn | ਆਵਾਜਾਈ ਦੇ ਚਿੰਨ |
| 85 Tribtary | sahaaik nadee | ਸਹਾਇਕ ਨਦੀ |
| 86 Tropic of Cancer | kark rekhaa | ਕਰਕ ਰੇਖਾ |
| 87 Tropic of Capricorn | makr rekhaa | ਮਕਰ ਰੇਖਾ |
| 88 Tunnel | suraNg | ਸੁਰੰਗ |
| 89 Valley | ghaatee, vaadee | ਘਾਟੀ, ਵਾਦੀ |
| 90 Village | piNd | ਪਿੰਡ |
| 91 Volcano | javaalaa mukhee | ਜਵਾਲਾ ਮੁਖੀ |
| 92 Water | paanhee | ਪਾਣੀ |
| 93 Waterfall | jharnaa, aabshaar | ਝਰਨਾ, ਆਬਸ਼ਾਰ |
| 94 Waves | lahiraan | ਲਹਿਰਾਂ |

# Clothes

| | Clothes etc. | kaprhe aadi | ਕਪੜੇ ਆਦਿ |
|---|---|---|---|
| 1 | Bed Holder | bistare baNd | ਬਿਸਤਰੇ ਬੰਦ |
| 2 | Bedcover | bistare daa ghalaaf | ਬਿਸਤਰੇ ਦਾ ਗ਼ਲਾਫ਼ |
| 3 | Belt | petee | ਪੇਟੀ |
| 4 | Blanket | kaNbal | ਕੰਬਲ |
| 5 | Blouse | cholee | ਚੋਲੀ |
| 6 | Bra, Bodice | aNgee, aNgeeaa | ਅੰਗੀ, ਅੰਗੀਆ |
| 7 | Breeches | choorheedaar pajaamaa | ਚੂੜੀਦਾਰ ਪਜਾਮਾ |
| 8 | Brocade | zareedaar kaprhaa | ਜ਼ਰੀਦਾਰ ਕਪੜਾ |
| 9 | Brooch | barooch | ਬਰੂਚ |
| 10 | Buckle | baksooaa | ਬਕਸੂਆ |
| 11 | Bushirt | busharat | ਬੁਸ਼ਰਟ |
| 12 | Button | beerhaa | ਬੀੜਾ |
| 13 | Button hole | kaaj | ਕਾਜ |
| 14 | Cap, Hat | topee, top | ਟੋਪੀ, ਟੋਪ |
| 15 | Cape | phatoohee | ਫਤੂਹੀ |
| 16 | Cashmere | kashmeeree kaprhaa | ਕਸ਼ਮੀਰੀ ਕਪੜਾ |
| 17 | Chintz | cheent | ਛੀਂਟ |
| 18 | Cloak, gown | chogaa, lavaadaa, cholaa | ਚੋਗਾ, ਲਵਾਦਾ, ਚੋਲਾ |
| 19 | Coat | kot | ਕੋਟ |
| 20 | Collar | kaalar | ਕਾਲਰ |
| 21 | Cotton | sootee | ਸੂਤੀ |
| 22 | Crepe | karep | ਕਰੇਪ |
| 23 | Cuff | kaf | ਕਫ |
| 24 | Cuff links | sattad | ਸੱਟਡ |
| 25 | Cushion | gaddee | ਗੱਦੀ |
| 26 | Darning | raphoo | ਰਫੂ |
| 27 | Diaper, nappy | potrhaa | ਪੋਤੜਾ |
| 28 | Dress | pahiraavaa, pahinaavaa, vastar, bastar | ਪਹਿਰਾਵਾ, ਪਹਿਨਾਵਾ, ਵਸਤਰ, ਬਸਤਰ |

| | Clothes etc. | kaprhe aadi | ਕਪੜੇ ਆਦਿ |
|---|---|---|---|
| 29 | Flannel | falaalainh | ਫਲਾਲੈਣ |
| 30 | Footwear, shoes, sandal, boots, trainers, slippers | juttee, gurgaabee, khosrhe, chittar,chappal,kharhaavaan, jorhe, vadde boot, khednh vaalaa jorha | ਜੁਤੀ, ਗੁਰਗਾਬੀ, ਖੋਸੜੇ, ਛਿਤਰ,ਚੱਪਲ,ਜੋੜੇ,ਖੜਾਵਾਂ ਵੱਡੇ ਬੂਟ, ਖੇਡਣ ਵਾਲਾ ਜੋੜਾ |
| 31 | Frock | faraak | ਫਰਾਕ |
| 32 | Full veil | burkaa | ਬੁਰਕਾ |
| 33 | Gents Outfit | luNgee, dhotee | ਲੁੰਗੀ, ਧੋਤੀ |
| 34 | Gloves | dastaane | ਦਸਤਾਨੇ |
| 35 | Handkerchief | rumaal | ਰੁਮਾਲ |
| 36 | Head gear for boys | patkaa | ਪਟਕਾ |
| 37 | Head gear for ladies | keskee, duptaa, chuNnee, orhnaa | ਕੇਸਕੀ, ਦੁੱਪਟਾ, ਚੁੰਨੀ, ਓੜਨਾ |
| 38 | Hem | lerhee | ਲੇੜੀ |
| 39 | Indian Gent's coat | aichkan | ਐਚਕਨ |
| 40 | Indian ladies baggy type trousers | salvaar | ਸਲਵਾਰ |
| 41 | Jacket | chotaa kot | ਛੋਟਾ ਕੋਟ |
| 42 | Jeans | jeenz | ਜੀਨਜ਼ |
| 43 | Knickers, pantie, shorts, briefs, drawers, pants | kachchaa, kachchee, chaddee, kachchhiraa, jaangheeaa | ਕੱਛਾ, ਕੱਛੀ, ਚੱਡੀ, ਕੱਛਹਿਰਾ, ਜਾਂਘੀਆ |
| 44 | Lace, border | magzee, pattee, pattaa, kiNgree, jhaalar, kinaaree | ਮਗਜ਼ੀ, ਪੱਟੀ, ਪੱਟਾ, ਕਿੰਗਰੀ, ਝਾਲਰ, ਕਿਨਾਰੀ |
| 45 | Laces | tasme | ਤਸਮੇਂ |
| 46 | Ladies outfit - legwear | garaaraa, lahiNgaa, sharaaraa | ਗਰਾਰਾ, ਲਹਿੰਗਾ, ਸ਼ਰਾਰਾ |
| 47 | Linen | lilanh | ਲਿਲਣ |
| 48 | Loin cloth | laNgotaa | ਲੰਗੋਟਾ |

| | Clothes etc. | kaprhe aadi | ਕਪੜੇ ਆਦਿ |
|---|---|---|---|
| 49 | Long cloth | laththaa | ਲੱਠਾ |
| 50 | Loose gown type | chogaa | ਚੋਗਾ |
| 51 | Mattress | tulaaee | ਤੁਲਾਈ |
| 52 | Muffler | guloobaNd | ਗੁਲੂਬੰਦ |
| 53 | Muslin | malmal | ਮਲਮਲ |
| 54 | Napkins | chotaa rumaal, chotaa tauleeaa, aNgo chaa | ਛੋਟਾ ਰੁਮਾਲ, ਛੋਟਾ ਤੌਲੀਆ, ਅੰਗੋਛਾ |
| 55 | Night dress, nightie | raat vaale kaprhe, raat daa pahiranh | ਰਾਤ ਵਾਲੇ ਕਪੜੇ, ਰਾਤ ਦਾ ਪਹਿਰਣ |
| 56 | Oilcloth | momjaamaa | ਮੋਮਜਾਮਾ |
| 57 | Overcoat | vaddaa kot | ਵੱਡਾ ਕੋਟ |
| 58 | Patch | taakee | ਟਾਕੀ |
| 59 | Petticoat | petee kot | ਪੇਟੀ ਕੋਟ |
| 60 | Pillow | saraahnhaa | ਸਰਾਹਣਾ |
| 61 | Pocket | jeb, jehbaa, bojaa, kkheesaa | ਜੇਬ, ਜੇਹਬਾ, ਬੋਜਾ, ਖੀਸਾ |
| 62 | Pyjama | paajaamaa | ਪਾਜਾਮਾ |
| 63 | Quilt | rajaaee | ਰਜਾਈ |
| 64 | Raincoat | barsaatee | ਬਰਸਾਤੀ |
| 65 | Sari | saarhhee | ਸਾੜ੍ਹੀ |
| 66 | Satin | saatan | ਸਾਟਨ |
| 67 | Scarf | sir dhakanh laee rumaal | ਸਿਰ ਢਕਣ ਲਈ ਰੁਮਾਲ |
| 68 | Serge | sarj daa kaprhaa | ਸਰਜ ਦਾ ਕਪੜਾ |
| 69 | Shawl | shaal, totaa, dushaalaa | ਸ਼ਾਲ, ਟੋਟਾ, ਦੁਸ਼ਾਲਾ |
| 70 | Sheet | chadar, chaadar | ਚਾਦਰ, ਚਦਰ |
| 71 | Shirt | kameez | ਕਮੀਜ਼ |
| 72 | Silk | resham | ਰੇਸ਼ਮ |
| 73 | Skirt | sakarat, ghaggree | ਸਕਰਟ, ਘੱਗਰੀ |

| | Clothes etc. | kaprhe aadi | ਕਪੜੇ ਆਦਿ |
|---|---|---|---|
| 74 | Sleeve | baanh | ਬਾਂਹ |
| 75 | Spectacles, glasses | ainak, chashmaa | ਐਨਕ, ਚਸ਼ਮਾ |
| 76 | Stockings, socks | mauje, juraabaan | ਮੌਜੇ, ਜੁਰਾਬਾਂ |
| 77 | Strap | vadhdhree | ਵੱਧਰੀ |
| 78 | Sweater, cardigan, jumper, pullover | savaitar, kotee, baNd gale daa savaitar | ਸਵੈਟਰ, ਕੋਟੀ, ਬੰਦ ਗਲੇ ਦਾ ਸਵੈਟਰ |
| 79 | Swim suit | tairan vaalaa bastar | ਤੈਰਨ ਵਾਲਾ ਬਸਤਰ |
| 80 | Tape | pheetaa | ਫੀਤਾ |
| 81 | Thread | dhaagaa | ਧਾਗਾ |
| 82 | Tie | kaNth laNgot | ਕੰਠ ਲੰਗੋਟ |
| 83 | Top | kurhtaa | ਕੁੜਤਾ |
| 84 | Towel | tauleeaa, parnaa | ਤੌਲੀਆ, ਪਰਨਾ |
| 85 | Trousers | patloon | ਪਤਲੂਨ |
| 86 | Tunic, Top | kurhtaa | ਕੁੜਤਾ |
| 87 | Turban | pagg, pagrhee, saafaa, dastaar | ਪੱਗ, ਪਗੜੀ, ਸਾਫਾ, ਦਸਤਾਰ |
| 88 | Umbrella | chatree | ਛਤਰੀ |
| 89 | Underwear | aNgvastar, heth paaunh vaale kaprhe | ਅੰਗਵਸਤਰ, ਹੇਠ ਪਾਉਣ ਵਾਲੇ ਕਪੜੇ |
| 90 | Veil | ghuNd | ਘੁੰਡ |
| 91 | Velvet | shaneel | ਸ਼ਨੀਲ |
| 92 | Vest, singlet | baniaan | ਬਨਿਆਨ |
| 93 | Viscose | linan | ਲਿਨਨ |
| 94 | Waistcoat | vaaskat, kurhtee, phatoohee | ਵਾਸਕਟ, ਕੁੜਤੀ, ਫਤੂਹੀ |
| 95 | Wool | unn | ਉੱਨ |
| 96 | Yarn | dhaagaa | ਧਾਗਾ |

# Language

| Language related | bhaashaa sabaNdhee | ਭਾਸ਼ਾ ਸਬੰਧੀ |
|---|---|---|
| 1 Active voice | kataree vaach | ਕਰਤਰੀ ਵਾਚ |
| 2 Activity book | ahaar pustak | ਅਹਾਰ ਪੁਸਤਕ |
| 3 Adjective | visheshanh | ਵਿਸ਼ੇਸ਼ਣ |
| 4 Adverb | kiriaa visheshanh | ਕਿਰਿਆ ਵਿਸ਼ੇਸ਼ਣ |
| 5 Affirmative | sree kaaraatmak | ਸ੍ਰੀ ਕਾਰਾਤਮਕ |
| 6 Alphabet | varanh maalaa | ਵਰਣਮਾਲਾ |
| 7 Answer | juaab | ਜੁਆਬ |
| 8 Appendix | aNtkaa | ਅੰਤਕਾ |
| 9 Art | kalaa | ਕਲਾ |
| 10 Artist | kalaakaar | ਕਲਾਕਾਰ |
| 11 Assertive | nishcheaatmak | ਨਿਸ਼ਚੇਆਤਮਕ |
| 12 Auxiliary | sahaaik kiriaa | ਸਹਾਇਕ ਕਿਰਿਆ |
| 13 Best wishes | shubh ichchaavaan | ਸ਼ੁਭ ਇੱਛਾਵਾਂ |
| 14 Book | pustak | ਪੁਸਤਕ |
| 15 Cloze | vaartak aNsh | ਵਾਰਤਕ ਅੰਸ਼ |
| 16 Combination of words | samaasee shabad | ਸਮਾਸੀ ਸ਼ਬਦ |
| 17 Comedy | sukhaant | ਸੁਖਾਂਤ |
| 18 Community language | smaajik bhaashaa | ਸਮਾਜਿਕ ਭਾਸ਼ਾ |
| 19 Comprehension | samjhnhaa bhu, viklpee | ਸਮਝਣਾ ਬਹੁ, ਵਿਕਲਪੀ |
| 20 Congratulations | vadhaaee | ਵਧਾਈ |
| 21 Conjunction | saNyojk | ਸੰਯੋਜਕ |
| 22 Consonants | viaNjn | ਵਿਅੰਜਨ |
| 23 Contents | tatkraa | ਤਤਕਰਾ |
| 24 Conversation | bolchaal | ਬੋਲਚਾਲ |
| 25 Correct | theek | ਠੀਕ |
| 26 Criticism | aalochnaa | ਆਲੋਚਨਾ |

| | Language related | bhaashaa sabaNdhee | ਭਾਸ਼ਾ ਸਬੰਧੀ |
|---|---|---|---|
| 27 | Dictionary | kosh | ਕੋਸ਼ |
| 28 | Direct speech | partakhkh kathan | ਪਰਤੱਖ ਕਥਨ |
| 29 | Drama | naatak | ਨਾਟਕ |
| 30 | Education | vidiaa | ਵਿਦਿਆ |
| 31 | Encyclopedia | mahaan kosh | ਮਹਾਂ ਕੋਸ਼ |
| 32 | Etiquette | shishtaachaar | ਸ਼ਿਸ਼ਟਾਚਾਰ |
| 33 | Exclamatory | vismaibodhak | ਵਿਸਮੈਬੋਧਕ |
| 34 | Exercise book | kaapee | ਕਾਪੀ |
| 35 | Exercises | abhiaas | ਅਭਿਆਸ |
| 36 | Fables | puraanhk kathaa | ਪੁਰਾਣਕ ਕਥਾ |
| 37 | Fairy tales | paree kahaanheeaan | ਪਰੀ ਕਹਾਣੀਆਂ |
| 38 | Feminine Gender | istree liNg | ਇਸਤ੍ਰੀ ਲਿੰਗ |
| 39 | First person | utam purkh | ਉਤਮ ਪੁਰਖ |
| 40 | Foreign language | pardesee bolee | ਪਰਦੇਸੀ ਬੋਲੀ |
| 41 | Grammar | viaakarnh | ਵਿਆਕਰਣ |
| 42 | Gratitude | aabhaag | ਆਭਾਗ |
| 43 | Greeting | parnaam | ਪਰਨਾਮ |
| 44 | Idiom | muhaavare | ਮੁਹਾਵਰੇ |
| 45 | Imagination | kalpnaa | ਕਲਪਨਾ |
| 46 | Imperative mood | aagiaa te bentee vaachak | ਆਗਿਆ ਤੇ ਬੇਨਤੀ ਵਾਚਕ |
| 47 | Incorrect | ghalt | ਗ਼ਲਤ |
| 48 | Indirect speech | parokh kathan | ਪਰੋਖ ਕਥਨ |
| 49 | Instruction | nirdesh | ਨਿਰਦੇਸ਼ |
| 50 | Interjection | vismak | ਵਿਸਮਕ |
| 51 | Interrogative | prshanvaachak | ਪ੍ਰਸ਼ਨਵਾਚਕ |
| 52 | Intransitive | akrmk kiriaa | ਅਕਰਮਕ ਕਿਰਿਆ |

| | Language related | bhaashaa sabaNdhee | ਭਾਸ਼ਾ ਸਬੰਧੀ |
|---|---|---|---|
| 53 | Invitation | saddaa pattr | ਸੱਦਾ ਪੱਤਰ |
| 54 | Ladies folk dance | gidhdhaa | ਗਿੱਧਾ |
| 55 | Letter | pattarkaa, chiththee | ਪੱਤਰਕਾ, ਚਿੱਠੀ |
| 56 | Linking words | saNbaNdhat shabad | ਸੰਬੰਧਤ ਸ਼ਬਦ |
| 57 | Literary | saahitik | ਸਾਹਿਤਕ |
| 58 | Literature | saahit | ਸਾਹਿਤ |
| 59 | Lyric | ghazal | ਗਜ਼ਲ |
| 60 | Masculine Gender | puliNg | ਪੁਲਿੰਗ |
| 61 | Mens folk dance | bhaNgrhaa | ਭੰਗੜਾ |
| 62 | Miscellaneous | phutkal | ਫੁਟਕਲ |
| 63 | Mother tongue | maan bolee | ਮਾਂ ਬੋਲੀ |
| 64 | Music | raag | ਰਾਗ |
| 65 | Negative | naa vaachak | ਨਾ ਵਾਚਕ |
| 66 | Nominative case | kartaa kaarak | ਕਰਤਾ ਕਾਰਕ |
| 67 | Noun | naanv | ਨਾਂਵ |
| 68 | Novel | naaval | ਨਾਵਲ |
| 69 | Object | karam | ਕਰਮ |
| 70 | Objective case | karam kaarak | ਕਰਮ ਕਾਰਕ |
| 71 | Order | aagiaa | ਆਗਿਆ |
| 72 | Passive voice | karmanhee vaach | ਕਰਮਣੀ ਵਾਚ |
| 73 | Past tense | bhoot kaal | ਭੂਤਕਾਲ |
| 74 | Personal Pronouns | purkh vaachk parhnaanv | ਪੁਰਖ ਵਾਚਕ ਪੜਨਾਂਵ |
| 75 | Platial words | sathaan vaachee shabad | ਸਥਾਨ ਵਾਚੀ ਸ਼ਬਦ |
| 76 | Plural | bahu vachan | ਬਹੁਵਚਨ |
| 77 | Poem | kavitaa | ਕਵਿਤਾ |
| 78 | Poet | kavee | ਕਵੀ |

| | Language related | bhaashaa sabaNdhee | ਭਾਸ਼ਾ ਸਬੰਧੀ |
|---|---|---|---|
| 79 | Positive | saadhaarn avsthaa, sveekaartamak, haan vaachk | ਸਾਧਾਰਨ ਅਵਸਥਾ, ਸ੍ਵੀਕਾਰਤਮਕ, ਹਾਂ ਵਾਚਕ |
| 80 | Possessive case | saNbaNdh kaarak | ਸੰਬੰਧ ਕਾਰਕ |
| 81 | Prefix | agetar | ਅਗੇਤਰ |
| 82 | Preposition | saNbNdhakee | ਸੰਬੰਧਕੀ |
| 83 | Present tense | vartmaan kaal | ਵਰਤਮਾਨ ਕਾਲ |
| 84 | Pronoun | parhnaanv | ਪੜਨਾਂਵ |
| 85 | Pronunciation | uchaarnh | ਉਚਾਰਣ |
| 86 | Prose | vaartaa | ਵਾਰਤਾ |
| 87 | Proverb | akhaanh | ਅਖਾਣ |
| 88 | Qualification | parh-h-aaee/ yogtaa | ਪੜ੍ਹਾਈ /ਯੋਗਤਾ |
| 89 | Question | suaal | ਸੁਆਲ |
| 90 | Realistic | yadaarth | ਯਦਾਰਥ |
| 91 | Request | bentee | ਬੇਨਤੀ |
| 92 | Rhymes | tukbaNdee | ਤੁਕਬੰਦੀ |
| 93 | Riddles | bujhaartaan | ਬੁਝਾਰਤਾਂ |
| 94 | Romantic | romaansak | ਰੋਮਾਂਸਕ |
| 95 | Satire | viaNg | ਵਿਅੰਗ |
| 96 | Second person | madhdhm purkh | ਮੱਧਮ ਪੁਰਖ |
| 97 | Sentence | vaak | ਵਾਕ |
| 98 | Sentence transformation | vaak vataandraa | ਵਾਕ ਵਟਾਂਦਰਾ |
| 99 | Silent letters | an uchrit akhkhr | ਅਨ ਉਚਰਿਤ ਅੱਖਰ |
| 100 | Singular | ik vachan | ਇਕਵਚਨ |
| 101 | Slang | baazaaroo bolee | ਬਾਜ਼ਾਰੂ ਬੋਲੀ |
| 102 | Song | gaanhaa | ਗਾਣਾ |

| Language related | bhaashaa sabaNdhee | ਭਾਸ਼ਾ ਸਬੰਧੀ |
|---|---|---|
| 103 Spellings | shabad jorh | ਸ਼ਬਦ ਜੋੜ |
| 104 Stage | raNg maNch | ਰੰਗਮੰਚ |
| 105 Story | kahaanhee | ਕਹਾਣੀ |
| 106 Story writer | kahaanhee kaar | ਕਹਾਣੀਕਾਰ |
| 107 Subject | kartaa | ਕਰਤਾ |
| 108 Technique | vidhee | ਵਿਧੀ |
| 109 Tense | kaal | ਕਾਲ |
| 110 Text book | taiksat pustak | ਟੈਕਸਟ ਪੁਸਤਕ |
| 111 Third person | any purkh | ਅਨਯ ਪੁਰਖ |
| 112 Tongue, language | zabaan, bolee, bhaashaa | ਜ਼ਬਾਨ, ਬੋਲੀ, ਭਾਸ਼ਾ |
| 113 Touching | tuNbanh | ਟੁੰਬਣ |
| 114 Tragedy | dukhaant | ਦੁਖਾਂਤ |
| 115 Training | tarbeeat | ਤਰਬੀਅਤ |
| 116 Transitive Verb | sakrmk kiriaa | ਸਕਰਮਕ ਕਿਰਿਆ |
| 117 Verb | kiriaa | ਕਿਰਿਆ |
| 118 Verse | kavitaa | ਕਵਿਤਾ |
| 119 Verse having 4 lines | chaupee | ਚੌਪਈ |
| 120 Vowels | svar | ਸ੍ਵਰ |
| 121 Word | shabad | ਸ਼ਬਦ |
| 122 Words in pair | jurhven shabd | ਜੁੜਵੇਂ ਸ਼ਬਦ |
| 123 Work book | kaaraj pustak | ਕਾਰਜ ਪੁਸਤਕ |

## Adjectives      visheshnh      ਵਿਸ਼ੇਸ਼ਣ

| | | | |
|---|---|---|---|
| 1 | Black | kaalaa, kaalee | ਕਾਲਾ, ਕਾਲੀ |
| 2 | Blunt | khuNdhaa, khuNdhee | ਖੁੰਢਾ, ਖੁੰਢੀ |
| 3 | Clean | saaf | ਸਾਫ਼ |
| 4 | Closed | baNd | ਬੰਦ |
| 5 | Dark | haneraa, haneree | ਹਨੇਰਾ, ਹਨੇਰੀ |
| 6 | Dry | sukkaa, sukkee | ਸੁੱਕਾ, ਸੁੱਕੀ |
| 7 | Fast | tez | ਤੇਜ਼ |
| 8 | Fat | motaa, motee | ਮੋਟਾ, ਮੋਟੀ |
| 9 | Happy | prsaNn | ਪ੍ਰਸੰਨ |
| 10 | Hard | mushkal | ਮੁਸ਼ਕਲ |
| 11 | Large | vaddaa, vaddee | ਵੱਡਾ, ਵੱਡੀ |
| 12 | Red | laal | ਲਾਲ |
| 13 | Slow | susat | ਸੁਸਤ |
| 14 | Small | chotaa, chotee | ਛੋਟਾ, ਛੋਟੀ |
| 15 | Soft | narm | ਨਰਮ |
| 16 | Straight | sidhdhaa, sidhdhee | ਸਿੱਧਾ, ਸਿੱਧੀ |

## Pronouns and Possessive Adjectives

| | | | |
|---|---|---|---|
| 1 | He,She | uh | ਉਹ |
| 2 | He,She | usne, uhne | ਉਸਨੇ, ਉਹਨੇ |
| 3 | That, Those, They | uh | ਉਹ |
| 4 | They | uhnaan | ਉਹਨਾਂ |
| 5 | His | uhdaa, usdaa | ਉਹਦਾ, ਉਸਦਾ |
| 6 | Her | uhdee, usdee | ਉਹਦੀ, ਉਸਦੀ |

| 7 | He,She | ih | ਇਹ |
|---|---|---|---|
| 8 | This, These | ih | ਇਹ |
| 9 | He,She | ih ne, is ne | ਇਹ ਨੇ, ਇਸ ਨੇ |
| 10 | His | ih daa, isdaa | ਇਹਦਾ, ਇਸਦਾ |
| 11 | Their | ihnaan daa, ihnaan dee | ਇਹਨਾਂ ਦਾ, ਇਹਨਾਂ ਦੀ, |
| 12 | Her | ihdee, ihnaan dee, isdee | ਇਹਦੀ, ਇਸਦੀ |
| 13 | I | main | ਮੈਂ |
| 14 | We | aseen | ਅਸੀਂ |
| 15 | Our | saadaa, saadee | ਸਾਡਾ, ਸਾਡੀ |
| 16 | Your | teraa, teree, tuhaadaa, tuhaadee | ਤੇਰਾ, ਤੇਰੀ, ਤੁਹਾਡਾ, ਤੁਹਾਡੀ |
| 17 | You | toon, tuseen | ਤੂੰ, ਤੁਸੀਂ |
| 18 | My | meraa, meree | ਮੇਰਾ, ਮੇਰੀ |

## Formation of Nouns from Adjectives — visheshnh ton naanv — ਵਿਸ਼ੇਸ਼ਣ ਤੋਂ ਨਾਂਵ

| 1 | Able - Ability | yog - yogtaa | ਯੋਗ – ਯੋਗਤਾ |
|---|---|---|---|
| 2 | Active - Activity | chust - chustee | ਚੁਸਤ – ਚੁਸਤੀ |
| 3 | Bright - Brightness | chankeelaa - chamak | ਚਮਕੀਲਾ – ਚਮਕ |
| 4 | Dark - Darkness | kaalaa - kaalapan | ਕਾਲਾ – ਕਾਲਪਨ |
| 5 | Deep - Depth | dooNghaa - dooNghaaee | ਡੂੰਘਾ – ਡੂੰਘਾਈ |

160

| | Formation of Nouns from Verbs | kiriaavaan ton naanv | ਕਿਰਿਆਵਾਂ ਤੋਂ ਨਾਂਵ |
|---|---|---|---|
| 1 | To arrive - arrival | pahuNchnhaa - pahuNch | ਪਹੁੰਚਣਾ – ਪਹੁੰਚ |
| 2 | To attract - attraction | khichchnhaa - khichch | ਖਿਚੱਣਾ – ਖਿੱਚ |
| 3 | To breathe - breath | saah lainhaa - saah | ਸਾਹ ਲੈਣਾ – ਸਾਹ |
| 4 | To do - deed | karnaa - kaarj | ਕਰਨਾ – ਕਾਰਜ |
| 5 | To defend - defence | rakhkhiaa karnee - rakhkhiaa | ਰੱਖਿਆ ਕਰਨੀ – ਰੱਖਿਆ |

| | Nouns to adjectives | naavaan ton visheshnh | ਨਾਵਾਂ ਤੋਂ ਵਿਸ਼ੇਸ਼ਣ |
|---|---|---|---|
| 1 | Anger - Angry | gussaa - gusse bhariaa | ਗੁੱਸਾ – ਗੁੱਸੇ ਭਰਿਆ |
| 2 | Body - Bodily | sareer - sareerak | ਸਰੀਰ – ਸਰੀਰਕ |
| 3 | Centre - Central | kendar - kendree | ਕੇਂਦਰ – ਕੇਂਦਰੀ |
| 4 | Circle - Circular | chakkar - chakkardaar | ਚੱਕਰ – ਚੱਕਰਦਾਰ |
| 5 | Drama - Dramatic | naatak - naatkee | ਨਾਟਕ – ਨਾਟਕੀ |
| 6 | Day - Daily | din - rozaanaa | ਦਿਨ – ਰੋਜ਼ਾਨਾ |

# Verbs

| Verbs | kiri<u>aa</u>vaa<u>n</u> | ਕਿਰਿਆਵਾਂ |
|---|---|---|
| 1 | To agree | ma<u>N</u>n-nhaa | ਮੰਨਣਾ |
| 2 | To attach | lagnhaa | ਲਗਣਾ |
| 3 | To be afraid | darnaa | ਡਰਨਾ |
| 4 | To bind | ba<u>N</u>n-h-nhaa | ਬੰਨ੍ਹਣਾ |
| 5 | To boil | <u>u</u>blnhaa | ਉਬਲਣਾ |
| 6 | To break | tuttnhaa | ਟੁੱਟਣਾ |
| 7 | To break | bha<u>N</u>n-nhaa | ਭੰਨਣਾ |
| 8 | To catch | pharhnaa | ਫੜਨਾ |
| 9 | To change | ba<u>d</u>lnhaa | ਬਦਲਣਾ |
| 10 | To Chase | pi<u>chch</u>aa karnaa | ਪਿੱਛਾ ਕਰਨਾ |
| 11 | To climb | charh-h-naa | ਚੜ੍ਹਨਾ |
| 12 | To come | <u>aau</u>nhaa | ਆਉਣਾ |
| 13 | To come down | <u>u</u>trnaa | ਉਤਰਨਾ |
| 14 | To cook | ri<u>N</u>n-h-nhaa | ਰਿੰਨ੍ਹਣਾ |
| 15 | To count | ginhnaa | ਗਿਣਨਾ |
| 16 | To Cover | dhaknhaa | ਢਕਣਾ |
| 17 | To Crawl | rirh-h-naa | ਰਿੜ੍ਹਨਾ |
| 18 | To cry | ronhaa | ਰੋਣਾ |
| 19 | To cut | kattnhaa | ਕੱਟਣਾ |
| 20 | To dance | nachchnhaa | ਨੱਚਣਾ |
| 21 | To die | marnaa | ਮਰਨਾ |
| 22 | To Dig | puttnhaa | ਪੁੱਟਣਾ |
| 23 | To divide | va<u>N</u>dnhaa | ਵੰਡਣਾ |
| 24 | To do | karnaa | ਕਰਨਾ |
| 25 | To draw | chi<u>t</u>rnaa | ਚਿਤਰਨਾ |
| 26 | To drink | peenhaa | ਪੀਣਾ |
| 27 | To Drip | tapknhaa | ਟਪਕਣਾ |

| | Verbs | kiri<u>aa</u>vaa<u>n</u> | ਕਿਰਿਆਵਾਂ |
|---|---|---|---|
| 28 | To eat | khaanhaa | ਖਾਣਾ |
| 29 | To enter | varhnaa | ਵੜਨਾ |
| 30 | To fall down | dhahinhaa | ਢਹਿਣਾ |
| 31 | To feed | khu<u>aa</u>unhaa | ਖੁਆਉਣਾ |
| 32 | To feed someone | khilaa<u>u</u>nhaa | ਖਿਲਾਉਣਾ |
| 33 | To fix | laa<u>u</u>nhaa | ਲਾਉਣਾ |
| 34 | To fly | <u>u</u>ddnhaa | ਉੱਡਣਾ |
| 35 | To frighten | daraa<u>u</u>nhaa | ਡਰਾਉਣਾ |
| 36 | To get read | parh-h-vaa<u>u</u>nhaa | ਪੜ੍ਹਵਾਉਣਾ |
| 37 | To give | <u>d</u>enhaa | ਦੇਣਾ |
| 38 | To give up | <u>ch</u>addnhaa | ਛੱਡਣਾ |
| 39 | To go | jaanhaa | ਜਾਣਾ |
| 40 | To have a bath | nahaa<u>u</u>nhaa | ਨਹਾਉਣਾ |
| 41 | To hear | sunhnaa | ਸੁਣਨਾ |
| 42 | To introduce someone | milvaa<u>u</u>nhaa | ਮਿਲਵਾਉਣਾ |
| 43 | To invite | sa<u>dd</u>nhaa | ਸੱਦਣਾ |
| 44 | To join | milaa<u>u</u>nhaa | ਮਿਲਾਉਣਾ |
| 45 | To jump | ku<u>dd</u>nhaa | ਕੁੱਦਣਾ |
| 46 | To keep | rakhkhnhaa | ਰੱਖਣਾ |
| 47 | To Kick | thuddaa maarnaa | ਠੁੱਡਾ ਮਾਰਨਾ |
| 48 | To knead | gu<u>N</u>n-h-nhaa | ਗੁੰਨ੍ਹਣਾ |
| 49 | To laugh | hassnhaa | ਹੱਸਣਾ |
| 50 | To learn | sikhnhaa | ਸਿਖਣਾ |
| 51 | To lift | chukknhaa | ਚੁੱਕਣਾ |
| 52 | To live | jee<u>u</u>nhaa | ਜੀਉਣਾ |
| 53 | To look | <u>t</u>aknhaa | ਤਕਣਾ |
| 54 | To make read | parh-h-aa<u>u</u>nhaa | ਪੜ੍ਹਾਉਣਾ |

| Verbs | kiriaavaan | ਕਿਰਿਆਵਾਂ |
|-------|------------|----------|
| 55 To make someone understand | samjhaaunhaa | ਸਮਝਾਉਣਾ |
| 56 To meet | milnhaa | ਮਿਲਣਾ |
| 57 To move | hilnhaa | ਹਿਲਣਾ |
| 58 To move forward | chalnhaa | ਚਲਣਾ |
| 59 To play | khednhaa | ਖੇਡਣਾ |
| 60 To pull | khichchnhaa | ਖਿੱਚਣਾ |
| 61 To push | dhakknhaa | ਧੱਕਣਾ |
| 62 To quarrel | jhagrhnaa | ਝਗੜਨਾ |
| 63 To reach | pahuNchnhaa | ਪਹੁੰਚਣਾ |
| 64 To read | parh-h-naa | ਪੜ੍ਹਨਾ |
| 65 To rise | uththnhaa | ਉਠੱਣਾ |
| 66 To run | daurhnaa | ਦੌੜਨਾ |
| 67 To say | kahinhaa | ਕਹਿਣਾ |
| 68 To see | dekhnhaa | ਦੇਖਣਾ |
| 69 To see | vekhnhaa | ਵੇਖਣਾ |
| 70 To send | ghalnhaa | ਘਲਣਾ |
| 71 To serve | vartaaunhaa | ਵਰਤਾਉਣਾ |
| 72 To sing | gaaunhaa | ਗਾਉਣਾ |
| 73 To sit | bahinhaa | ਬਹਿਣਾ |
| 74 To sleep | saunhaa | ਸੌਣਾ |
| 75 To speak | bolnhaa | ਬੋਲਣਾ |
| 76 To spit | thukknhaa | ਥੁੱਕਣਾ |
| 77 To stay | thahirnaa | ਠਹਿਰਨਾ |
| 78 To stay somewhere | rahinhaa | ਰਹਿਣਾ |
| 79 To swim | tarnaa | ਤਰਨਾ |
| 80 To take | lainhaa | ਲੈਣਾ |

| Verbs | kiri<u>aa</u>vaa<u>n</u> | ਕਿਰਿਆਵਾਂ |
|---|---|---|
| 81 To take care of | sa<u>N</u>bhaalnhaa | ਸੰਭਾਲਣਾ |
| 82 To take off | laahunhaa | ਲਾਹੁਣਾ |
| 83 To taste | chakhnhaa | ਚਖਣਾ |
| 84 To teach | sikhaa<u>u</u>nhaa | ਸਿਖਾਉਣਾ |
| 85 To tell | sunhaa<u>u</u>nhaa | ਸੁਣਾਉਣਾ |
| 86 To tell | <u>d</u>assnhaa | ਦੱਸਣਾ |
| 87 To think | vichaarnaa | ਵਿਚਾਰਨਾ |
| 88 To throw | suttnhaa | ਸੁੱਟਣਾ |
| 89 To understand | samjhanhaa | ਸਮਝਣਾ |
| 90 To use | var<u>t</u>nhaa | ਵਰਤਣਾ |
| 91 To wake up | jaagnhaa | ਜਾਗਣਾ |
| 92 To walk | <u>t</u>urnaa | ਤੁਰਨਾ |
| 93 To wear | pahin-nh-aa | ਪਹਿਨਣਾ |
| 94 To write | likhnhaa | ਲਿਖਣਾ |

# Phrases

| | Sayings, Proverbs, Idioms | neetee vaak, akhaanh, muhaavare | ਨੀਤੀ ਵਾਕ, ਅਖਾਣ, ਮੁਹਾਵਰੇ |
|---|---|---|---|
| 1 | A bad workman quarrels with his tools | nachnhaa aaundaa naheen vihrhaa mauklaa | ਨਚਣਾ ਆਉਂਦਾ ਨਹੀਂ ਵਿਹੜਾ ਮੌਕਲਾ |
| 2 | A bird in hand is worth two in the bush | naun nakad naa ter-h-aan udhaar | ਨੌਂ ਨਕਦ ਨਾ ਤੇਰ੍ਹਾਂ ਉਧਾਰ |
| 3 | A friend in need is a friend indeed | dosat uh jihrhaa museebat vele kaNm aave | ਦੋਸਤ ਉਹ ਜਿਹੜਾ ਮੁਸੀਬਤ ਵੇਲੇ ਕੰਮ ਆਵੇ |
| 4 | A little knowledge is a dangerous thing | neem hakeem khatraa jaan | ਨੀਮ ਹਕੀਮ ਖਤਰਾ ਜਾਨ |
| 5 | All are not alike | paNje ungleeaan baraabar naheen huNdeeaan | ਪੰਜੇ ਉਂਗਲੀਆਂ ਬਰਾਬਰ ਨਹੀਂ ਹੁੰਦੀਆਂ |
| 6 | All is fair in love and war | piaar ate larhaaee vich sabh kujhjh jaaiz hai | ਪਿਆਰ ਅਤੇ ਲੜਾਈ ਵਿਚ ਸਭ ਕੁੱਝ ਜਾਇਜ਼ ਹੈ |
| 7 | An empty vessel makes much noise | adhdhee bharee gaagar chalkdee hai | ਅੱਧੀ ਭਰੀ ਗਾਗਰ ਛਲਕਦੀ ਹੈ |
| 8 | As you sow so shall you reap | jaisee karnee vaisee bharnee | ਜੈਸੀ ਕਰਨੀ ਵੈਸੀ ਭਰਨੀ |
| 9 | Barking dogs seldom bite | jo garjde han so barsde naheen | ਜੋ ਗਰਜਦੇ ਹਨ ਸੋ ਬਰਸਦੇ ਨਹੀਂ |

| | **Sayings, Proverbs, Idioms** | **neetee vaak, akhaanh, muhaavare** | **ਨੀਤੀ ਵਾਕ, ਅਖਾਣ, ਮੁਹਾਵਰੇ** |
|---|---|---|---|
| 10 | Birds of a feather flock together | ikk thailee de chatte-vatte | ਇੱਕ ਥੈਲੀ ਦੇ ਚੱਟੇ-ਵੱਟੇ |
| 11 | Bone of contention | puaarhe dee jarh-h | ਪੁਆੜੇ ਦੀ ਜੜ੍ਹ |
| 12 | Buildingcastles in the air | havaaee kile banhaaunhaa | ਹਵਾਈ ਕਿਲੇ ਬਣਾਉਣਾ |
| 13 | By leaps and bounds | din doonhee raat chaugunhee | ਦਿਨ ਦੂਣੀ ਰਾਤ ਚੌਗੁਣੀ |
| 14 | Familiarity breeds contempt | bahutee nerhtaa jhagrhe paidaa kardee hai | ਬਹੁਤੀ ਨੇੜਤਾ ਝਗੜੇ ਪੈਦਾ ਕਰਦੀ ਹੈ |
| 15 | Good books | chaNgee nazar vich honhaa | ਚੰਗੀ ਨਜ਼ਰ ਵਿਚ ਹੋਣਾ |
| 16 | Hand and gloves | ghiu khichrhee | ਘਿਉ ਖਿਚੜੀ |
| 17 | Hand to mouth | aarthak taNgee | ਆਰਥਕ ਤੰਗੀ |
| 18 | Handsome is that handsome does | suhnhaa uh jo suhnhe kaNm kare | ਸੁਹਣਾ ਉਹ ਜੋ ਸੁਹਣੇ ਕੰਮ ਕਰੇ |
| 19 | Health is wealth | ikk taNdrustee hazaar niaamat hai | ਇੱਕ ਤੰਦਰੁਸਤੀ ਹਜ਼ਾਰ ਨਿਆਮਤ ਹੈ |
| 20 | Honesty is the best policy | eemaandaaree sabh ton chaNgee neetee hai | ਈਮਾਨਦਾਰੀ ਸਭ ਤੋਂ ਚੰਗੀ ਨੀਤੀ ਹੈ |
| 21 | In full swing | poore zoraan te | ਪੂਰੇ ਜ਼ੋਰਾਂ ਤੇ |

| | **Sayings, Proverbs, Idioms** | **neetee vaak, akhaanh, muhaavare** | **ਨੀਤੀ ਵਾਕ, ਅਖਾਣ, ਮੁਹਾਵਰ** |
|---|---|---|---|
| 22 | It takes two to make a quarrel | taarhee donaan haththaan naal vajdee hai | ਤਾੜੀ ਦੋਨਾਂ ਹੱਥਾਂ ਨਾਲ ਵਜਦੀ ਹੈ |
| 23 | Making mountain of a mole hill | raaee daa pahaarh | ਰਾਈ ਦਾ ਪਹਾੜ |
| 24 | Narrow escape | baal baal bachchnhaa | ਬਾਲ ਬਾਲ ਬੱਚਣਾ |
| 25 | Nip the evil in the bud | buraaee nooN shuroo vich hee roko | ਬੁਰਾਈ ਨੂੰ ਸ਼ੁਰੂ ਵਿਚ ਹੀ ਰੋਕੋ |
| 26 | No pain no gain | dukhkh sahe binaan sukhkh naheen mildaa | ਦੁੱਖ ਸਹੇ ਬਿਨਾਂ ਸੁੱਖ ਨਹੀਂ ਮਿਲਦਾ |
| 27 | Nothing is stable in this world | duneeaan vich kujhjh vee sathir naheen | ਦੁਨੀਆਂ ਵਿਚ ਕੁੱਝ ਵੀ ਸਥਿਰ ਨਹੀਂ |
| 28 | One lie leads to another | jhooth daa aNt naheen | ਝੂਠ ਦਾ ਅੰਤ ਨਹੀਂ |
| 29 | Opportunists always worship the rising sun | maukaa parst hameshaa charh-h-de sooraj nooN poojde han | ਮੌਕਾ ਪਰਸਤ ਹਮੇਸ਼ਾ ਚੜ੍ਹਦੇ ਸੂਰਜ ਨੂੰ ਪੂਜਦੇ ਹਨ |
| 30 | Pack up your bag and baggage | aapnhaa boree bistraa baNn-h lao | ਆਪਣਾ ਬੋਰੀ ਬਿਸਤਰਾ ਬੰਨ੍ਹ ਲਓ |
| 31 | Perseverance prevails | dheeraj vich praaptee hai | ਧੀਰਜ ਵਿਚ ਪ੍ਰਾਪਤੀ ਹੈ |

| | Sayings, Proverbs, Idioms | neetee vaak, akhaanh, muhaavare | ਨੀਤੀ ਵਾਕ, ਅਖਾਣ, ਮੁਹਾਵਰੇ |
|---|---|---|---|
| 32 | Poles apart | zameen asmaan daa pharak | ਜ਼ਮੀਨ ਅਸਮਾਨ ਦਾ ਫਰਕ |
| 33 | Practice makes a man perfect | abhiaas aadmee nooN nipuNn banhaaundaa hai | ਅਭਿਆਸ ਆਦਮੀ ਨੂੰ ਨਿਪੁੰਨ ਬਣਾਉਂਦਾ ਹੈ |
| 34 | Pride hath a fall | gharoor daa sir neevaan | ਗ਼ਰੂਰ ਦਾ ਸਿਰ ਨੀਵਾਂ |
| 35 | Red handed | raNge haththee | ਰੰਗੇ ਹੱਥੀ |
| 36 | Selling like hot cakes | khoob vikree honhee | ਖ਼ੂਬ ਵਿਕਰੀ ਹੋਣੀ |
| 37 | Silence is golden | ikk chupp sau sukhkh | ਇੱਕ ਚੁੱਪ ਸੌ ਸੁੱਖ |
| 38 | Stolen kisses are sweet | choree daa gurh miththaa huNdaa hai | ਚੋਰੀ ਦਾ ਗੁੜ ਮਿੱਠਾ ਹੁੰਦਾ ਹੈ |
| 39 | The innocent are punished with the guilty | kanhak naal ghunh vee pis jaandaa hai | ਕਣਕ ਨਾਲ ਘੁਣ ਵੀ ਪਿਸ ਜਾਂਦਾ ਹੈ |
| 40 | To beat about the bush | idhar udhar deeaan gallaan karnaa | ਇਧਰ ਉਧਰ ਦੀਆਂ ਗੱਲਾਂ ਕਰਨਾ |
| 41 | To grind ones own axe | aapnhaa ulloo sidhdhaa karnaa | ਆਪਣਾ ਉੱਲੂ ਸਿੱਧਾ ਕਰਨਾ |
| 42 | Truth always wins | sadaa sachch dee jitt huNdee hai | ਸਦਾ ਸੱਚ ਦੀ ਜਿੱਤ ਹੁੰਦੀ ਹੈ |

| Sayings, Proverbs, Idioms | neetee vaak, akhaanh, muhaavare | ਨੀਤੀ ਵਾਕ, ਅਖਾਣ, ਮੁਹਾਵਰੇ |
|---|---|---|
| 43 Truth lies in deep waters | motee dooNghe paanhee vich huNdaa hai | ਮੋਤੀ ਡੂੰਘੇ ਪਾਣੀ ਵਿਚ ਹੁੰਦਾ ਹੈ |
| 44 Truth usually hurts | sachchee gall kaurhee huNdee hai | ਸੱਚੀ ਗੱਲ ਕੌੜੀ ਹੁੰਦੀ ਹੈ |
| 45 Union is strength | eke vich barkat hai | ਏਕੇ ਵਿਚ ਬਰਕਤ ਹੈ |
| 46 Ups and downs | utaar charh-h-aa-a | ਉਤਾਰ ਚੜ੍ਹਾਅ |
| 47 Where there is a will, there is a way | jithe chaah, uthe raah | ਜਿਥੇ ਚਾਹ, ਉਥੇ ਰਾਹ |
| 48 While in Rome do as the Romans do | jaisaa des vaisaa bhes | ਜੈਸਾ ਦੇਸ ਵੈਸਾ ਭੇਸ |
| 49 Work is worship | kaNm baNdgee hai | ਕੰਮ ਬੰਦਗੀ ਹੈ |

# Antonyms

| | Antonyms | ult bhaavee shabad | ਉਲਟ ਭਾਵੀ ਸ਼ਬਦ |
|---|---|---|---|
| 1 | A lot | bahut | ਬਹੁਤ |
| | Some | kujh | ਕੁਝ |
| 2 | Active | chust | ਚੁਸਤ |
| | Lazy | sust | ਸੁਸਤ |
| 3 | Bad | buraa | ਬੁਰਾ |
| | Good | achchaa | ਅੱਛਾ |
| 4 | Big | vaddaa | ਵੱਡਾ |
| | Small | chotaa | ਛੋਟਾ |
| 5 | Birth | janam | ਜਨਮ |
| | Death | maut | ਮੌਤ |
| 6 | Bitter | kaurhaa | ਕੌੜਾ |
| | Sweet | miththaa | ਮਿੱਠਾ |
| 7 | Brave | bahaadar | ਬਹਾਦਰ |
| | Coward | darpok | ਡਰਪੋਕ |
| 8 | Bright | ujaalaa | ਉਜਾਲਾ |
| | Dark | aneraa | ਅਨੇਰਾ |
| 9 | Cool | thaNdaa | ਠੰਡਾ |
| | Hot | garam | ਗਰਮ |
| 10 | Correct | theek | ਠੀਕ |
| | In correct | ghalat | ਗ਼ਲਤ |
| 11 | Credit | jam-h-aa | ਜਮ੍ਹਾ |
| | Debit | udhaar | ਉਧਾਰ |
| 12 | Danger | khatraa | ਖਤਰਾ |
| | Safety | surakhiaa | ਸੁਰਖਿਆ |
| 13 | Depressed | udaas | ਉਦਾਸ |
| | Happy | khush | ਖੁਸ਼ |

| | Antonyms | ult bhaavee shabad | ਉਲਟ ਭਾਵੀ ਸ਼ਬਦ |
|---|---|---|---|
| 14 | Difficult | aukhaa | ਔਖਾ |
| | Easy | saukhaa | ਸੌਖਾ |
| 15 | Domestic | paaltoo | ਪਾਲਤੂ |
| | Wild | jaNglee | ਜੰਗਲੀ |
| 16 | Early | jaldee | ਜਲਦੀ |
| | Late | der | ਦੇਰ |
| 17 | Narrow | taNg | ਤੰਗ |
| | Wide | chaurhaa | ਚੌੜਾ |
| 18 | Down | thalle | ਥੱਲੇ |
| | Up | utte | ਉੱਤੇ |
| 19 | In | aNdar | ਅੰਦਰ |
| | Out | baahar | ਬਾਹਰ |
| 20 | Empty | khaalee | ਖਾਲੀ |
| | Full | bhariaa hoiaa | ਭਰਿਆ ਹੋਇਆ |
| 21 | Earn | kamaaunhaa | ਕਮਾਉਣਾ |
| | Spend | kharchnhaa | ਖਰਚਣਾ |
| 22 | First | pahilaa | ਪਹਿਲਾ |
| | Last | akheerlaa | ਅਖੀਰਲਾ |
| 23 | Handsome | suhnhaa | ਸੁਹਣਾ |
| | Ugly | kojhaa | ਕੋਝਾ |
| 24 | Left | khabbe | ਖੱਬੇ |
| | Right | sajje | ਸੱਜੇ |
| 25 | Freedom | aazaadee | ਆਜ਼ਾਦੀ |
| | Slavery | gulaamee | ਗੁਲਾਮੀ |

## Words with Same initial sound in English and Panjabi

| | | | |
|---|---|---|---|
| 1 | Comb | kaNghee | ਕੰਘੀ |
| 2 | Floor | pharash | ਫਰਸ਼ |
| 3 | Flower | phull | ਫੁੱਲ |
| 4 | Fruit | phal | ਫਲ |
| 5 | Glue | gooNd | ਗੂੰਦ |
| 6 | Hand | hathth | ਹੱਥ |
| 7 | Leg | latt | ਲੱਤ |
| 8 | Maize | makkee | ਮੱਕੀ |
| 9 | Mind | man | ਮਨ |
| 10 | Month | maheenaa | ਮਹੀਨਾ |
| 11 | Mosque | maseet | ਮਸੀਤ |
| 12 | Mosquito | machchar | ਮਛੱਰ |
| 13 | Mother | maan | ਮਾਂ |
| 14 | Mouth | mooNh | ਮੂੰਹ |
| 15 | My | meraa | ਮੇਰਾ |
| 16 | Nine | naun | ਨੌਂ |
| 17 | Nose | nakk | ਨੱਕ |
| 18 | Page | paNnaa | ਪੰਨਾ |
| 19 | Pan | pateelaa | ਪਤੀਲਾ |
| 20 | Prayer | paraathnaa | ਪਰਾਥਨਾ |
| 21 | Publisher | parkaashk | ਪਰਕਾਸ਼ਕ |
| 22 | Seven | satt | ਸੱਤ |
| 23 | Soap | saabanh | ਸਾਬਣ |
| 24 | Stairs | seerhee | ਸੀੜੀ |
| 25 | Sun | sooraj | ਸੂਰਜ |

# English Words borrowed from Panjabi

| | | | |
|---|---|---|---|
| 1 | Avtar | avtaar | ਅਵਤਾਰ |
| 2 | Barfi | barfee | ਬਰਫ਼ੀ |
| 3 | Basmati | baasmatee | ਬਾਸਮਤੀ |
| 4 | Bungalow | baNglaa | ਬੰਗਲਾ |
| 5 | Chai | chaah | ਚਾਹ |
| 6 | Chutney | chatnee | ਚਟਨੀ |
| 7 | Curry | karee | ਕਰੀ |
| 8 | Dhobi | dhobhee | ਧੋਬੀ |
| 9 | Guru | guroo | ਗੁਰੂ |
| 10 | Gurudwara | gurduaaraa | ਗੁਰਦੁਆਰਾ |
| 11 | Jungle | jaNgal | ਜੰਗਲ |
| 12 | Karahi | karahee | ਕੜਾਹੀ |
| 13 | Kebab | kabaab | ਕਬਾਬ |
| 14 | Khaki | khaakee | ਖਾਕੀ |
| 15 | Langar | laNgar | ਲੰਗਰ |
| 16 | Mantar | maNtar | ਮੰਤਰ |
| 17 | Monsoon | monsoon | ਮੋਨਸੂਨ |
| 18 | Namaz | namaaz | ਨਮਾਜ਼ |
| 19 | Nan | naan | ਨਾਨ |
| 20 | Pakora | pakaurhe | ਪਕੌੜੇ |
| 21 | Pandit | paNdat | ਪੰਡਤ |
| 22 | Pukka | pakkaa | ਪੱਕਾ |
| 23 | Pyjama | paajaamaa | ਪਾਜਾਮਾ |
| 24 | Raj | raaj | ਰਾਜ |
| 25 | Samosa | samosaa | ਸਮੋਸਾ |
| 26 | Sari | saarh-h-ee | ਸਾੜ੍ਹੀ |

# Panjabi words borrowed from English

| | | | |
|---|---|---|---|
| 1 | Ambulance | 28 | Hospital |
| 2 | Ballpen | 29 | Hotel |
| 3 | Bank | 30 | Ice cream |
| 4 | Beer | 31 | Judge |
| 5 | Brandy | 32 | Number |
| 6 | Bulb | 33 | Pass |
| 7 | Bus | 34 | Pencil |
| 8 | Cable | 35 | Petrol Station |
| 9 | Camera | 36 | Plate |
| 10 | Car | 37 | Platform |
| 11 | Cellotape | 38 | Police |
| 12 | Central heating | 39 | Powder |
| 13 | Chalk | 40 | Radio |
| 14 | Chips | 41 | School |
| 15 | College | 42 | Scotch |
| 16 | Computer | 43 | Seat |
| 17 | Cricket | 44 | Station |
| 18 | Degree | 45 | Surgery |
| 19 | Desk | 46 | Tape recorder |
| 20 | Disc | 47 | Telephone |
| 21 | Doctor | 48 | Thermometer |
| 22 | E-mail | 49 | Ticket |
| 23 | Fail | 50 | Tie |
| 24 | File | 51 | Tiles |
| 25 | Football | 52 | Toilet |
| 26 | Gas | 53 | University |
| 27 | Hockey | 54 | Vote |
| | | 55 | Whiskey |

# Same word different meaning in English and Panjabi

| | | | | |
|---|---|---|---|---|
| 1 | Book | buk | ਬੁਕ ਵਿਚ ਪਾਣੀ ਪੀ | drink water joining both hands forming a cup |
| 2 | Case | kes | ਲੰਬੇ ਕੇਸ | long hair |
| 3 | Cheese | cheez | ਚੀਜ਼ | thing |
| 4 | Door | dor | ਪਤੰਗ ਦੀ ਡੋਰ | string of a kite |
| 5 | Eye | aaee | ਮੈਂ ਹੁਣੇ ਆਈ | I am just coming |
| 6 | Full | phull | ਫੁਲ | flower |
| 7 | It | itt | ਲਾਲ ਇੱਟ | red brick |
| 8 | Joke | jok | ਜੋਕ ਲਹੂ ਪੀਂਦੀ ਹੈ | leech drinks blood |
| 9 | Kill | kill | ਕਿੱਲ | nail |
| 10 | Kiss | kis | ਕਿਸ ਨੇ ਕਿਹਾ | who said that? |
| 11 | Look | luk | ਗਰਮ ਲੁਕ | hot tar |
| 12 | Luck | lak | ਪਤਲਾ ਲਕ | slim waist |
| 13 | More | mor | ਮੋਰ ਸੁਹਣਾ ਜਾਨਵਰ ਹੈ | peacock is a beautiful bird |
| 14 | My | maaee | ਮਾਈ ਜੀ | an old lady |
| 15 | Put | put | ਮਿੱਟੀ ਨਾ ਪੁਟ | don't dig the earth |
| 16 | Rub | rabb | ਰੱਬ | God |
| 17 | Run | ranh | ਰਣ ਖੇਤਰ | battle field |
| 18 | Sing | siNg | ਸਿੰਗ | horns |
| 19 | Thus | das | ਦਸ | ten |
| 20 | Tongue | taNg | ਟੰਗ (ਲੱਤ) | leg |
| 21 | Ugly | aglee | ਅਗਲੀ ਸੜਕ | next road |
| 22 | Walk | vaak | ਲੰਬਾ ਵਾਕ | long sentence |
| 23 | Wall | vaal | ਵਾਲ | hair |
| 24 | What | vat | ਅਜ ਬੜਾ ਵਟ ਹੈ | today it is quite hot |
| 25 | Which | vich | ਬਿੱਲੀ ਟੋਕਰੀ ਵਿਚ ਹੈ | the cat is in the basket |

# One word substitution

| One word substitute | prtisthaapan shabad | ਪ੍ਰਤਿਸਥਾਪਨ ਸ਼ਬਦ |
|---|---|---|
| 1 **Autobiography**<br>Life story of the person written<br>by himself/herself | aatam kathaa | ਆਤਮਕਥਾ<br>ਆਪਣੇ ਆਪ ਦੀ ਲਿਖੀ ਹੋਈ ਆਪਣੀ ਕਹਾਣੀ |
| 2 **Aggressor**<br>A person who attacks first | hamlaa-aa-var | ਹਮਲਾਆਵਰ<br>ਜਿਹੜਾ ਵਿਅਕਤੀ ਹਮਲੇ ਦੀ ਪਹਿਲ ਕਰੇ |
| 3 **Arbitrator**<br>one appointed by two parties to<br>settle the dispute | saalas | ਸਾਲਸ<br>ਜਿਸ ਨੂੰ ਦੋਨੋਂ ਧਿਰਾਂ ਆਪਸੀ ਝਗੜੇ ਦਾ<br>ਨਿਪਟਾਰਾ ਕਰਨ ਲਈ ਚੁਨਣ |
| 4 **Bilingual**<br>People who are competent in two languages | dubhaashee | ਦੁਭਾਸ਼ੀ<br>ਦੋ ਭਾਸ਼ਾਵਾਂ ਦਾ ਗਿਆਨ ਰੱਖਣ ਵਾਲੇ |
| 5 **Colleague**<br>A co-worker or a fellow worker in the<br>same factory or institution | sahi kaaree | ਸਹਿ ਕਾਰੀ<br>ਇੱਕੋ ਸੰਸਥਾ, ਫੈਕਟਰੀ ਜਾਂ ਕੰਪਨੀ ਵਿਚ ਕੰਮ<br>ਕਰਨ ਵਾਲੇ ਵਿਅਕਤੀ |
| 6 **Democracy**<br>Government by the people, for the<br>people and of the people | lokraaj | ਲੋਕ ਰਾਜ<br>ਲੋਕਾਂ ਦੀ, ਲੋਕਾਂ ਵਾਸਤੇ ਅਤੇ ਲੋਕਾਂ<br>ਵਲੋਂ ਚੁਣੀ ਗਈ ਸਰਕਾਰ |
| 7 **Epidemic**<br>A disease which spreads fast over a huge area | mahaamaaree | ਮਹਾਮਾਰੀ<br>ਤੇਜ਼ੀ ਨਾਲ ਵੱਡੇ ਖੇਤਰ ਵਿਚ ਫੈਲਣ ਵਾਲੀ ਬੀਮਾਰੀ |
| 8 **Etiquette**<br>Established and approved manners or<br>rules of conduct | shishtaachaar | ਸ਼ਿਸ਼ਟਾਚਾਰ<br>ਆਪਸੀ ਮੇਲ ਜੋਲ ਦੇ ਮੰਨੇ ਪ੍ਰਮੰਨੇ<br>ਰਸਮੀ ਤੌਰ ਤਰੀਕੇ |

| One word substitute | prtisthaapan shabad | ਪ੍ਰਤਿਸਥਾਪਨ ਸ਼ਬਦ |
|---|---|---|

**9 Illegal**      ghair kaanooNnee      ਗ਼ੈਰ ਕਾਨੂੰਨੀ
That which is against the law      ਜੋ ਕਾਨੂੰਨ ਦੇ ਖਿਲਾਫ ਹੋਵੇ

**10 Illiterate**      anparh-h      ਅਨਪੜ੍ਹ
A person who cannot read or write      ਜਿਹੜਾ ਵਿਅਕਤੀ ਪੜ੍ਹ ਲਿਖ ਨਾ ਸਕਦਾ ਹੋਵੇ

**11 Invisible**      adith      ਅਡਿਠ
That which cannot be seen      ਜਿਸ ਨੂੰ ਦੇਖਿਆ ਨਾ ਜਾ ਸਕੇ

**12 Illicit**      naajaaiz      ਨਾਜਾਇਜ਼
A trade which is prohibited by law      ਗ਼ੈਰ ਕਾਨੂੰਨੀ ਕੰਮ ਧੰਦਾ ਜਾ ਵਪਾਰ

**13 Synonyms**      samaan arthak shabad      ਸਮਾਨ ਅਰਥਕ ਸ਼ਬਦ
Words which have more or less the      ਮਿਲਦੇ ਜੁਲਦੇ ਅਰਥਾਂ ਵਾਲੇ ਸ਼ਬਦ
same meaning

**14 Volunteer**      svai sewak      ਸਵੈ ਸੇਵਕ
One who offers service of his      ਮਨਮਰਜ਼ੀ ਨਾਲ ਬਗ਼ੈਰ ਤਨਖਾਹ ਤੋਂ ਕੰਮ
own accord      ਕਰਨ ਵਾਲਾ

**15 Hen-pecked Husband**      raNn mureed      ਰੰਨ ਮੁਰੀਦ
The most obedient slave like husband      ਪਤਨੀ ਦੇ ਰੁਹਬ ਥੱਲੇ ਰਹਿਣ ਵਾਲਾ ਪਤੀ

**16 Post script**      upraNt likht      ਉਪਰੰਤ ਲਿਖਤ
The note written after the main document      ਮੂਲ ਲਿਖਤ ਤੋਂ ਮਗਰੋਂ ਸੁਝੀ ਗੱਲ

# Language game

| | What am I? | main kee haan? | ਮੈਂ ਕੀ ਹਾਂ? |
|---|---|---|---|
| 1 | I have teeth but I do not bite. | mere daNd han par main vadhdee naheen. | ਮੇਰੇ ਦੰਦ ਹਨ ਪਰ ਮੈਂ ਵਢਦੀ ਨਹੀਂ। |
| 2 | My ingredients are eggs, plain flour, margarine and castor sugar. | meree samgaree hai: aNde, mahidaa, maarjreen te peesee hooee khaNd. | ਮੇਰੀ ਸਮਗਰੀ ਹੈ: ਅੰਡੇ ਮਹਿਦਾ, ਮਾਰਜਰੀਨ, ਅਤੇ ਪੀਸੀ ਹੋਈ ਖੰਡ। |
| 3 | I am a pet, I can run and bark. | main paaltoo jaanvar haan, main daurh sakdaa haan, main bhaunk sakdaa haan. | ਮੈਂ ਪਾਲਤੂ ਜਾਨਵਵਰ ਹਾਂ। ਮੈਂ ਦੌੜ ਸਕਦਾ ਅਤੇ ਭੌਂਕ ਸਕਦਾ ਹਾਂ। |
| 4 | I am white. I am a liquid. People drink me. | main chittaa haan. Main taral haan.Lok mainooN peende han. | ਮੈਂ ਚਿੱਟਾ ਹਾਂ। ਮੈਂ ਤਰਲ ਹਾਂ। ਲੋਕ ਮੈਨੂੰ ਪੀਂਦੇ ਹਨ। |
| 5 | I am a fruit. My colour is yellow. I do not have a stone. | main phal haan. Meraa raNg peelaa hai. Meree gitak naheen huNdee | ਮੈਂ ਫਲ ਹਾਂ। ਮੇਰਾ ਰੰਗ ਪੀਲਾ ਹੈ। ਮੇਰੀ ਗਿਟਕ ਨਹੀਂ ਹੁੰਦੀ। |
| 6 | I am something that is used to eat with. I am made of metal. I am not sharp. | main uh haan jis naal kujh khaadhaa jaandaa.Main dhaat daa banhiaa hoiaa haan.Main tikhkhaa naheen haan. | ਮੈਂ ਉਹ ਹਾਂ ਜਿਸ ਨਾਲ ਕੁਝ ਖਾਧਾ ਜਾਂਦਾ ਹੈ। ਮੈਂ ਮੈਂ ਤਿੱਖਾ ਨਹੀਂ ਹਾਂ। ਧਾਤ ਦਾ ਬਣਿਆ ਹੋਇਆ ਹਾਂ। |
| 7 | I am jewellery. I am worn around the neck. My size could be short or long. | Main gahinhaa haan. MainooN gale vich paaiaa jaandaa hai. Meraa aakaar chotaa jaan laNbaa vee ho sakdaa hai. | ਮੈਂ ਗਹਿਣਾ ਹਾਂ। ਮੈਨੂੰ ਗਲੇ ਵਿਚ ਪਾਇਆ ਜਾਂਦਾ ਹੈ। ਮੇਰਾ ਆਕਾਰ ਛੋਟਾ ਜਾਂ ਲੰਬਾ ਵੀ ਹੋ ਸਕਦਾ ਹੈ। |
| 8 | I am a piece of furniture. I am made of wood. I have four legs. Things are placed on top of me. | Main farneechar haan. Main lakrhee daa banhiaa hoiaa haan. Mere ute cheezaan rakhkheeaan jaandeeaan han. | ਮੈਂ ਫਰਨੀਚਰ ਹਾਂ। ਮੈਂ ਲਕੜੀ ਦਾ ਬਣਿਆ ਹੋਇਆ ਹਾਂ।ਮੇਰੀਆਂ ਚਾਰ ਲੱਤਾਂ ਹਨ। ਮੇਰੇ ਉੱਤੇ ਚੀਜ਼ਾਂ ਰੱਖੀਆਂ ਜਾਂਦੀਆਂ ਹਨ। |

# Comparisons

| | Idiomatic comparisons | alaNkaarik upmaavaan | ਅਲੰਕਾਰਿਕ ਉਪਮਾਵਾਂ |
|---|---|---|---|
| 1 | As black as coal | kole jehaa kaalaa | ਕੋਲੇ ਜੇਹਾ ਕਾਲਾ |
| 2 | As brave as a lion | babber sher jehaa bahaadar | ਬੱਬਰ ਸ਼ੇਰ ਜੇਹਾ ਬਹਾਦਰ |
| 3 | As bright as a star | taare jehaa chamkeelaa | ਤਾਰੇ ਜੇਹਾ ਚਮਕੀਲਾ |
| 4 | As bright as day | din jehaa raushan | ਦਿਨ ਜੇਹਾ ਰੌਸ਼ਨ |
| 5 | As busy as a bee | makhkhee jehaa rujhiaa hoiaa | ਮੱਖੀ ਜੇਹਾ ਰੁਝਿਆ ਹੋਇਆ |
| 6 | As changeable as English weather | aNgrezee mausam jehaa badlanh vaalaa | ਅੰਗਰੇਜ਼ੀ ਮੌਸਮ ਜੇਹਾ ਬਦਲਣ ਵਾਲਾ |
| 7 | As cunning as a fox | looNbrhee jehaa dhokhe baaz | ਲੂੰਬੜੀ ਜੇਹਾ ਧੋਖੇ ਬਾਜ਼ |
| 8 | As dark as a moonless night | massiaa dee raat jehaa anehraa | ਮਸਿੱਆ ਦੀ ਰਾਤ ਜੇਹਾ ਅਨ੍ਹੇਰਾ |
| 9 | As dry as dust | dhoorh jehaa khushak | ਧੂੜ ਜੇਹਾ ਖ਼ੁਸ਼ਕ |
| 10 | As dumb as a statue | butt jehaa bolaa | ਬੁੱਤ ਜੇਹਾ ਬੋਲਾ |
| 11 | As easy as ABC | oorhaa airhaa eerhee jehaa saukhaa | ੳ ਅ ੲ ਜੇਹਾ ਸੌਖਾ |
| 12 | As fat as pig | soor jehaa motaa | ਸੂਰ ਜੇਹਾ ਮੋਟਾ |
| 13 | As free as air | havaa jehaa aazaad | ਹਵਾ ਜੇਹਾ ਆਜ਼ਾਦ |
| 14 | As fresh as dew | trel jehaa taazaa | ਤ੍ਰੇਲ ਜੇਹਾ ਤਾਜ਼ਾ |
| 15 | As gentle as a lamb | memne jehaa saaoo | ਮੇਮਨੇ ਜੇਹਾ ਸਾਊ |
| 16 | As green as grass | ghaah jehaa haraa | ਘਾਹ ਜੇਹਾ ਹਰਾ |
| 17 | As hard as stone | paththar jehaa sakht | ਪੱਥਰ ਜੇਹਾ ਸਖ਼ਤ |
| 18 | As hot as fire | agg jehaa garam | ਅੱਗ ਜੇਹਾ ਗਰਮ |
| 19 | As innocent as a dove | ghuggee jehaa bholaa | ਘੁੱਗੀ ਜੇਹਾ ਭੋਲਾ |
| 20 | As obstinate as a mule | khachchar jehaa dheeth | ਖ਼ੱਚਰ ਜੇਹਾ ਢੀਠ |
| 21 | As sharp as a razor | ustare jehaa tikhkhaa | ਉਸਤਰੇ ਜੇਹਾ ਤਿੱਖਾ |

# Collective phrases

| | Collective phrases | samoohak kathan | ਸਮੂਹਕ ਕਥਨ |
|---|---|---|---|
| 1 | A bunch of grapes | aNgooraan daa guchchaa | ਅੰਗੂਰਾਂ ਦਾ ਗੁੱਛਾ |
| 2 | A bunch of keys | chaabeeaan daa guchchaa | ਚਾਬੀਆਂ ਦਾ ਗੁੱਛਾ |
| 3 | A bunch of trees | darakhtaan daa jhuNd | ਦਰਖਤਾਂ ਦਾ ਝੁੰਡ |
| 4 | A bundle of clothes | kaprhiaan dee paNd | ਕਪੜਿਆਂ ਦੀ ਪੰਡ |
| 5 | A bundle of green fodder | pathiaan dee bharee | ਪਠਿਆਂ ਦੀ ਭਰੀ |
| 6 | A flight of birds | paNcheeaan dee daar | ਪੰਛੀਆਂ ਦੀ ਡਾਰ |
| 7 | A flock of sheep | bhedaan daa ijjrh | ਭੇਡਾਂ ਦਾ ਇੱਜੜ |
| 8 | A gang of robbers | daakooaan dee juNdlee | ਡਾਕੂਆਂ ਦੀ ਜੁੰਡਲੀ |
| 9 | A group of Sikhs | sikhkhaan daa dal | ਸਿੱਖਾਂ ਦਾ ਦਲ |
| 10 | A group of singers | raageeaan daa jaththaa | ਰਾਗੀਆਂ ਦਾ ਜੱਥਾ |
| 11 | A group of students | vidiaartheeaan dee tolee | ਵਿਦਿਆਰਥੀਆਂ ਦੀ ਟੋਲੀ |
| 12 | A heap of rubbish | koorhe daa dher | ਕੂੜੇ ਦਾ ਢੇਰ |
| 13 | A herd of cattle | pashooaan daa vag | ਪਸ਼ੂਆਂ ਦਾ ਵਗ |
| 14 | A hive of bees | shahid deeaan makhkheeaan daa chattaa | ਸ਼ਹਿਦ ਦੀਆਂ ਮੱਖੀਆਂ ਦਾ ਛੱਤਾ |
| 15 | A pack of hounds | shikaaree kuttiaan daa jhuNd | ਸ਼ਿਕਾਰੀ ਕੁੱਤਿਆਂ ਦਾ ਝੁੰਡ |
| 16 | A pair of shoes | juteeaan daa jorhaa | ਜੁਤੀਆਂ ਦਾ ਜੋੜਾ |
| 17 | A range of hills | pahaarheeaan daa silsalaa | ਪਹਾੜੀਆਂ ਦਾ ਸਿਲਸਲਾ |
| 18 | A regiment of soldiers | sipaaheeaan dee tukrhee | ਸਿਪਾਹੀਆਂ ਦੀ ਟੁਕੜੀ |
| 19 | A series of events | ghatnaavaan daa samooh | ਘਟਨਾਵਾਂ ਦਾ ਸਮੂਹ |
| 20 | A swarm of flies | makhkheeaan daa jhuNd | ਮੱਖੀਆਂ ਦਾ ਝੁੰਡ |
| 21 | A swarm of locusts | tidee dal | ਟਿੱਡੀ ਦਲ |
| 22 | A troop of horses | ghorhiaan daa dastaa | ਘੋੜਿਆਂ ਦਾ ਦਸਤਾ |

# Prepositions etc.

| Prepositions and correlatives etc. | saNbaNdhkee te poorkate aadi | ਸੰਬੰਧਕੀ ਤੇ ਪੂਰਕਤੇ ਆਦਿ |
|---|---|---|
| 1 A few | thorhe jehe | ਥੋੜੇ ਜੇਹੇ |
| 2 A little | thorhaa / thorhee | ਥੋੜਾ / ਥੋੜੀ |
| 3 About | baare, laggbhag, takreeban | ਬਾਰੇ, ਲੱਗਭਗ, ਤਕਰੀਬਨ |
| 4 After | baa-a-d | ਬਾਅਦ |
| 5 Ahead | agge | ਅੱਗੇ |
| 6 Already | pahile hee | ਪਹਿਲੇ ਹੀ |
| 7 Also | bhee, vee | ਭੀ , ਵੀ |
| 8 Although | bhaaven | ਭਾਵੇਂ |
| 9 Always | hameshaa | ਹਮੇਸ਼ਾ |
| 10 Among, amongst | vich, sabh vichchon | ਵਿਚ, ਸਭ ਵਿੱਚੋਂ |
| 11 Any | koee | ਕੋਈ |
| 12 As early as possible | jiNnee jaldee ho sake | ਜਿੰਨੀ ਜਲਦੀ ਹੋ ਸਕੇ |
| 13 As soon as | jiun hee | ਜਿਉਂ ਹੀ |
| 14 Back | pichche | ਪਿੱਛੇ |
| 15 Because | kiun ki | ਕਿਉਂਕਿ |
| 16 Before | pahile | ਪਹਿਲੇ |
| 17 Behind | pichche | ਪਿੱਛੇ |
| 18 Besides | ilaavaa | ਇਲਾਵਾ |
| 19 Between | vichkaar, vichaale | ਵਿਚਕਾਰ, ਵਿਚਾਲੇ |
| 20 Both | donon | ਦੋਨੋਂ |
| 21 But | prNtoo, par, lekan | ਪ੍ਰੰਤੂ , ਪਰ, ਲੇਕਨ |
| 22 By, with, beside | naal, de, ton, vaalaa | ਨਾਲ, ਦੇ, ਤੋਂ, ਵਾਲਾ |
| 23 Either / or | jaan , yaa | ਜਾਂ, ਯਾ |
| 24 For | laee | ਲਈ |
| 25 From | ton, vallon | ਤੋਂ, ਵੱਲੋਂ |
| 26 Front | agge/aggaa | ਅੱਗੇ, ਅੱਗਾ |

| Prepositions and correlatives etc. | saNbaNdhkee te poorkate aadi | ਸੰਬੰਧਕੀ ਤੇ ਪੂਰਕਤੇ ਆਦਿ |
|---|---|---|
| 27 How | kiven | ਕਿਵੇਂ |
| 28 How many | kiNne/ kiNneeaan | ਕਿੰਨੇ, ਕਿੰਨੀਆਂ |
| 29 How much | kiNnaa / kiNnee | ਕਿੰਨਾ / ਕਿੰਨੀ |
| 30 If | agar / jekar | ਅਗਰ / ਜੇ ਕਰ |
| 31 In, into, within | vich, aNdar | ਵਿਚ, ਅੰਦਰ |
| 32 Infact / indeed | darasal | ਦਰਅਸਲ |
| 33 Many | bahut saare | ਬਹੁਤ ਸਾਰੇ |
| 34 Near | nazdeek / nerhe | ਨਜ਼ਦੀਕ, ਨੇੜੇ |
| 35 Neither / nor | naa / naahee | ਨਾ / ਨਾਹੀ |
| 36 Never | kadee naheen | ਕਦੀ ਨਹੀਂ |
| 37 Next | aglee / aglaa | ਅਗਲੀ / ਅਗਲਾ |
| 38 Of | vaalaa, daa, dee | ਵਾਲਾ, ਦਾ, ਦੀ |
| 39 Of course | beshak | ਬੇਸ਼ਕ |
| 40 On, at | utte, te, vich | ਉੱਤੇ, ਤੇ, ਵਿਚ |
| 41 Over | uppar, ziaadaa | ਉੱਪਰ, ਜ਼ਿਆਦਾ |
| 42 So that | taan ki, taan jo | ਤਾਂ ਕਿ , ਤਾਂ ਜੋ |
| 43 Some | kujh | ਕੁਝ |
| 44 Than | ton | ਤੋਂ |
| 45 Therefore | is laee | ਇਸ ਲਈ |
| 46 Through | vichchon | ਵਿੱਚੋਂ |
| 47 Till | jad takk | ਜਦ ਤੱਕ |
| 48 To | nooN, val, takk | ਨੂੰ, ਵਲ, ਤੱਕ |
| 49 Today | ajj | ਅੱਜ |
| 50 Too much | bahut ziaadaa | ਬਹੁਤ ਜ਼ਿਆਦਾ |
| 51 Under | thalle, aNdar | ਥੱਲੇ, ਅੰਦਰ |
| 52 Unless | je kar | ਜੇ ਕਰ |

| Prepositions and correlatives etc. | saNbaNdhkee te poorkate aadi | ਸੰਬੰਧਕੀ ਤੇ ਪੂਰਕਤੇ ਆਦਿ |
|---|---|---|
| 53 Until | jadon takk | ਜਦੋਂ ਤੱਕ |
| 54 What | kee | ਕੀ |
| 55 When | kadon | ਕਦੋਂ |
| 56 Where | kiththe | ਕਿੱਥੇ |
| 57 While | jadon | ਜਦੋਂ |
| 58 Why | kiun | ਕਿਉਂ |
| 59 Yet | par, phirvee | ਪਰ, ਫਿਰਵੀ |

# Synonymous

| | Synonymous | samaanaarthee | ਸਮਾਨਾਰਥੀ |
|---|---|---|---|
| 1 | Aureate | nooraanee, chamkeelaa, chamkdaar, lishkvaan, ujjal, parkaashvaan, aabdaar, jhilmalaa | ਨੂਰਾਨੀ, ਚਮਕੀਲਾ, ਚਮਕਦਾਰ, ਲਿਸ਼ਕਵਾਂ, ਉੱਜਲ, ਪਰਕਾਸ਼ਵਾਨ, ਆਬਦਾਰ, ਝਿਲਮਲਾ |
| 2 | Battle | larhaaee, yud, jaNg | ਲੜਾਈ, ਯੁਦ, ਜੰਗ |
| 3 | Beauty | husanh, suhppnh, khoobsoortee | ਹੁਸਨ, ਸੁਹੱਪਣ, ਖ਼ੂਬਸੂਰਤੀ |
| 4 | Body | sareer, tan, jism, piNdaa, deh, vajood | ਸਰੀਰ, ਤਨ, ਜਿਸਮ, ਪਿੰਡਾ, ਦੇਹ, ਵਜੂਦ |
| 5 | Book | kitaab, pustak, graNth, graNthee, pothee | ਕਿਤਾਬ, ਪੁਸਤਕ, ਗ੍ਰੰਥ, ਗ੍ਰੰਥੀ, ਪੋਥੀ |
| 6 | Boy | jaatk, muNdaa, larhkaa, baalk, chokraa, lallaa, chokraa | ਜਾਤਕ, ਮੁੰਡਾ, ਲੜਕਾ, ਬਾਲਕ, ਲੱਲਾ, ਛੋਕਰਾ |
| 7 | Broom | jhaarhoo, baukar, buhaaree | ਝਾੜੂ, ਬੌਕਰ, ਬੁਹਾਰੀ |
| 8 | Cacodemon | moozee, durjan, dusht, bhoot, paret, jiNn, churhel | ਮੂਜ਼ੀ, ਦੁਰਜਨ, ਦੁਸ਼ਟ, ਭੂਤ, ਪਰੇਤ, ਜਿੰਨ, ਚੁੜੇਲ |
| 9 | Death | kaal vas, maut, mirtoo sadeevee vichorhaa, charh-h-aaee karnaa, cholaa badlnhaa, jotee jot smaaunhaa, pooraa honhaa, surgvaas, akaal chalaanhaa, iNtkaal, rabb nooN piaaraa honhaa, faut | ਕਾਲ ਵਸ, ਮੌਤ, ਮਿਰਤੂ, ਸਦੀਵੀ ਵਿਛੋੜਾ, ਚੜ੍ਹਾਈ ਕਰਨਾ, ਚੋਲਾ ਬਦਲਣਾ, ਜੋਤੀ ਜੋਤ ਸਮਾਉਣਾ, ਪੂਰਾ ਹੋਣਾ, ਸੁਰਗਵਾਸ, ਅਕਾਲ ਚਲਾਣਾ, ਇੰਤਕਾਲ, ਰੱਬ ਨੂੰ ਪਿਆਰਾ ਹੋਣਾ, ਫ਼ੌਤ |
| 10 | Door | dar, kavaarh, darvaazaa, boohaa | ਦਰ, ਕਵਾੜ, ਦਰਵਾਜਾ, ਬੂਹਾ |
| 11 | Family | tabbr, kuNbaa, parivaar, khaandaan, korhmaa | ਟੱਬਰ, ਕੁੰਬਾ, ਪਰਿਵਾਰ, ਖਾਨਦਾਨ, ਕੋੜਮਾ |
| 12 | Father | abbaa, pitaa, baapoo, baabal, vaalad | ਅੱਬਾ, ਪਿਤਾ, ਬਾਪੂ, ਬਾਬਲ, ਵਾਲਦ |
| 13 | Friend | mittr, dost, saNgee, saathee, belee | ਮਿੱਤਰ, ਦੋਸਤ, ਸੰਗੀ, ਸਾਥੀ, ਬੇਲੀ |

| | Synonymous | samaanaarthee | ਸਮਾਨਾਰਥੀ |
|---|---|---|---|
| 14 | Girl | larhkee, kurhee, kaakee, muNnee, lallee, baalrhee, kaNniaa | ਲੜਕੀ, ਕੁੜੀ, ਕਾਕੀ, ਮੁੰਨੀ, ਲੱਲੀ, ਬਾਲੜੀ, ਕੰਨਿਆ |
| 15 | God | rabb, bhagvaan, parmatmaa, vaahiguroo, akaalpurk, parmeshar, eeshvar | ਰੱਬ, ਭਗਵਾਨ, ਪਰਮਾਤਮਾ, ਵਾਹਿਗੁਰੂ, ਅਕਾਲ ਪੁਰਖ, ਪਰਮੇਸ਼ਰ, ਈਸ਼ਵਰ |
| 16 | House /Home | kullee, ghar, makaan, grhi, rainh baseraa, gareeb khaanaa | ਕੁੱਲੀ, ਘਰ, ਮਕਾਨ, ਗ੍ਰਹਿ, ਰੈਣ ਬਸੇਰਾ, ਗ਼ਰੀਬਖਾਨਾ |
| 17 | Love | ishk, muhabat, piaar, teh, saneh, ulfat | ਇਸ਼ਕ, ਮੁਹਬਤ, ਪਿਆਰ, ਤੇਹ, ਸਨੇਹ, ਉਲਫਤ |
| 18 | Man | aadmee, mard, manukhkh | ਆਦਮੀ, ਮਰਦ, ਮਨੁੱਖ |
| 19 | Mother | maan, beebee, maataa, bejee, bebe | ਮਾਂ, ਬੀਬੀ, ਮਾਤਾ, ਬੇਜੀ, ਬੇਬੇ |
| 20 | Sun | sooraj, dinaakar, prbhakar, swarnh pursh, ravee, aaftaab, aitvaar | ਸੂਰਜ, ਦਿਨਾਕਰ, ਪ੍ਰਭਾਕਰ, ਸਵਰਣ ਪੁਰਸ਼, ਰਵੀ, ਆਫਤਾਬ, ਐਤਵਾਰ |
| 21 | Sword | talvaar, kirpaan, sree saahib, bha gautee | ਤਲਵਾਰ, ਕਿਰਪਾਨ, ਸ੍ਰੀ ਸਾਹਿਬ, ਭਗੌਤੀ |
| 22 | Tasty | suaadee, mazedaar, zaaikaadaar, lazeez | ਸੁਆਦੀ, ਮਜ਼ੇਦਾਰ, ਜ਼ਾਇਕਾਦਾਰ, ਲਜ਼ੀਜ਼ |
| 23 | Tongue | zabaan, rasnaa, jeebh | ਜ਼ਬਾਨ, ਰਸਨਾ, ਜੀਭ |
| 24 | Tree | darakht, perh, vanh, rukhkh | ਦਰਖਤ, ਪੇੜ, ਵਣ, ਰੁੱਖ |
| 25 | Turban | pagg, saafaa, pagrhee, dastaar | ਪੱਗ, ਸਾਫਾ, ਪਗੜੀ, ਦਸਤਾਰ |
| 26 | Uncle | maamaa, maasarh, chaachaa, taaiaa, phupharh | ਮਾਮਾ, ਮਾਸੜ, ਚਾਚਾ, ਤਾਇਆ, ਫੁਫੜ |
| 27 | Village | piNd, diaat, gaahon | ਪਿੰਡ, ਦਿਆਤ, ਗਾਹੋਂ |
| 28 | Water | jal, paanhee, neer, aab | ਜਲ, ਪਾਣੀ, ਨੀਰ, ਆਬ |
| 29 | Window | baaree, taakee, khirhkee | ਬਾਰੀ, ਤਾਕੀ, ਖਿੜਕੀ |
| 30 | Woman | istree, aurat, khaatoon, zanaanee, raNn, beebee, burh-h-rhee | ਇਸਤਰੀ, ਔਰਤ, ਖਾਤੂਨ, ਜ਼ਨਾਨੀ, ਰੰਨ, ਬੀਬੀ, ਬੁੜ੍ਹੀ |

# Contents